Salome und Matthias Hess

Siegerland

Mit Wittgensteiner Land

Wandern für die Seele

20 Wohlfühlwege

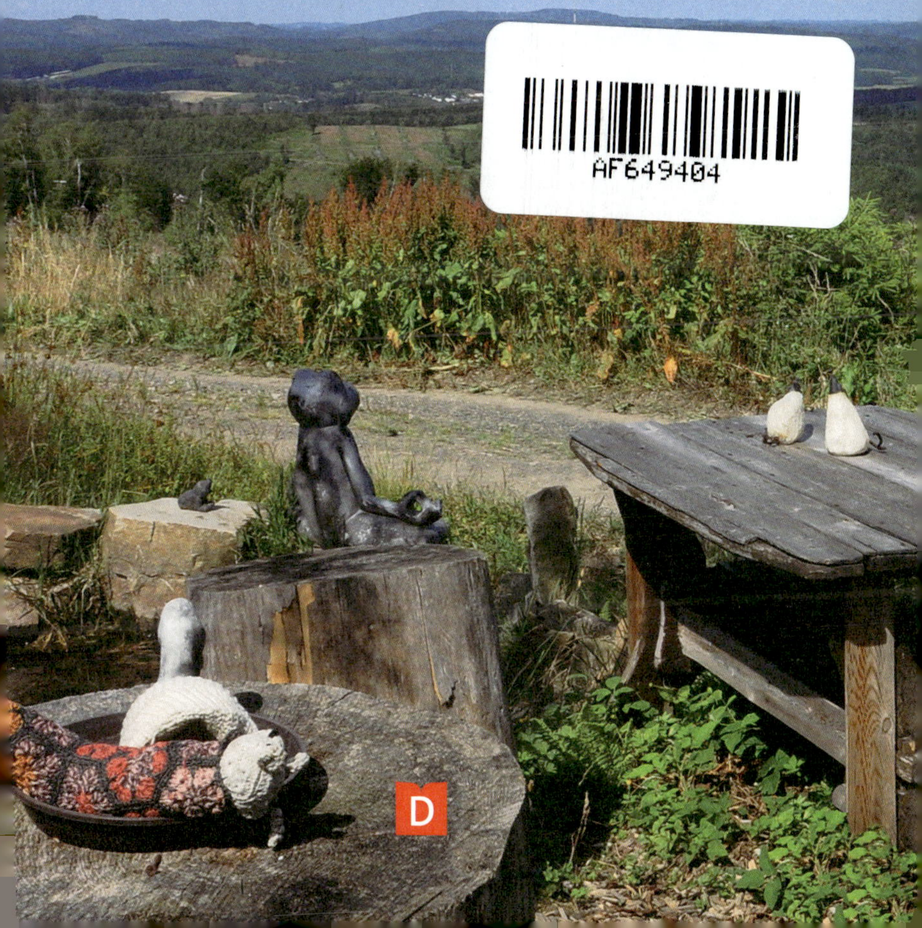

Alle Touren auf einen Blick

AUSZEITEN

WEITBLICKE

GENUSS

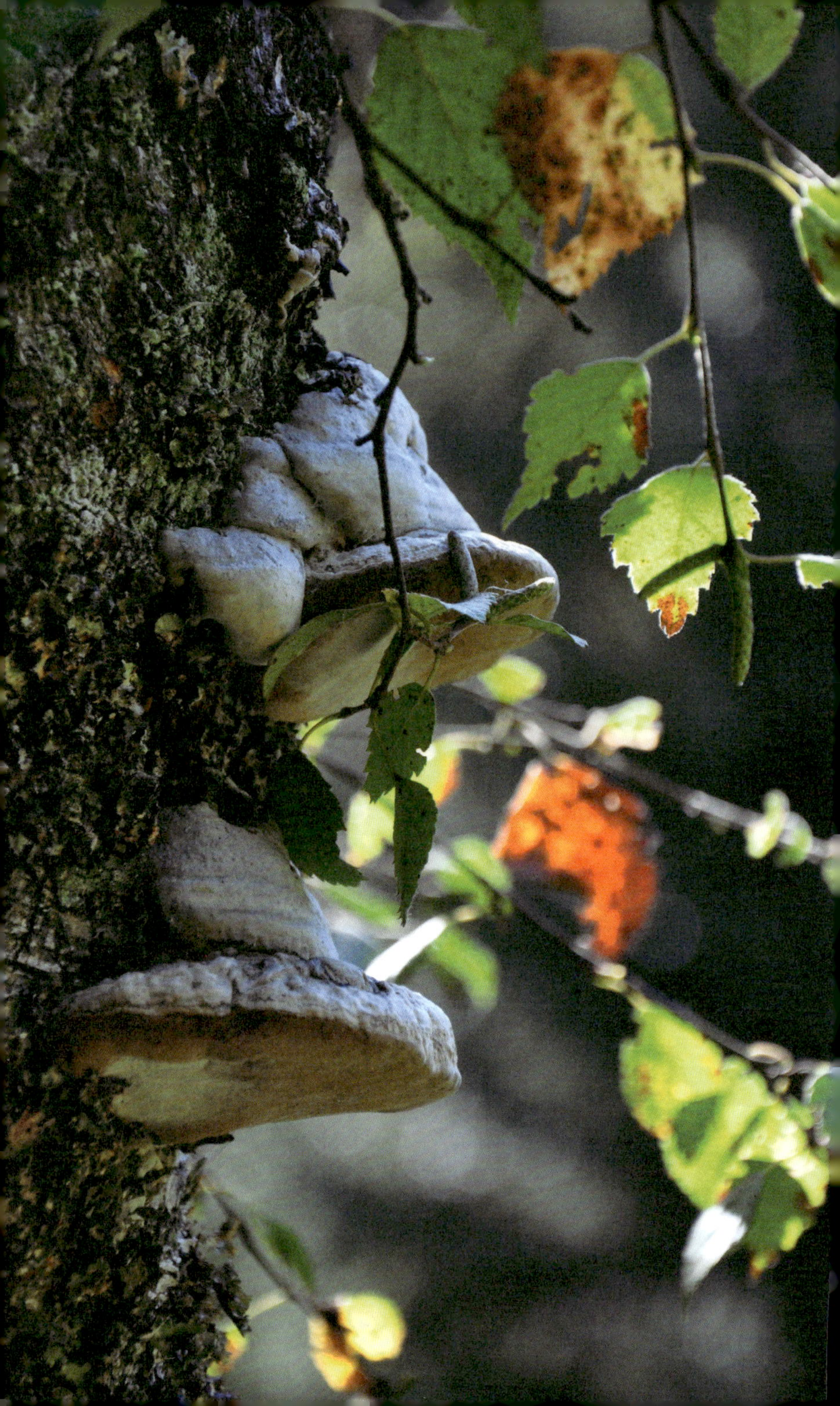

Liebe Fußreisende,

wer zu Fuß im Siegerland und Wittgensteiner Land unterwegs ist, kann viel Schönes entdecken: bunte Blumenwiesen, sanfte Bergkuppen, verwunschene Pfade, farbenfrohe Herbstwälder, plätschernde Bäche und malerische Fachwerkdörfer. Die Region rund um den Rothaarkamm ist ein **einzigartiges Naturparadies.**

Der waldreichste Landkreis Deutschlands hat sein Aussehen in den letzten Jahren stark verändert. Viele Fichtenhochwälder wurden aufgrund des Borkenkäferbefalls abgeholzt. Zum Glück entsteht neues Grün: Bäume werden gepflanzt; Kräuter und Sträucher breiten sich auf natürliche Weise aus. Neu entstandene Aussichtspunkte lassen uns fasziniert innehalten und **wohltuende Weite** spüren. So fühlt sich Leben an!

NATUR
KULTUR
GENUSS
TOUR
GPS-Tracks zum Download

Frische Luft atmen, wärmende Sonnenstrahlen genießen und **entspannende Momente** erleben – schöner kann eine erholsame **Auszeit vom Alltag** nicht sein. Wenn wir unser Herz öffnen, begegnen wir der Natur von ihrer großartigsten Seite und tanken Kraft für unsere Seele.

Mit unseren ausgewählten Touren möchten wir die Begeisterung für die Natur- und Kulturschätze mit **Augenblicken des Wohlfühlens** in Einklang bringen. Es sind unsere persönlichen Lieblingsorte, zu denen wir Wanderbegeisterte mitnehmen möchten. Gehen Sie mit uns auf Entdeckungstour!

Salome und Matthias Hess

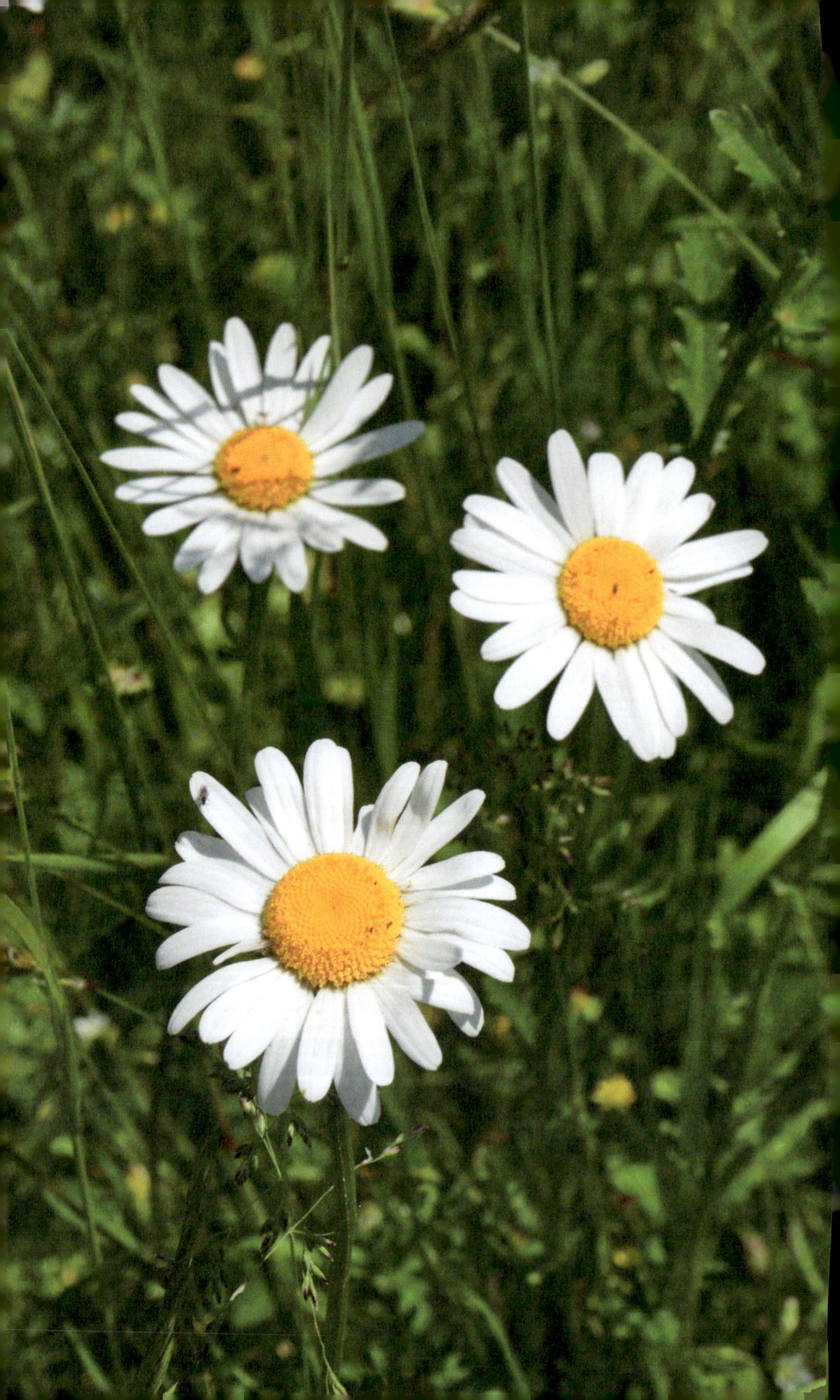

Blütenzauber

Wiesenwege im oberen Johannland

So wie jeder Mensch einzigartig ist, ist jede Blüte ein Unikat. Ob gelb, rot, lila oder blau – mit ihren leuchtenden Farben sind sie das Lächeln der Erde. Auf den Wiesenwegen zwischen Hainchen, Irmgarteichen und Gernsdorf verzaubern sie uns auf Schritt und Tritt, genauso wie die blühenden Obstbäume. Zwischen den Dörfern gibt es üppige Natur, sonnige Aussichten und ländliche Idylle zu entdecken.

Einzigartig ist auch der Auftakt, denn bereits am Parkplatz lugt die ❶ **Wasserburg Hainchen** mit ihrer gelb-weißen Fassade und den rot umrandeten Fenstern zwischen den Bäumen hervor. Das in einer großen Parkanlage beheimatete Kleinod ist die einzige Höhenwasserburg im südwestfälischen Raum und ein bauliches Zeugnis für die verschiedensten Epochen der Siegerländer Geschichte.

*Im Jahr 1290 wurde die **Wasserburg Hainchen** erstmals urkundlich erwähnt und erlebte von der Mitte des 14. bis Anfang des 18. Jahrhunderts ihre Blütezeit. Heute kümmert sich der Siegerländer Burgenverein sehr engagiert um ihre Erhaltung.*

Nach einer Entdeckungsreise durch den Park mit Kräuterbeeten und Ruheinseln gehen wir durch den **Dillweg** und folgen dem gelb markierten **Rothaarsteigzubringer „Hainchen-Süd“.** Am Ende der Straße halten wir uns rechts, um nach 60 Metern zwischen den Häusern Südstraße 2 und Kampenstraße 38 links in den asphaltierten Weg einzubiegen. Diese Abzweigung ist nicht zu verfehlen, weil uns ein hölzerner **Dilldappe** mit Sombrero empfängt. Die Dilldappen sind uralte keltisch-germanische Fabelwesen, die der Sage nach den Bauern die Kartoffeln vom Feld stibitzen.

Kilometer: 14
Höhenmeter: 411
Stunden: 5
RUNDWEG

Mit schönem Rückblick auf Hainchen wandern wir bis zur Anhöhe hinauf, wo wir

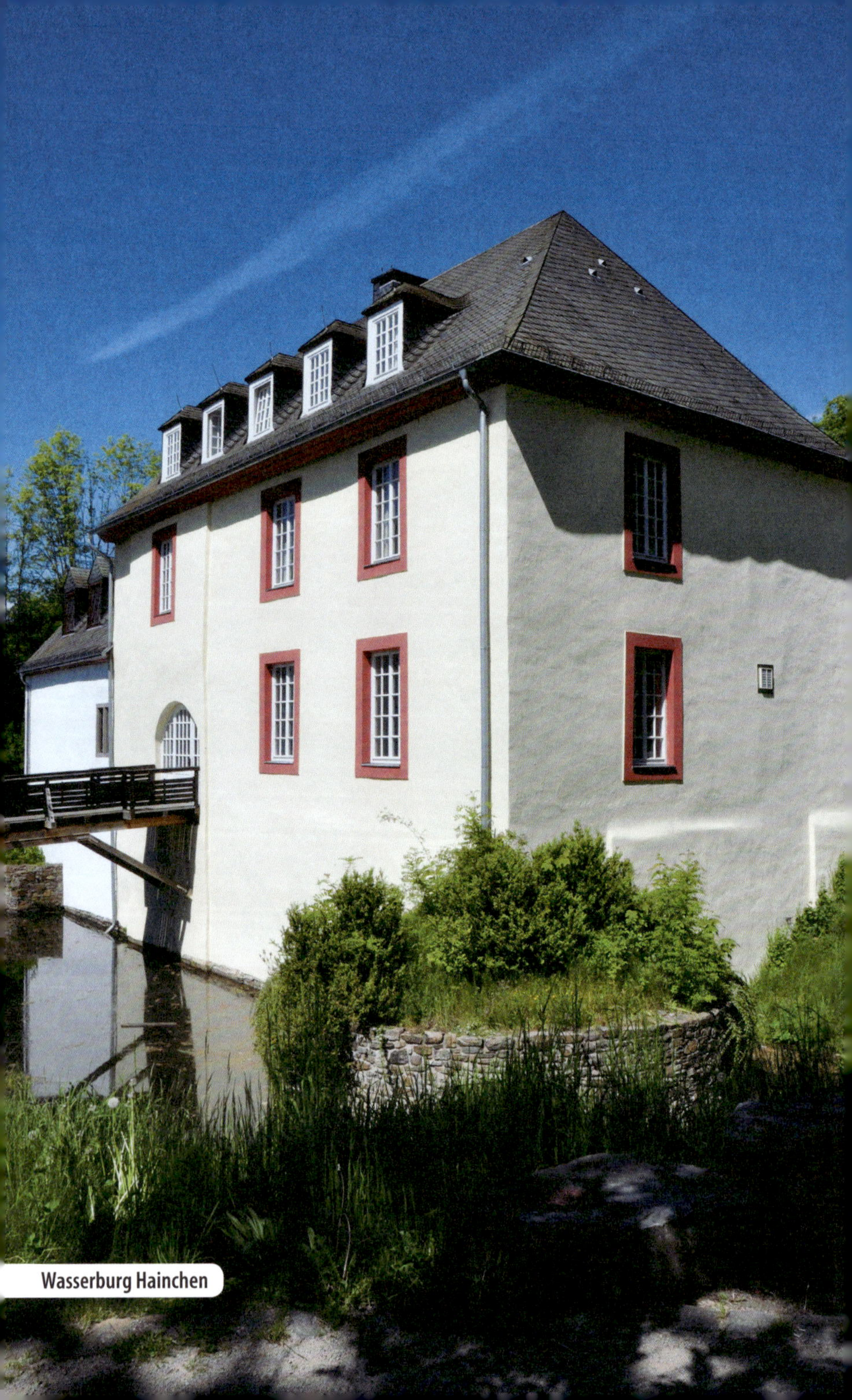

Wasserburg Hainchen

auf den **Sonnenweg (I im Kreis)** treffen. An der Kreuzung folgen wir dem Wegzeichen geradeaus und nach 40 Metern bleiben wir schräg rechts auf dem abwärts führenden Teersträßchen, das uns an Stallungen vorbeibringt. Danach geht es links aufwärts und der herrliche Wiesenpfad leitet uns zu einer jungen Stieleiche, in deren Schatten wir mit Blick auf Irmgarteichen auf der überdimensionalen Bierzeltgarnitur eine Pause einlegen. Vor uns breitet sich das einzigartige **2 Naturschutzgebiet Gernsdorfer Weidekämpe** aus.

Für die Seele

Durch bunte Blumenwiesen wandern wir der Sonne entgegen und genießen dabei die ländliche Idylle.

Das Grünland wird erst spät im Jahr gemäht, damit die Pflanzen Samen bilden und sich vermehren können. So verwandelt sich die geschwungene Wiesenfläche in jedem Frühsommer in ein einzigartiges farbenfrohes Blütenmeer aus Wiesenmargeriten und Wiesen-Witwenblumen. Auf dem 102 Hektar großen Gelände finden wir ebenfalls das Gefleckte Knabenkraut sowie die Grünliche Waldhyazinthe, denn die Weidekämpe beherbergen das größte Orchideenvor-

*In die **Gernsdorfer Weidekämpe** führen Stichwege und laden zu Erkundungsgängen ein. Einst lagen hier Gemeindeviehweiden, Hauberge und klein parzellierte Grün- und Ackerflächen. Heute werden ausschließlich Wiesen bewirtschaftet.*

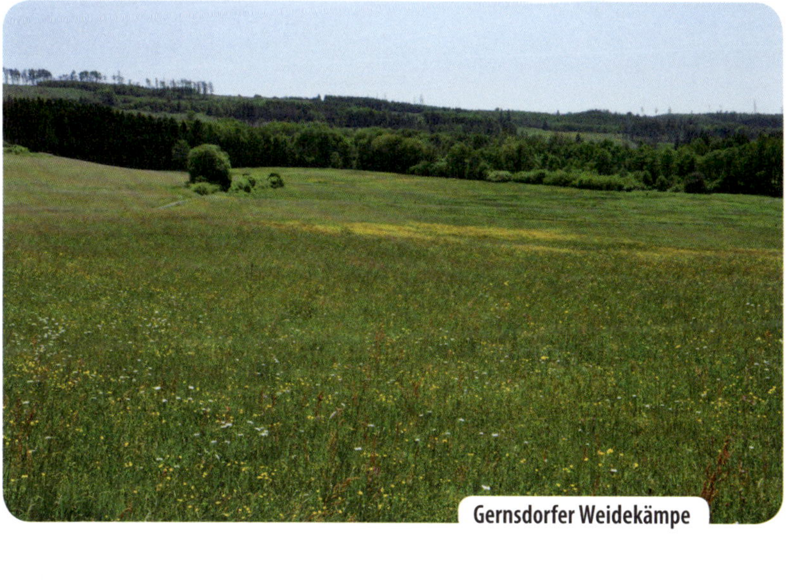

Gernsdorfer Weidekämpe

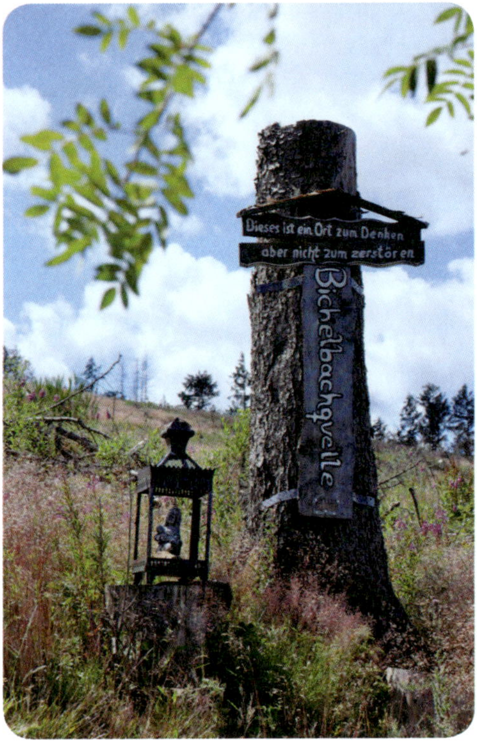

kommen Südwestfalens. Auch für die stark bedrohten Vogelarten Braunkehlchen, Wiesenpieper und Feldlerche ist das Gebiet ein Brutparadies.

Nun können wir uns zwischen zwei Varianten entscheiden: Wer nur eine kleine Runde mit 7 Kilometern laufen möchte, überquert die nahe **L 722** und bleibt auf dem Sonnenweg. Wer lieber noch die Gernsbacher Höhe erklimmt, um eine phänomenale Aussicht zu genießen, der folgt vom Rastplatz den Markierungen **A7 und Rothaarsteigspur (R)** nach links. Zunächst führt der Weg durch Wiesen, kurz darauf am Waldrand entlang, bis wir in einer scharfen Rechtskurve links in ein Wäldchen abbiegen. Zweige und Blätter legen sich wie ein Dach über unsere Köpfe. Ein Hase prescht aus dem Unterholz und hoppelt über den Weg. Nach 100 Metern nehmen wir den rechts aufwärts führenden Pfad. Wo einst stämmige Fichten standen, ist der Bewuchs jetzt filigranerer Natur: Überall wächst purpurroter Fingerhut, dessen glockige Blüten innen auffällig gefleckt sind. Auch die kugeligen grünen Köpfe der Kratzdistel treiben die ersten rosafarbenen Blüten aus.

Wir erreichen einen Forstweg, folgen diesem nach rechts und bleiben nach 170 Metern an der Verzweigung geradeaus auf dem Weg, der uns am Hang in leichter Steigung aufwärtsführt. Wir genießen die beeindruckende Fernsicht über das Siegerland, die grenzenlos erscheint, und nutzen die Bank an der **3 Bichelbachquelle** für eine längere Rast. Der liebevoll dekorierte Ort ist für uns eine Kraftoase. Schauen, entspannen, Leib und Seele stärken – Herz, was willst du mehr? Danach erreicht der Höhenweg die Landesgrenze zwischen Nordrhein-Westfalen und Hessen, die uns einen Blick hinunter ins Dilltal bietet. Auf dem **Rothaarsteig (R)** wandern wir abwärts bis zur **4 Gernsbacher Höhe,** wo uns eine Vesperinsel mit Wegweiser erwartet.

Hier halten wir uns im 90°-Winkel rechts und sehen erst nach Überschreiten eines kleinen Walls die abwärtsführenden Spuren des Wanderweges **A8.** Am Ende des kurzen, steilen Abstiegs folgen wir dem breiten Weg immer talauswärts. Vorbei an Gold- und Glatthaferwiesen, über die wir an Audiostationen mehr erfahren, erreichen wir die **L 722.** Nach dem Überqueren wählen wir an den beiden folgenden Gabelungen jeweils den rechten Weg und kommen ins Wiesengelände eines Pferdehofs. S-förmig verläuft der Weg unterhalb der Gebäude bis zur Hofeinfahrt. Die geschotterte Zufahrt führt hinauf bis zum

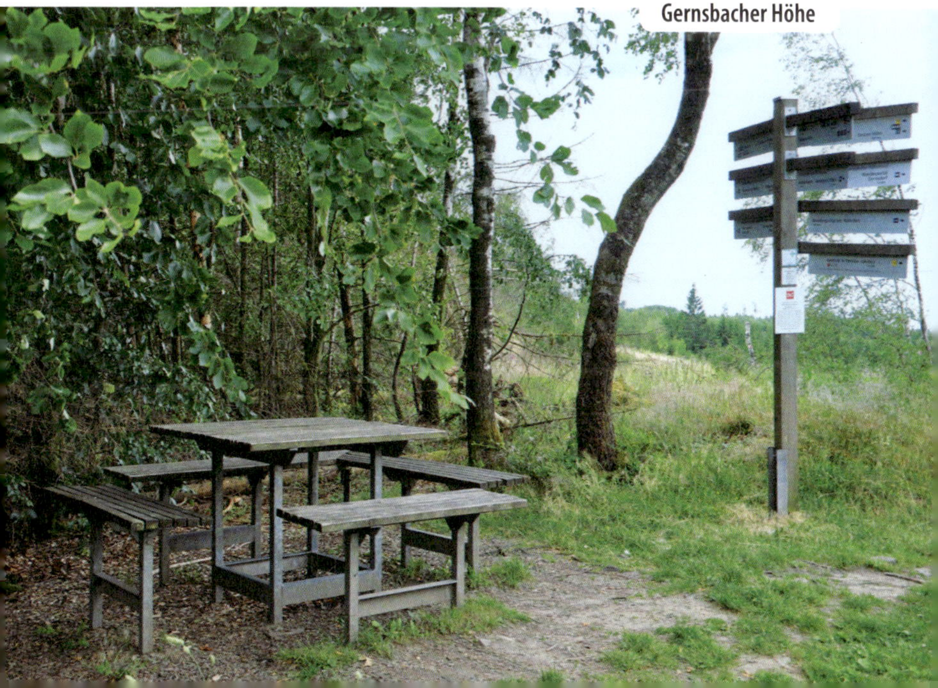

Gernsbacher Höhe

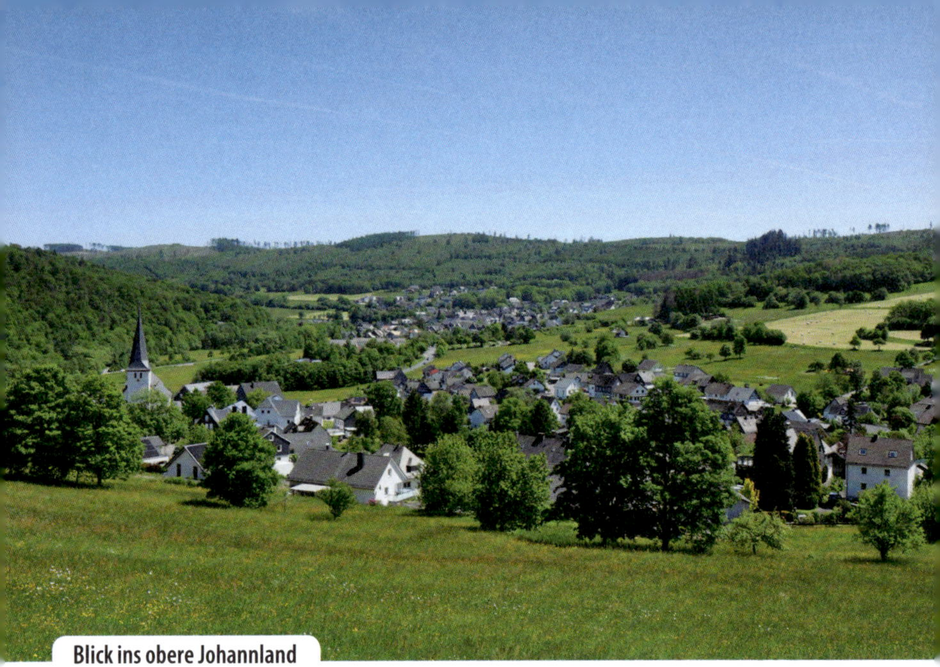

Blick ins obere Johannland

Graf Johann VII. gestand der katholischen Linie testamentarisch die Herrschaft über das als ***Johannland*** *bekannte östliche Drittel des Landes zu. Den Bekenntniswechsel in ganz Nassau-Siegen verhinderte er seinerzeit.*

asphaltierten Sträßchen, wo wir wieder auf den **Sonnenweg (I)** treffen. Hier mündet der erwähnte Abkürzungsweg ein.

Wir gehen links (wer die kürzere Variante gewählt hat, hält sich geradeaus) und wandern an der nächsten Kreuzung weiter aufwärts. Nach 40 Metern zweigt ein Wiesenweg rechts ab und führt an den Hängen des Pfarrbergs zu einem weiteren Highlight der Tour: Die 13 Meter lange **5 sonnengelbe Bank** bietet nicht nur unendlich viel Platz, sondern auch eine schöne Aussicht ins obere Johannland. Das Gebiet um Netphen trägt diesen Namen, weil sich Johann VIII. von Nassau-Siegen am Anfang des 17. Jahrhunderts dem Katholizismus zuwandte, obwohl er streng calvinistisch erzogen worden war. Der Grund: Er wollte die katholische Prinzessin Yolande de Ligne heiraten.

Vorbei am Stimmgabelbaum und dem Friedhof wandern wir bis zum Ortsrand von Irmgarteichen und an den Stationen des Kreuzweges hinab zur **6 Kirche St. Cäcilia.** Der Sage nach soll die fromme Jungfrau Irmengart nach schwerer Krankheit Gott versprochen haben, einen Tempel zu errichten. Ein wundersames

Vögelchen soll ihr hartnäckig den Platz für den Bau des Gotteshauses gezeigt haben, obwohl sie selbst einen anderen Ort bevorzugte. So entstand die Kirche zu den Irmgarteichen und auch das später errichtete Dorf trägt diesen Namen. Die Gasthöfe 7 **Jokebes** und 8 **Ley** laden zum Einkehren ein. In beiden Häusern wird Tradition großgeschrieben, denn sie befinden sich über Generationen hinweg im Familienbesitz. Ob Salat, Schnitzel, Steak, Burger oder auch vegetarische Gerichte – regionale kulinarische Kochkunst stärkt uns garantiert für den weiteren Weg.

Dieser verläuft zwischen den Gasthäusern auf dem **Herrenweg,** bis wir vor Haus Nr. 2 nach links in den **Gängelweg** einbiegen. Er mündet in den **Hofäckerweg,** den wir nach rechts bergauf gehen, um dann links in der Straße **Krummstück** weiterzuwandern. Schon bald sind wir wieder auf einem schmalen Wiesenpfad unterwegs, dem wir so lange folgen, bis wir auf Höhe des letzten Hauses der oberhalb verlaufenden Glockenstraße nach rechts abbiegen. Neben **Haus Nr. 41** wandern wir nach links und halten uns nach 80 Metern erneut links auf dem aussichtsreichen Wirtschaftsweg. In Höhe eines eingefriedeten Privatgrundstücks gehen wir links in den **Blütenweg,** der von alten Kirschbäumen gesäumt ist. Ringsherum auf den Wiesen machen die Landwirte Heu. Der Duft von frisch gemähtem Gras kitzelt uns in der Nase.

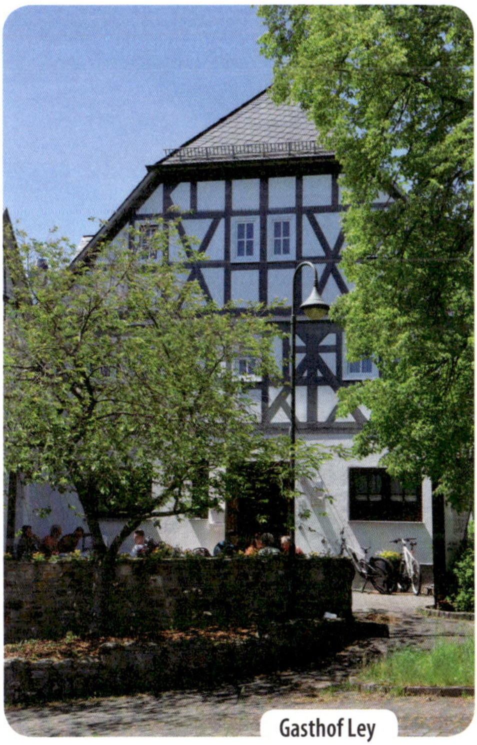

Gasthof Ley

Wir überqueren die **Koblenzer Straße** und erreichen über

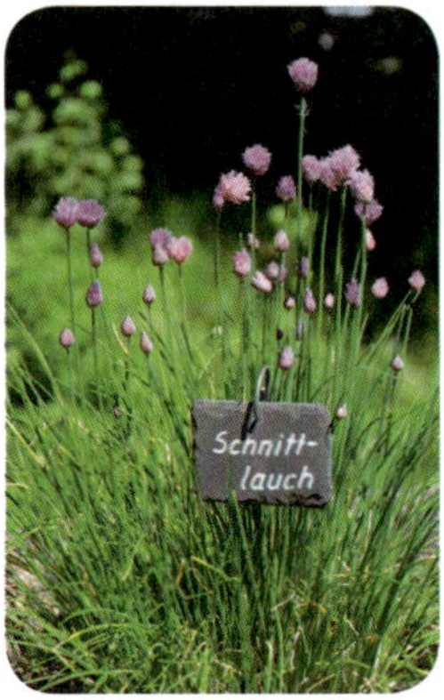

den geschotterten Platz unterhalb der Schützenbruderschaft St. Hubertus die Straße **Auf der Struth.** Für 10 Meter gehen wir nach rechts, danach mit dem I als Markierung schräg links auf dem asphaltierten Weg. An der nächsten Kreuzung halten wir uns rechts aufwärts und orientieren uns dabei zunächst am **Rothaarsteigzubringer „Irmgarteichen Nord“.** Zum Glück spenden uns bei diesem kurzen Anstieg hochgewachsene Buchen Schatten. An der zweiten Möglichkeit, nach links abzubiegen, schlagen wir den Wirtschaftsweg ein, der uns nach Hainchen zurückbringt. An der Kreuzung halten wir uns links, gehen für 70 Meter abwärts und über **Südstraße** und **Dillweg** zurück zum Parkplatz.

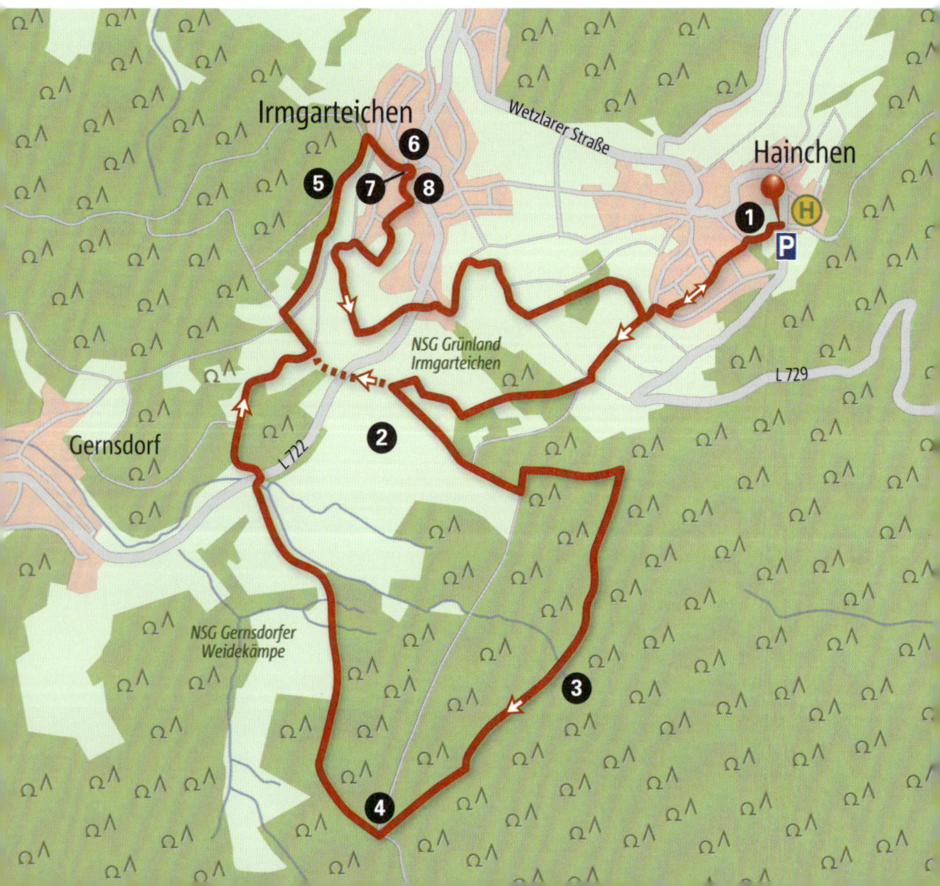

ALLES AUF EINEN BLICK

Entspannung 4/5
Abenteuer 2/5
Vielfalt 3/5

WIE & WANN

Die Tour verläuft auf Wiesenpfaden und Waldwegen. In Hainchen und Irmgarteichen längere asphaltierte Strecken. In der Blütezeit von Mai bis Juli ein besonderes Naturerlebnis.

HIN & WEG

Auto: Parkplatz Wasserburg Hainchen, Schlossstraße, 57250 Netphen-Hainchen
ÖPNV: Haltestelle Hainchen Ortsausgang

ESSEN & ENTSPANNEN

7 **Gasthof Jokebes,** Glockenstraße 11, 57250 Netphen-Irmgarteichen, Tel. (0 27 37) 95 83, www.gasthof-jokebes.de
8 **Gasthof Ley,** Glockenstraße 9, 57250 Netphen-Irmgarteichen, Tel. (0 27 37) 9 10 94, www.gasthof-ley.de

ENTDECKEN & ERLEBEN

1 **Wasserburg Hainchen,** Schlossstraße 19, 57250 Netphen-Hainchen, Tel. (02 71) 8 48 22 (Siegerländer Burgenverein)
2 **Naturschutzgebiet Gernsdorfer Weidekämpe**
3 **Bichelbachquelle**
4 **Gernsbacher Höhe**
5 **Sonnengelbe Bank**
6 **Kirche St. Cäcilia**

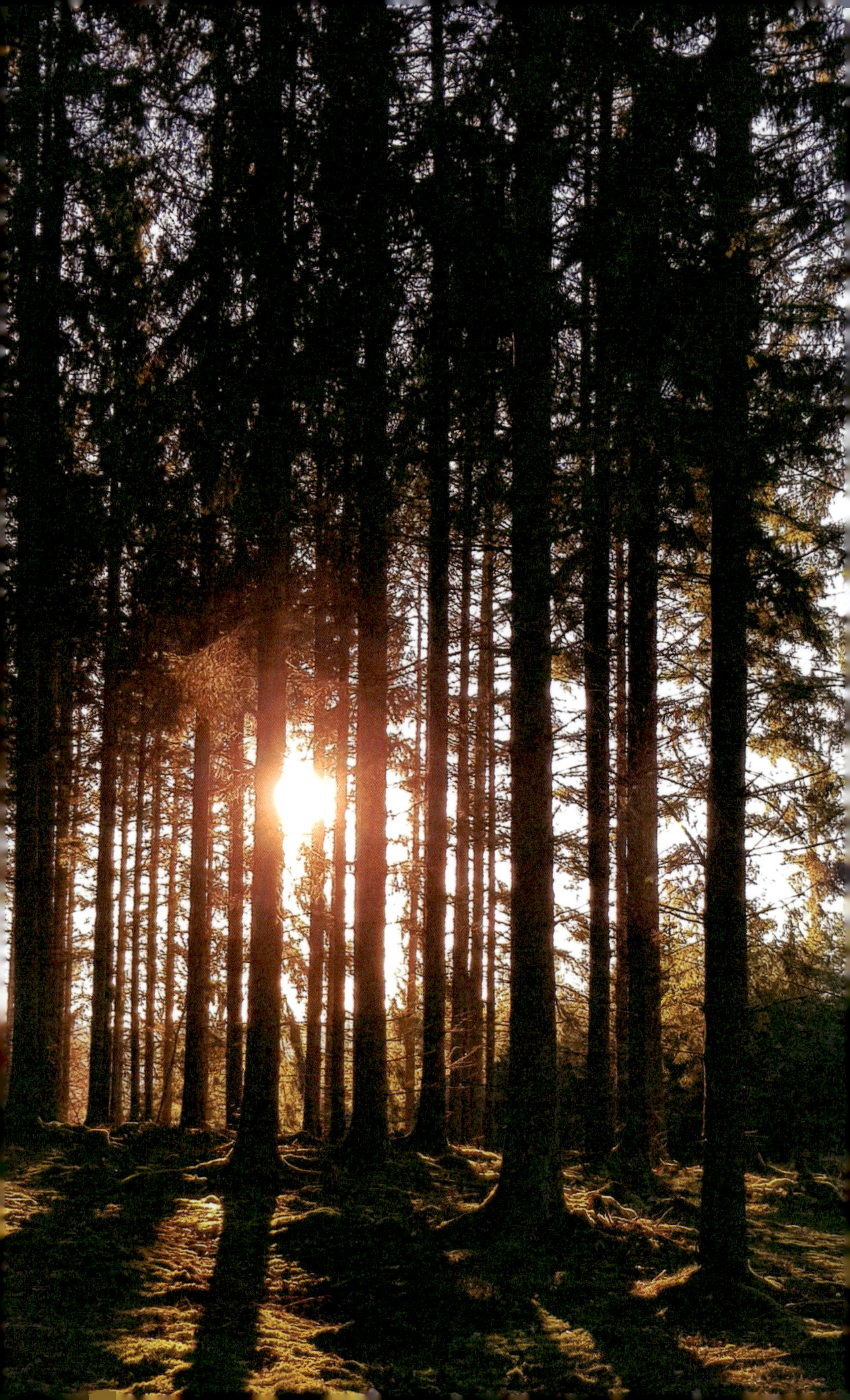

Siegerlandblick

Höhenwege rund ums Langenbachtal

Wenn auf den Höhen des Siegerlandes noch Schnee liegt, hält unten in den Tälern allmählich der Frühling Einzug. Die ersten wärmenden Sonnenstrahlen locken uns ins Langenbachtal. Die Wiesen, die das kleine Flüsschen umgeben, sind mit Maulwurfshügeln übersät. Zwischen den Ästen der noch kahlen Bäume fliegen heimische Singvögel hin und her und unterhalten uns mit ihrem Gezwitscher. An den Waldrändern breiten sich üppige Blütenteppiche von Schneeglöckchen und Krokussen aus.

*Das kleine **Schneeglöckchen** gehört zur Familie der Amaryllisgewächse und ist die einzige Schneeglöckchenart, die in Mitteleuropa als natürliche Zierpflanze in Gärten und Parks zu sehen ist. Sobald es blüht, verabschiedet sich der Winter.*

Voller Tatendrang starten wir am Parkplatz unsere Wanderung in das ökologisch und landschaftsästhetisch wertvolle **Naturschutzgebiet Großes und Kleines Langenbachtal,** das auf 39 Hektar vielen Pflanzen und Tieren, die vom Aussterben bedroht sind, einen Schutzraum bietet. Auf dem breiten Forstweg erreichen wir kurze Zeit später das kleine Langenbachtal, das sich rechter Hand öffnet. Wir nehmen die erste Abzweigung, um auf einem Waldweg auf der rechten Talseite zu bleiben und passieren das auffällig grüne Schild Braijebachs Wees sowie eine kleine Hütte. Anschließend führt der Weg durch Niederwald und unterhalb einer Weide entlang. Am Ende des Zauns gehen wir rechts steil bergauf an einem Hochsitz vorbei. Die Kulisse der Wiesen- und Weidekämpe versprüht Allgäu-Flair, lediglich die felsigen Gipfel im Hintergrund fehlen, um die Bergidylle perfekt zu machen. Mit jedem Schritt umgibt uns ein wohltuendes Gefühl von Freiheit und Weite.

Kilometer: 6,5
Höhenmeter: 128
Stunden: 2
RUNDWEG

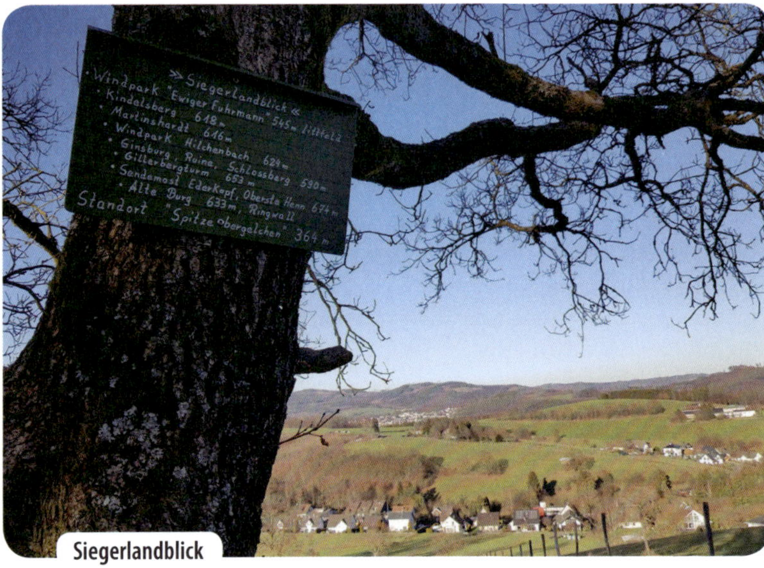

Siegerlandblick

Der Aufstieg ist zum Glück nur kurz und wir stehen rasch auf dem Höhenrücken, der das Sohlbach- und Langenbachtal voneinander trennt. Ihm folgen wir auf zunächst asphaltiertem Weg mit der Markierung **A3** nach links. Wenn der Viehauftrieb schon stattgefunden hat, grasen die Kühe der Sohlbacher Bauern auf diesem sonnenverwöhnten Plateau. Unter alten Baumbeständen finden sie im Hochsommer schattige Plätze. Auch wir können auf einer Bank neue Kraft tanken, denn am 364 Meter hohen **Spitzebergelchen** zieht uns der **① Siegerlandblick** in seinen Bann. Ein Schild gibt uns Orientierung beim Zuordnen der Mittelgebirgsspitzen zwischen Kreuztal, Hilchenbach und Netphen.

Nach ausgiebigem Weitsichtgenuss führt der Weg mit Tiefblick auf Sohlbach und Buchen an ausladend knorrigen Eichen vorbei bis zum **Fußballplatz,** den wir auf seiner linken Seite passieren. Am Ende des umzäunten Geländes halten wir uns links und folgen dem Waldweg. An der Stelle, wo der Wanderweg nach

Hat eine lange Tradition: das ***Osterfeuer*** *am Fußballplatz des SSV Sohlbach-Buchen e. V. Es wird alljährlich am Ostersamstag mit Anbruch der Dunkelheit gezündet. Für Essen und Trinken ist gesorgt.*

Junkernhees-Meiswinkel-Oberholzklau schräg rechts abzweigt, gehen wir noch 30 Meter geradeaus **(A1)** und nehmen dann die schmale Pfadspur, die schräg links abbiegt. Sie verläuft hoch über dem Schluss des Langenbachtals und es ist deutlich erkennbar, wie sich das Landschaftsbild durch die Rodung von vom Borkenkäfer befallenen Fichten verändert hat. Erfreut stellen wir fest, dass die Waldgenossenschaft aktiv wieder aufforstet. Der Hang ist gespickt mit jungen, vor Wildverbiss gut geschützten Douglasienpflänzchen, die schon bald für üppiges Grün sorgen werden.

Für die Seele

Die Stille des verträumten Langenbachtals und der weite Blick über das Siegerland sind zauberhaft.

Die Aussicht über das **Hintere Wenscht** bis zur Universität und zum Giersberg wird uns aber noch einige Jahre erhalten bleiben. Der Weg führt schließlich durch einen verwunschenen Buchenniederwald und endet

Höhenwanderweg

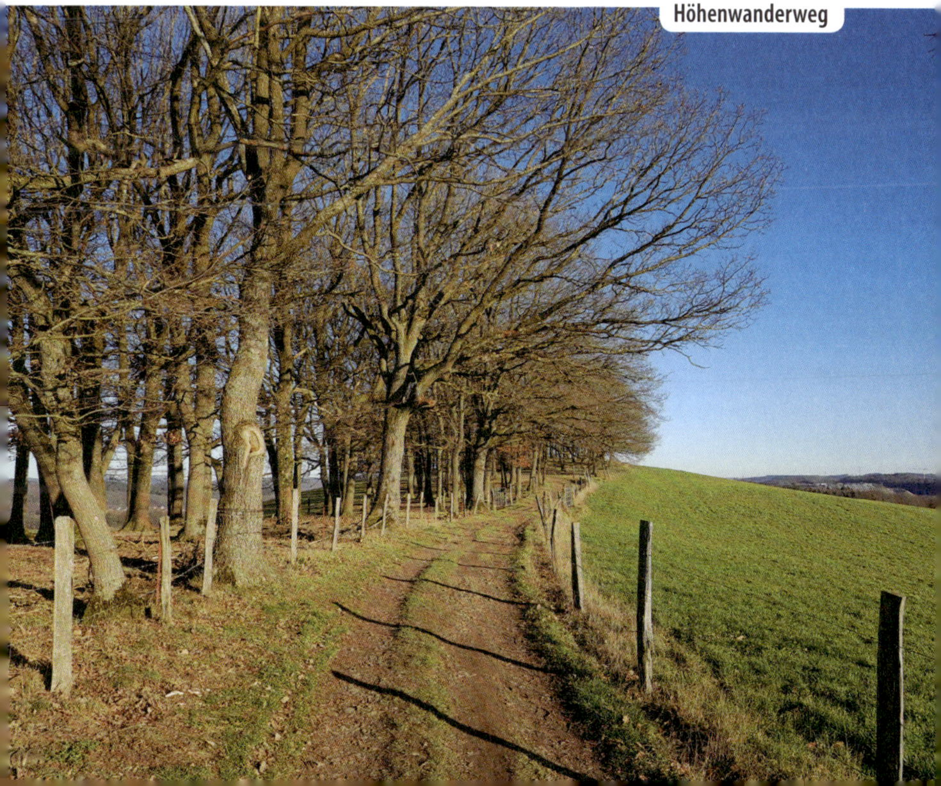

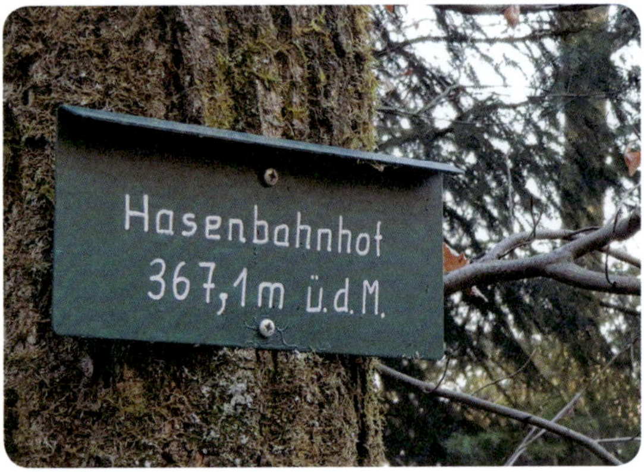

am ❷ **Hasenbahnhof.** Diese Kreuzung, wo sich angeblich die Hasen wie im Märchen Gute Nacht sagen, entpuppt sich für uns als eine Kraftquelle, denn zwischen den Zweigen der Bäume glitzern die Strahlen der bald untergehenden Sonne und wir können für einige intensive Augenblicke Licht tanken.

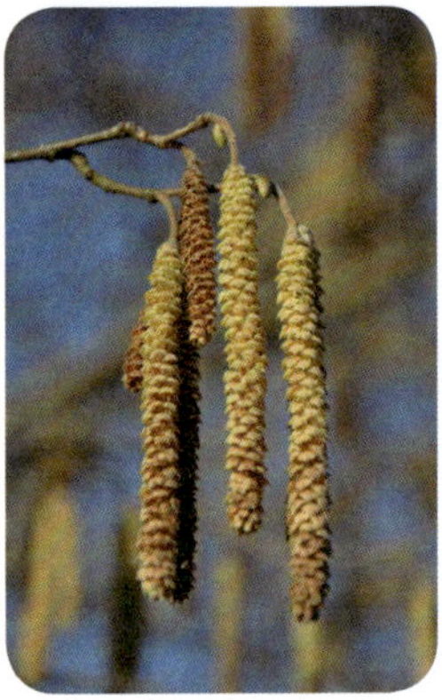

Am Hasenbahnhof treffen wir wieder auf die Markierung **A1,** die uns hinab ins Tal begleitet. Für 130 Meter folgen wir dem ebenen Hauptweg geradeaus und bevor er ansteigt, halten wir uns an der Kreuzung links. Nach dem jungen Fichtenwald, der quasi ein Tor zum oberen Langenbachtal bildet, öffnet sich der Blick. Unser Weg führt in großen Kurven abwärts, umrahmt von Kräutern und Sträuchern, Weidenkätzchen und Korkenzieherhaseln. Erste grüne Blättchen brechen aus den Knospen hervor und gelbliche Kätzchen der Haselsträucher sind kleine Farbtupfer am Wegrand. Nach einer scharfen Kehre wandern wir wieder auf die Wiesen im großen Langenbachtal zu. Einer der drei Quellbäche plätschert parallel zu unserem Weg, vorbei an moosbewachsenen Baumstämmen und Ästen. An der Y-Kreuzung halten wir uns links und folgen dem Weg **A2** bis zur Informationstafel zum Naturschutzgebiet, wo wir dann rechts den breiten Talweg nehmen.

Kurz nachdem wir den Laubwald betreten haben, entdecken wir rechts unterhalb unseres Weges eine kleine Hütte. Etwa 80 Meter später, in Höhe eines blauen Steins und einer alten knorrigen Eiche, zweigt ein schmaler Pfad scharf rechts ab. Ein Holzsteg bringt uns sicher über den **Langenbach.** Jenseits führt die Spur

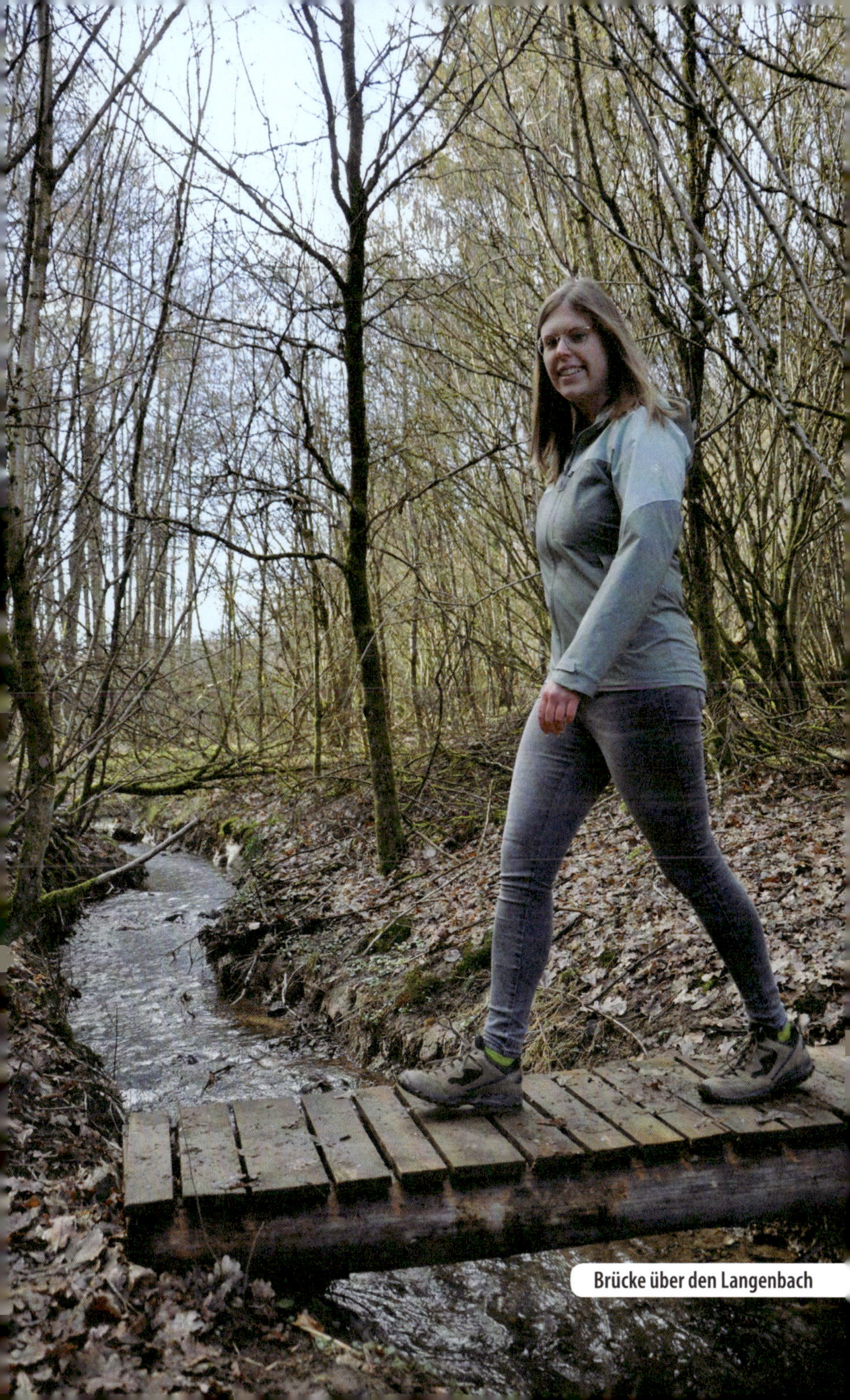

Brücke über den Langenbach

*Das **Dorint Parkhotel** war früher als Christliches Freizeit- und Erholungsheim Patmos bekannt, das Gästehaus der Deutschen Zeltmission. Diese wurde 1902 von Jakob Vetter gegründet und agiert heute noch vom Patmosweg aus.*

kurz aufwärts bis zum Weg, auf den wir links einbiegen, um durch das schmiedeeiserne Tor die großzügige Parkanlage des ③ **Dorint Parkhotels Siegen** zu betreten. Das Restaurant mit großer Gartenterrasse lädt zu einem kulinarischen Abschluss der Wanderung ein.

Unmittelbar hinter dem stattlichen Hotelkomplex halten wir uns links, gehen am Gebäude entlang und folgen der Zufahrt zum Gelände der Deutschen Zeltmission. Sobald wir dieses erreicht haben, wandern wir direkt links hinter einem Kirschlorbeerbusch auf schmalem Pfad weiter. Dieser bringt uns hinab an den Langenbach, den wir auf einem Metallsteg überqueren. Von hier sind es nur noch wenige Schritte zurück zum Ausgangspunkt.

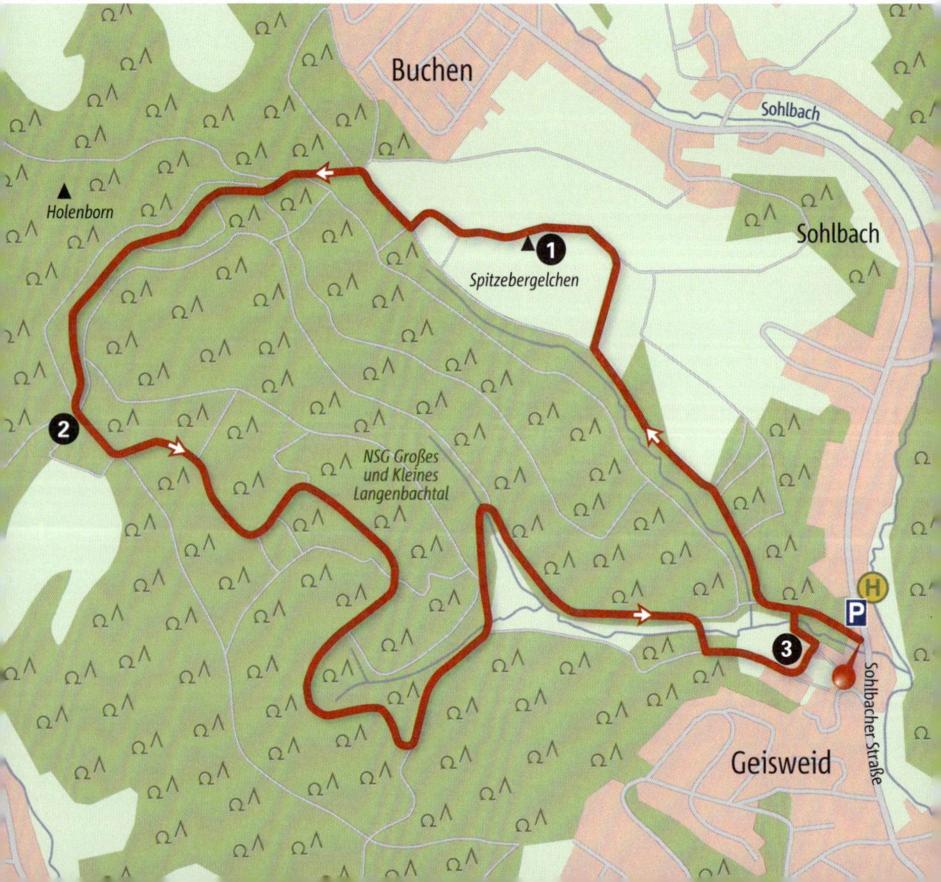

ALLES AUF EINEN BLICK

Entspannung

Abenteuer

Vielfalt

WIE & WANN

Pfade und Wiesenwege sowie Wald- und Forstwege. Zu allen Jahreszeiten möglich. Ideal zu Beginn des Frühjahrs. Eine schöne Abendrunde im Sommer.

HIN & WEG

Auto: Wanderparkplatz Langenbachtal, Sohlbacher Straße 191, 57078 Siegen
ÖPNV: Haltestelle Langenbachtal

ESSEN & ENTSPANNEN

③ **Restaurant im Dorint Parkhotel,** Patmosweg 60, 57078 Siegen, Tel. (02 71) 77 00 96-0, hotel-siegen.dorint.com/de

ENTDECKEN & ERLEBEN

① **Siegerlandblick**
② **Hasenbahnhof**

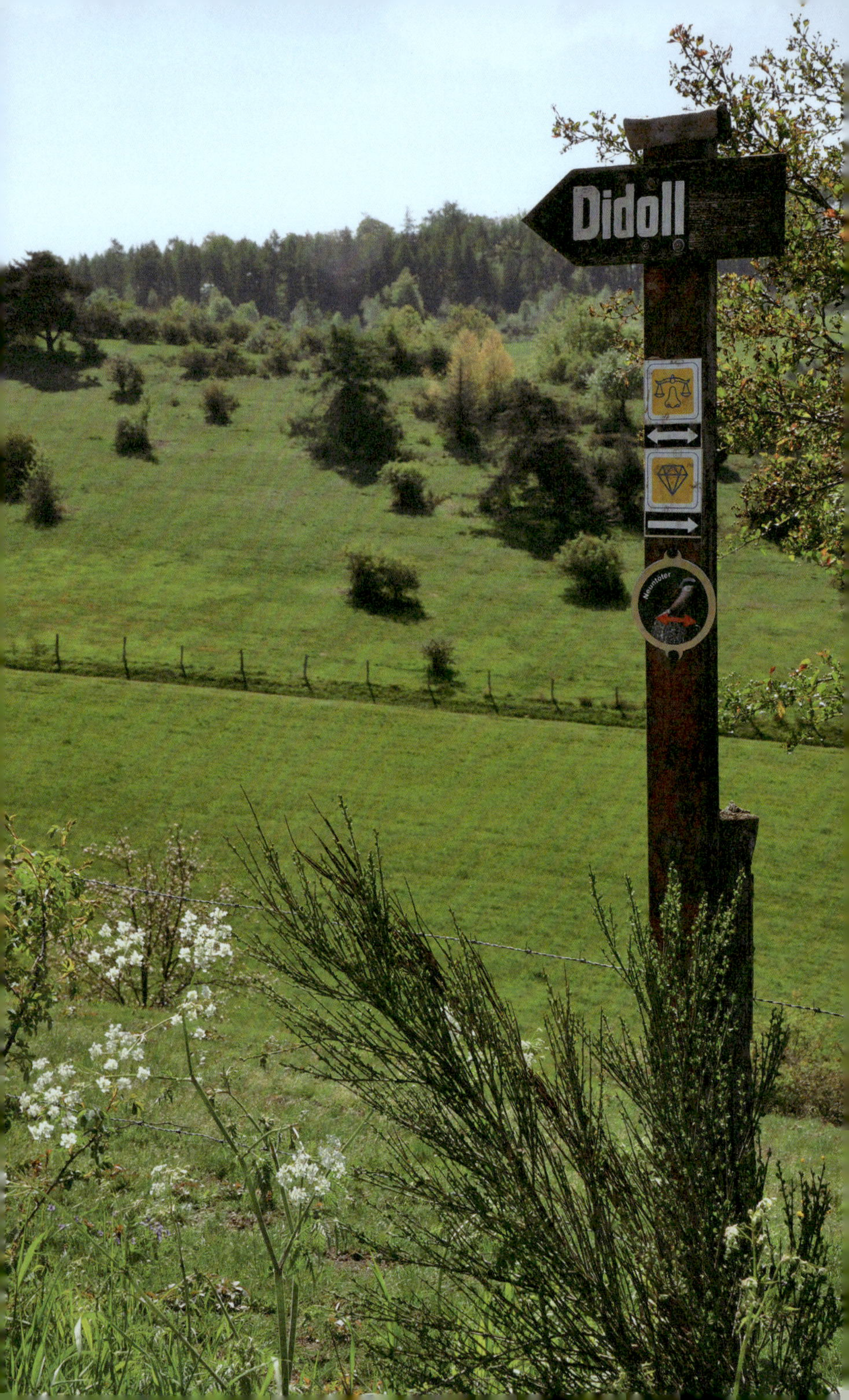
Didoll

Weite Wiesen

Unterwegs zwischen Richstein und Didoll

Dörfliche Idylle, blumig-grüne Wiesen, hügelige Bergkuppen – wer sich auf den Weg in einen der entlegensten Winkel des Kreises Siegen-Wittgenstein macht, kann viel entdecken. Vor allem eines: großartige Natur. Denn Richstein und sein **Naturschutzgebiet Magergrünland** zählen zu einer der schönsten naturnahen Regionen im Wittgensteiner Land. Der Richsteig mit Waage und Nase als Wanderzeichen gibt uns überwiegend die Richtung vor.

Unsere Wanderung startet am Feuerwehrhaus im Ortskern von Richstein. Auf der Holzbrücke überqueren wir den sprudelnden Bach und kommen zu einem verlockenden **1 Lesekorb.** Die kleine Schutzhütte, nachhaltig gefertigt aus heimischem Kalamitätsholz und ausgestattet mit einem öffentlichen Bücherschrank, lädt zum Verweilen, Schmökern und Lesen ein. Aber sollen wir gleich nach wenigen Schritten schon die Füße hochlegen? Dieses besondere Flair dürfen wir zwar nicht versäumen, können es uns aber natürlich auch für das Ende der Tour aufheben.

*Der **Lesekorb** ist einer von 19 Standorten des „Dritten Ortes Bücherei der Zukunft" im Bad Berleburger Stadtgebiet. Er ist mit Ruhebänken in Form der Rothaarsteigmöbel ausgestattet.*

Jetzt wird erst einmal gewandert! Wir verlassen den kleinen Platz nach rechts über den **Mittelweg,** folgen dann der Straße **An der Rodche** bergauf, um jenseits der Richsteiner Straße in der **Bergstraße** steil aufwärtszugehen. Mit Blick auf die verschieferte Kapelle und vorbei an mit Obstbäumen übersäten Gärten erreichen wir **Haus Nr. 4,** wo wir uns rechts halten und dem asphaltierten Weg, der kurz darauf in einen Waldweg übergeht,

Kilometer: 10,6
Höhenmeter: 316
Stunden: 4
RUNDWEG

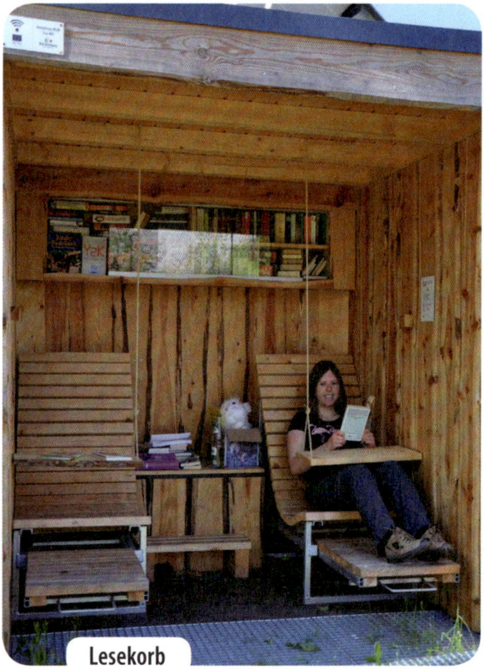

Lesekorb

weiter aufwärts folgen. An den Hängen des 610 Meter aufragenden **Hohenstifts** kommt eine Ruhebank gerade recht, um einen ersten Eindruck von der Wiesenlandschaft zu gewinnen.

Wir wandern am oberen Rand des ❷ **Finkentals** entlang. Bereits 1991 wurde es als schützenswert ausgewiesen. Magerweiden, Bergmähwiesen und Ginsterfelder, aber auch Busch- und Heckenlandschaften sind die Heimat seltener Tier- und Pflanzenarten. Mit etwas Glück und viel Geduld können wir den Neuntöter, der immer Anfang Mai aus seinem afrikanischen Winterquartier zurückkehrt, beobachten. Schritt für Schritt tauchen wir in die Welt der weiten Wiesen ein. Sie machen diese Wanderung wertvoll, weil sie Ruhe ausstrahlen. Wir halten für einen Augenblick inne und schauen in den Himmel, lassen den Blick zum Horizont schweifen, umarmen die Weite – so fühlt sich Leben an!

Wir folgen dem Weg an einer Scheune vorbei und nehmen in der nächsten Linkskurve den grasigen Pfad, der rechts aufwärtsführt und schon bald flacher wird. An der kommenden Kreuzung halten wir uns rechts und stehen nach ein paar steilen Schritten auf dem breiten Bergrücken, über den wir für 250 Meter nach links weiterwandern. Wenn der Boden vom Morgentau noch feucht ist, breitet sich auf dem immer aussichtsreicher werdenden Kamm herrlicher Moosduft aus. Wir gehen nach rechts und erreichen einen Forstweg, in den wir wiederum rechts einbiegen.

Das prächtig gefärbte ***Neuntöter-Männchen*** *ist an dem auffällig schwarzen Augenstreif und den rostroten Rücken- und Flügelpartien, die sich vom grauen Oberkopf und Nacken abheben, erkennbar. Weibchen und Junge sind deutlich unscheinbarer.*

Immer der Nase nach führt uns die Markierung auf dem breiten Höhenweg geradlinig in Richtung Didoll. Eine ❸ **außergewöhnliche Kiefer,** die jedem Wetter trotzt und ihre Form den stürmischen Bergwinden verdankt, zieht unsere neugierigen Blicke auf sich. Sie wirkt einerseits zerbrechlich, weil sie zerzaust aussieht, und strahlt andererseits dennoch unbändige Kraft aus. Vielleicht ist es die Kraft der Weisheit, sich den Lebensbedingungen der Mittelgebirgshöhen anzupassen? Tun wir es ihr gleich: Wir atmen im Takt unserer Schritte ein und aus, schöpfen Kraft aus der frischen Bergluft. Und obendrein bilden fantastische Ausblicke ins Wittgensteiner und Hessische Bergland eine schöne Kulisse. Das ist Auszeit pur!

Für die Seele

Aussichten auf die Wiesenlandschaft und Streifzüge über die Höhen eröffnen uns neue Perspektiven.

Am ❹ **Didoll,** der Wasserscheide zwischen Lahn und Eder, erreichen wir die **L 903.** In der Nähe liegt der ehemalige gleichnamige Berggasthof. Der Landstraße folgen wir für 300 Meter aussichtsreich geradeaus **(X15, A3, W),** um dann rechts einzubiegen. An der nächsten

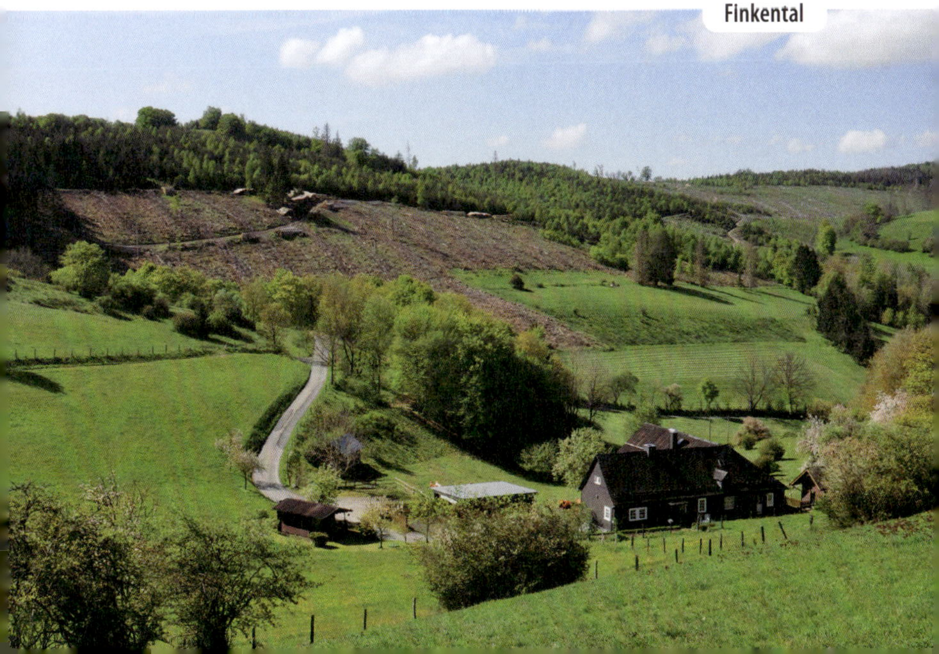
Finkental

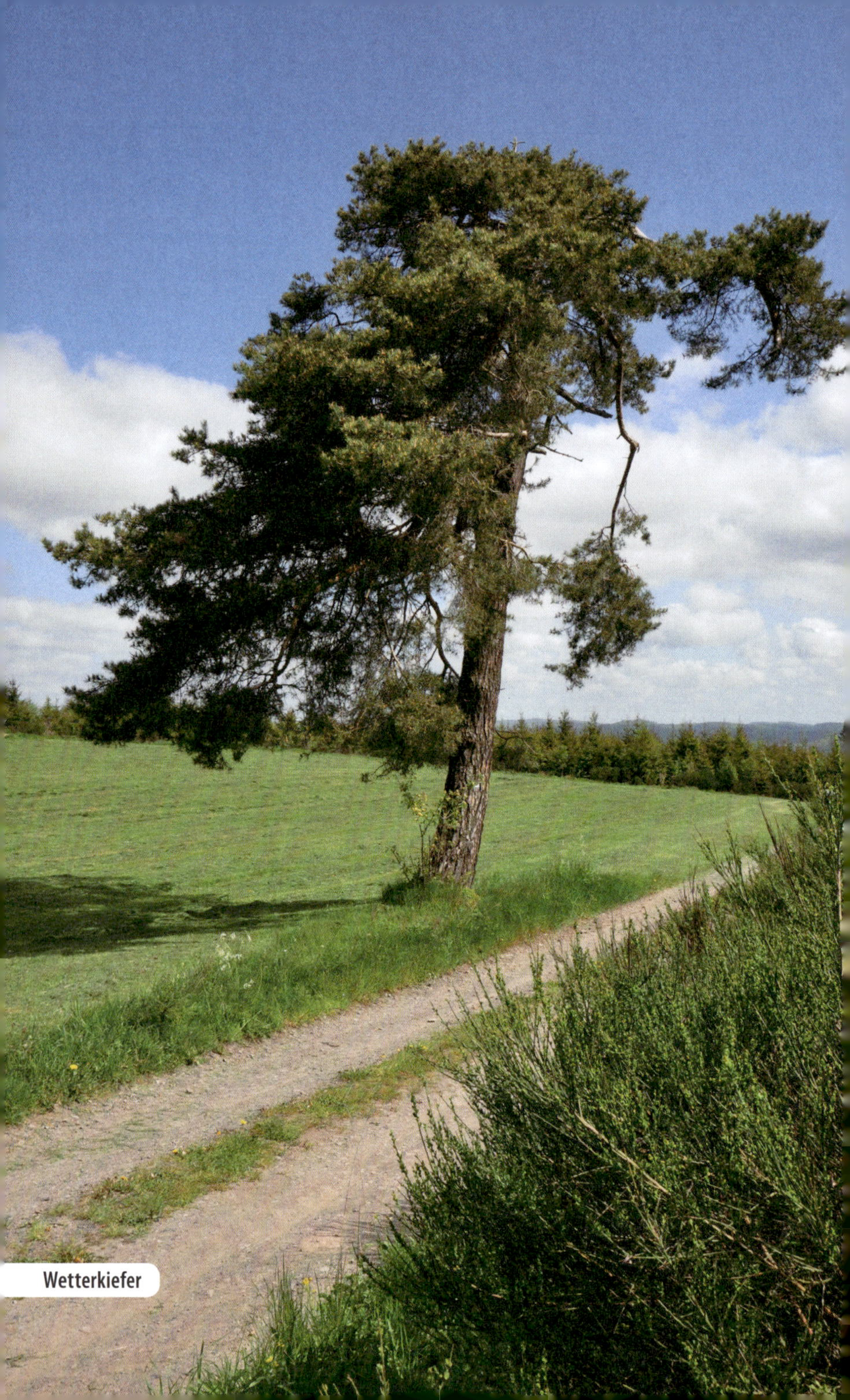

Wetterkiefer

Kreuzung gehen wir mit der Markierung des Richsteigs geradeaus und mit sanfter Steigung bis zum 644 Meter hohen **5 Gipfel Stein.** Er bietet eine alpin anmutende Fernsicht: Hügelketten, so weit das Auge reicht. Vor der Gipfelbank halten wir uns rechts abwärts und an der nächsten Kreuzung geradeaus, um wieder in die endlose Wiesenfläche, die uns schon von Ferne mit ihrem gelben Blütenmeer entgegenleuchtet, hineinzuwandern.

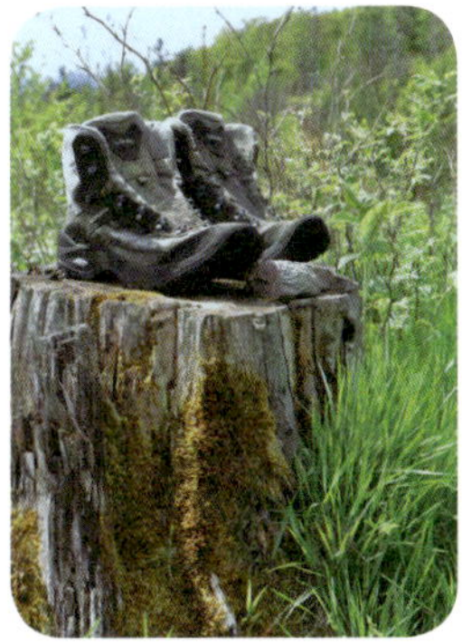

Auf den mageren Böden gedeihen im Jahreslauf viele verschiedene, teils sehr seltene Pflanzenarten. Den bunten Reigen eröffnen im Frühjahr die Echte Schlüsselblume und das Gemeine Sonnenröschen, dicht gefolgt vom Manns-Knabenkraut, einer Orchideenart. Später gesellt sich noch die duftende Arnika hinzu. Rosatöne prägen ab Spätsommer das Bild, wenn die Herbstzeitlose blüht. Sobald wir das von einer niedrigen Buchenhecke abgeschirmte Wiesendreieck, bei dem eine Bank unter einer Salbeiweide steht, erreichen, verlassen wir das talwärts führende Teersträßchen und wählen den scharf links abbiegenden Weg. Dieser

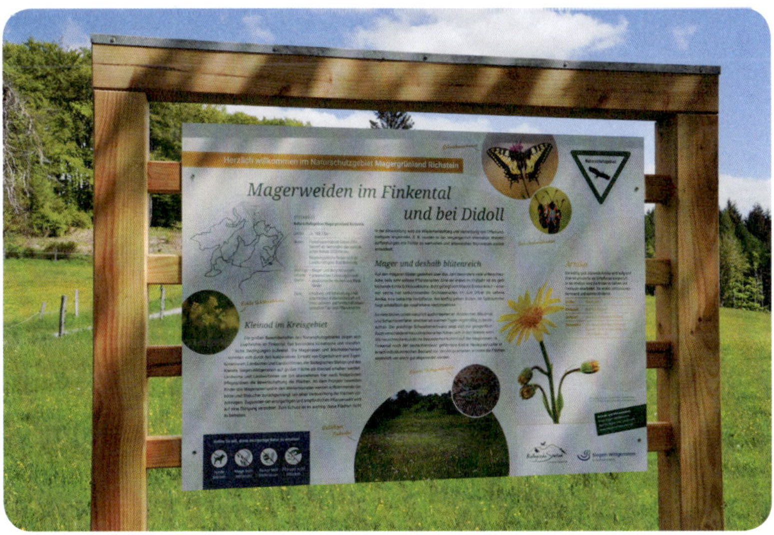

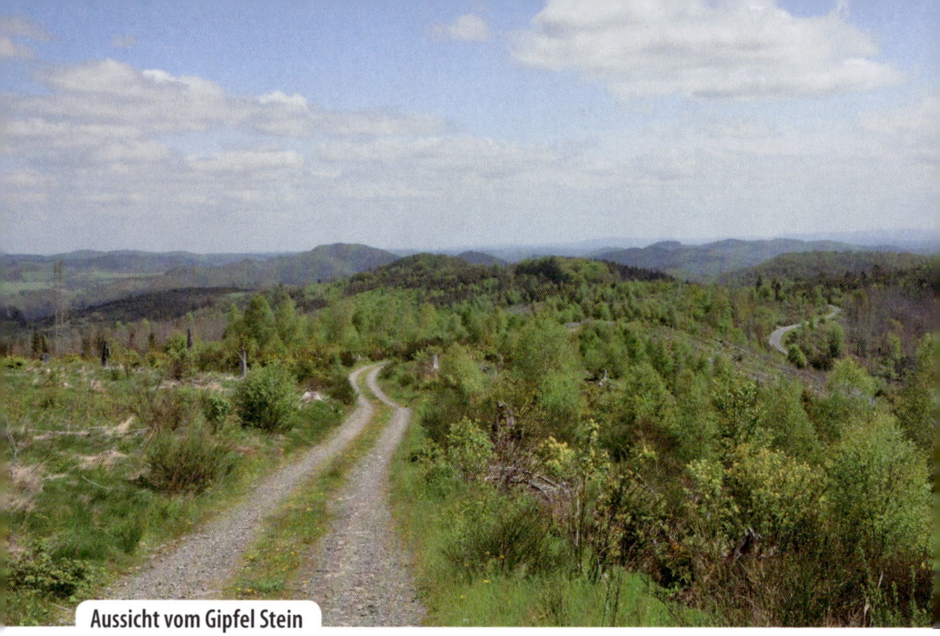

Aussicht vom Gipfel Stein

führt durch Wiesen in den geschützten Naturbereich **6 Kautzwiese und Großes Schimmelchen.**

Für einen kurzen Moment tauchen wir in einen leuchtend grünen Buchenhochwald ein, bevor wir schwungvoll ins Großwiesenbachtal hinabgehen. Sanftes Bachgeplätscher und wildes Wasserrauschen begleiten uns bis zur **K 53.** Wir gehen 70 Meter nach links und hinter **Haus Nr. 3** rechts. Am Ende des Holzzauns halten wir uns erneut rechts, überqueren den **Lützelbach** und wandern aufwärts bis zu einer T-Kreuzung, wo uns die Wegzeichen nach rechts leiten. Nach 250 Metern gehen wir oberhalb des idyllischen Talbodens links, um kurze Zeit später die Straße **Haintal** zu erreichen. Am **7 Richsteiner Heimathaus** präsentiert sich der **Pfad der Sinne,** der mit Sand, Splitt, Steinen oder Tannenzapfen gefüllt ist. Schuhe aus, Socken aus und barfuß hinein ins Massagevergnügen!

Es ist eine gute Idee, die müden Wanderfüße in Schwung zu bringen, denn nur wenige Schritte später zweigt rechts der informative Naturlehrpfad ab, der uns zur Burg Richstein hinaufbringt. Grundschüler haben die Infotafeln entlang des Weges gestaltet und nehmen uns mit auf eine detaillierte Baumexkursion.

*Die historische **Heimatstube Richstein** zeigt die Land- und Milchwirtschaft im Wandel der Zeit. Zu sehen sind auch eine Küche und Wohnstube wie zu Urgroßmutters Zeiten sowie eine Schusterwerkstatt.*

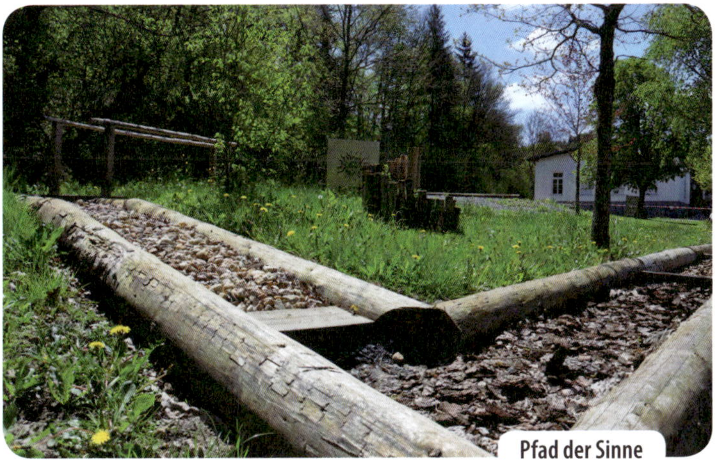

Pfad der Sinne

Heimische Gehölze wie Birke, Eibe, Feldahorn, Hasel, Schlehe oder Winterlinde lernen wir näher kennen. Der grasbewachsene Weg wird steiler und mündet schließlich in ein Teersträßchen.

Wer mag, geht noch 200 Meter aufwärts zur **8 Burg Richstein,** die um 1380 errichtet wurde. Vier Jahre später erhielt Graf Johann von Wittgenstein das

Blick auf Richstein

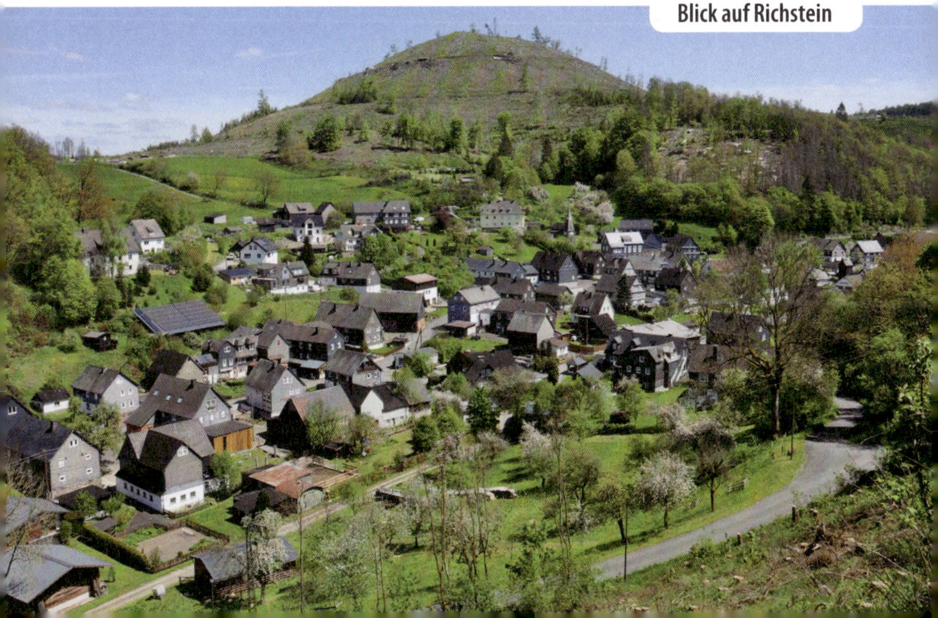

*Der **Gartenkiosk** ist von Frühjahr bis Herbst geöffnet. Angeboten wird unter anderem frisches Gemüse, das auf dem benachbarten Feld wächst. Besonders zu empfehlen: selbst gemachte Duftkerzen, Gesichtspeeling und Körperbutter.*

„sloß Richensteine“ wegen geleisteter Dienste als Lehen vom Landgrafen Hermann von Hessen. Von den Grundmauern sind nur wenige Reste übrig geblieben, allerdings bietet das Plateau eine schöne Aussicht auf das beschauliche Richstein, das ab dem 15. Jahrhundert eine sogenannte Freiheit mit eigenem Amtssitz und Landgericht war. Wen es allerdings schnell in den Lesekorb zieht, der geht rechts abwärts. An der Friedhofskapelle treffen wir auf die Straße **Zur Burg.** Ein Abstecher nach rechts zum wenige Schritte entfernten **9 Selbstbedienungsgartenkiosk** im Bollerwagendesign ist lohnenswert. Unser Weg zum Ausgangspunkt führt jedoch nach links und dann über die Straße **Zur alten Kirche** rechts abwärts.

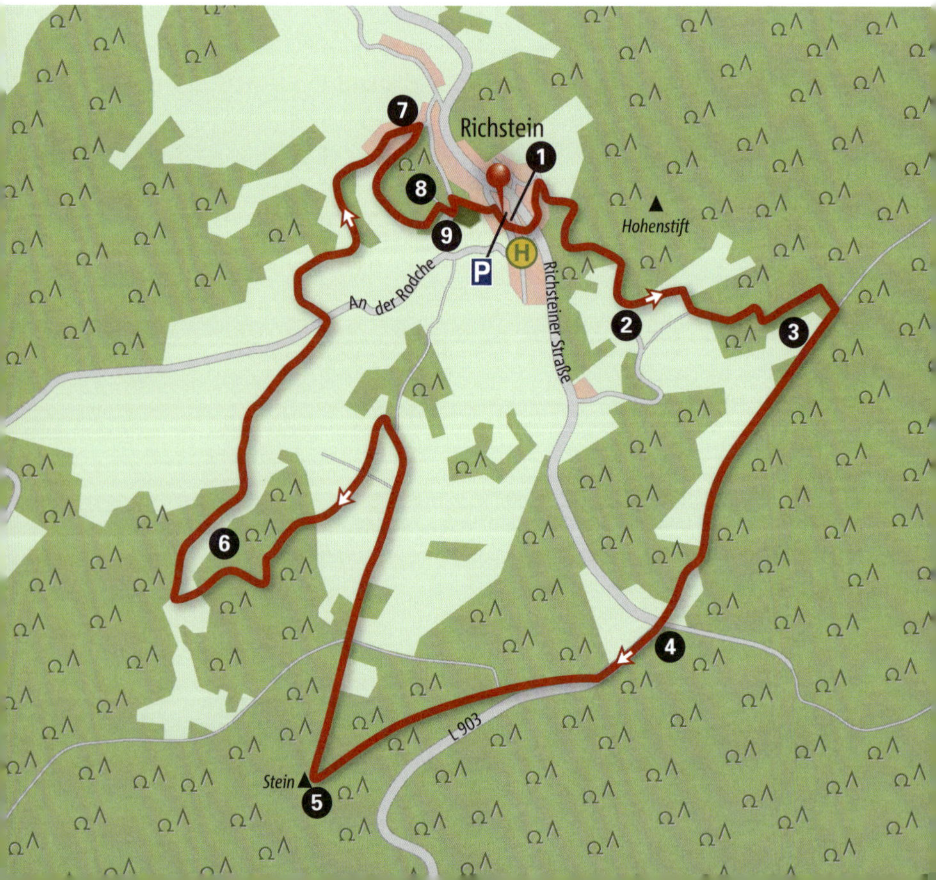

ALLES AUF EINEN BLICK

Entspannung 5/5
Abenteuer 1/5
Vielfalt 3/5

WIE & WANN

Wald-, Wiesen- und Forstwege. Kurzzeitig asphaltierte Abschnitte im Bereich des Ortes und der Höfe. Zu jeder Jahreszeit reizvoll. Am schönsten ist es im Frühsommer zur Blütezeit.

HIN & WEG

Auto: Parkplatz am Feuerwehrhaus, Laaspher Straße, 57319 Bad Berleburg-Richstein
ÖPNV: Haltestelle Richstein-Feuerwehrhaus

ESSEN & ENTSPANNEN

Keine Einkehrmöglichkeit am Weg, bitte an Rucksackverpflegung denken.

ENTDECKEN & ERLEBEN

1. Lesekorb
2. Finkental
3. Wetterkiefer
4. Didoll
5. Gipfel Stein
6. Kautzwiese und Großes Schimmelchen
7. Richsteiner Heimathaus mit Pfad der Sinne
8. Burg Richstein
9. Selbstbedienungsgartenkiosk

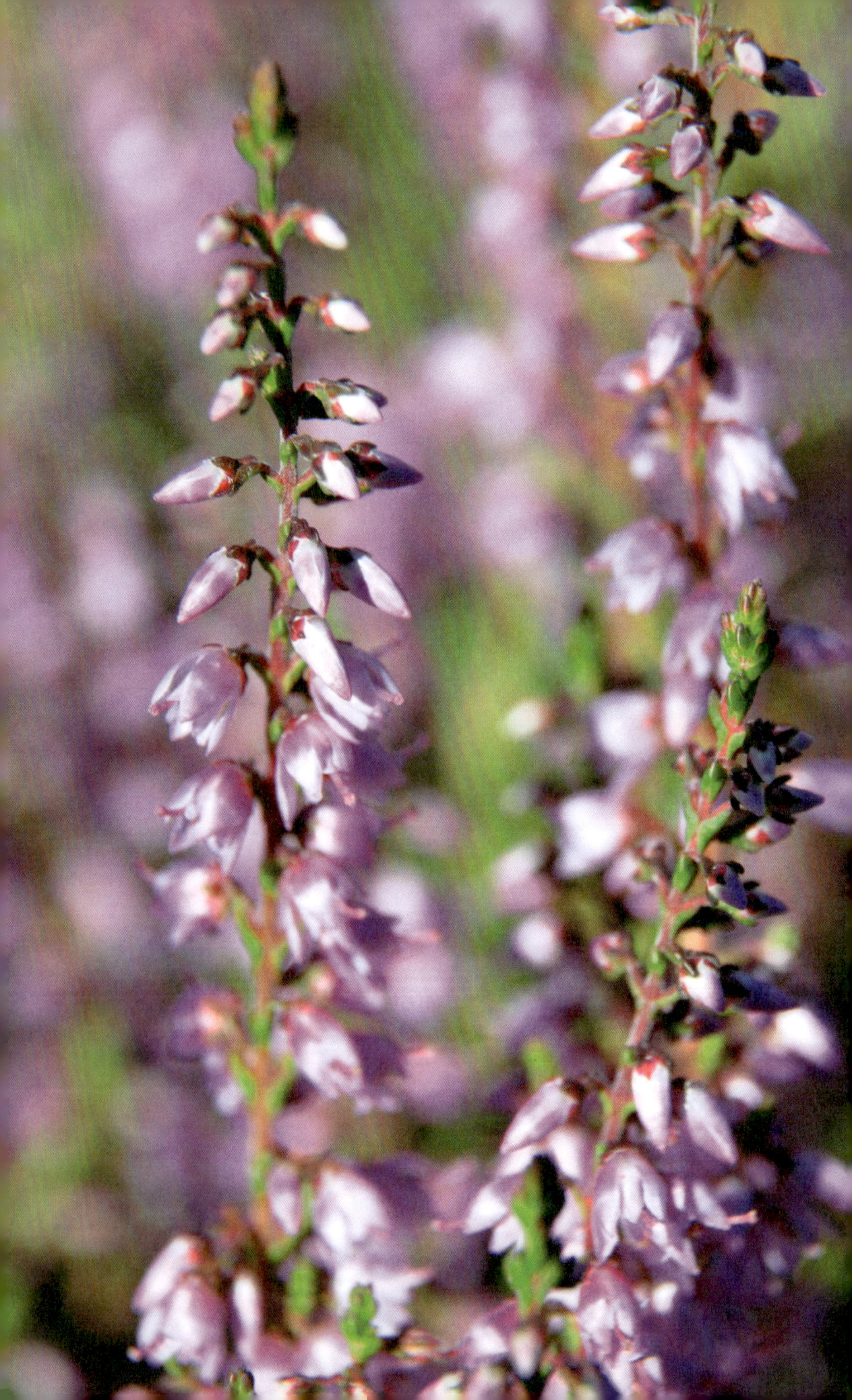

Blühender Schatz

Auf den Höhen der Trupbacher Heide

Wer eine Schatztruhe findet und vorsichtig öffnet, ist gespannt auf den Inhalt: Gold und Silber, funkelnde Edelsteine, kostbare Juwelen – es besteht Hoffnung, große Reichtümer zu entdecken. Ganz ohne intensive Suche nach verborgenen Geheimnissen entdecken wir auf der Trupbacher Heide einen besonderen Schatz. Das Naturglück liegt uns quasi zu Füßen, denn die rosafarbene Besenheide verzaubert uns vom ersten Augenblick an.

Vom Parkplatz am Wasserhaus Alchen gehen wir kurz bergan **(X24, A2, A3, F11)** und erreichen eine Tafel der Nordrhein-Westfalen-Stiftung, die über das **1 Nationale Naturerbe Trupbacher Heide** informiert. Von Wald gesäumte Offenlandflächen mit Zwergstrauch- und Ginsterheiden, Borstgrasrasen und Magerwiesen erwarten uns. Das Besondere daran: Die Landschaft ist ausschließlich durch den Menschen entstanden, denn 1936 wurde der Wald auf dem Hochplateau großflächig gerodet, um einen militärischen Übungsplatz anzulegen. Das intensive Befahren mit den schweren Panzern und eine fehlende Düngung waren ursächlich für das Entstehen schützenswerter Biotope.

Nach Ende des Zweiten Weltkrieges wurde das ***Heidegelände*** *landwirtschaftlich genutzt. Von 1950 bis 1994 war das Areal Panzerübungsplatz der belgischen Streitkräfte, die in der Kaserne am Siegener Wellersberg stationiert waren.*

Der Weg führt, flankiert von niedrigen Holzzäunen, bis zur knorrigen **2 Grenzeiche** mit ihrem hohlen Stamm. Eine Bank lädt ein, dieses uralte Naturwunder für einen Moment zu bestaunen. Wir halten uns rechts und nehmen kurz darauf an der Infotafel „Lebensraum Kleingewässer" den linken Weg **(A3 Zugangsweg, F11)**, dem wir so lange folgen, bis

Kilometer: 6
Höhenmeter: 136
Stunden: 2,5
RUNDWEG

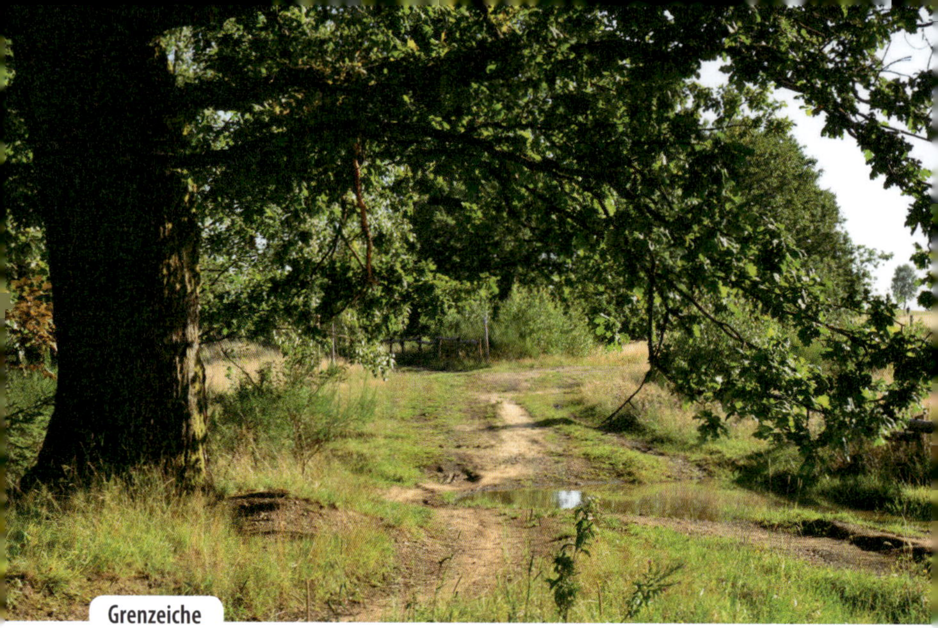

Grenzeiche

Mit etwas Glück entdecken wir die selten gewordene ***Heidelerche****, die sich in der mageren Vegetation und auf sandigen Böden sichtlich wohlfühlt. Sie singt gerne von Bäumen aus – wohlklingend und ein wenig melancholisch.*

wir die Hauptroute des Wanderweges **A3** queren und geradeaus durch eine Lücke im Zaun auf einem Pfad weiterwandern. Der schmale Weg wird von Heidekraut, Ginstersträuchern und Birken gesäumt. Wir genießen die Ruhe; nur das Zirpen der Grillen und Summen der Bienen sind zu hören. Aufmerksam nehmen wir in unserer Umgebung noch etwas anderes wahr: Ein Baumpieper steigt von einer Strauchspitze in die Lüfte, lässt sich dann mit ausgebreiteten Flügeln und gespreiztem Schwanz wie ein Fallschirm fallen und begleitet seinen freien Sturz mit seinem Gesang. Wir werden Zeuge seines Singfluges, für den er bekannt ist. Dieses Privatkonzert mitten in der Natur berührt unser Herz.

Es geht leicht abwärts und plötzlich stehen wir in einem grünen, üppigen **3 Urwald,** denn Farne, Sträucher und Bäume um uns herum werden dichter. Ihre Wurzeln tanken Energie aus einer Quelle, die im Unterholz leise hervorsprudelt. An der Wegverzweigung entscheiden wir uns für den rechten Pfad, kommen rasch wieder in freies Gelände und treten kurz danach durch eine Lücke im Zaun auf den breiten Wanderweg. Munter umherspringende Schafe begrüßen uns mit kräftigem Blöken. Sie sind untrennbar mit dem friedlichen Bild der Trupbacher Heide verbunden, da die Tiere der Schäferei Küthe aus Siegen-Meiswinkel als Landschaftspfleger durch das karge Gras trotten. Zur Herde der Merino-Landschafe gehören auch einige Ziegen, die mit Vorliebe an den Gehölzen knabbern und ebenfalls einen wichtigen Beitrag zum Erhalt von Landschaft und Artenvielfalt leisten.

Für die Seele

Das rosarote Farbenmeer der Trupbacher Heide und verwunschene Waldmomente faszinieren uns.

Für 50 Meter gehen wir nach links, bis uns linker Hand erneut ein schmaler Heidepfad, der uns bis an den Rand des Birkenwäldchens bringt, aufnimmt. Die Spur führt uns nach rechts und durch eine Zaunlücke wieder zum Wanderweg, den wir überqueren, um den gelben Markierungen des Zugangsweges **(A2, A3)** in den südlichsten Zipfel des Naturschutzgebietes zu folgen. Hier kann es auch schon mal sumpfig werden, denn nach längeren Regenperioden bilden sich schnell kleine Tümpel. Libellen und Amphibien haben ihre Freude daran.

*Die **Schafherde** wechselt häufiger ihren Standort. Auf den Heidepfaden kann die mobile Umzäunung den Weg verschließen. Wer sich an dem mit A3 markierten, parallel verlaufenden Weg orientiert, kommt auch zum Wickersbachtal.*

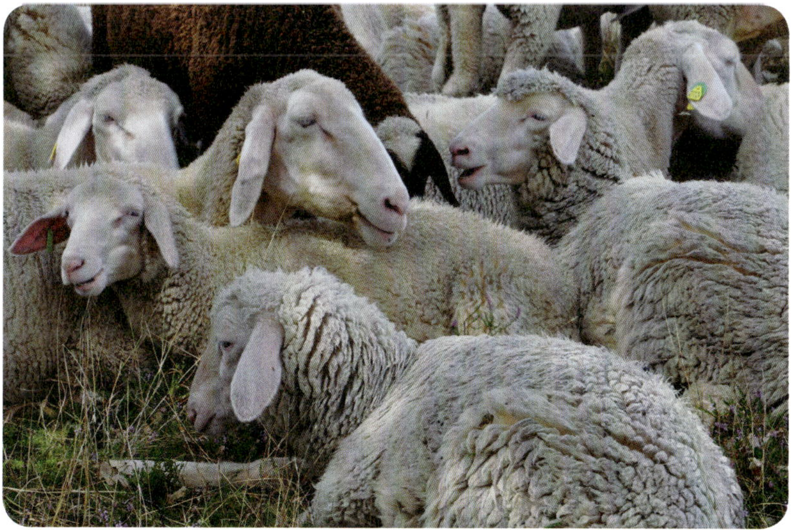

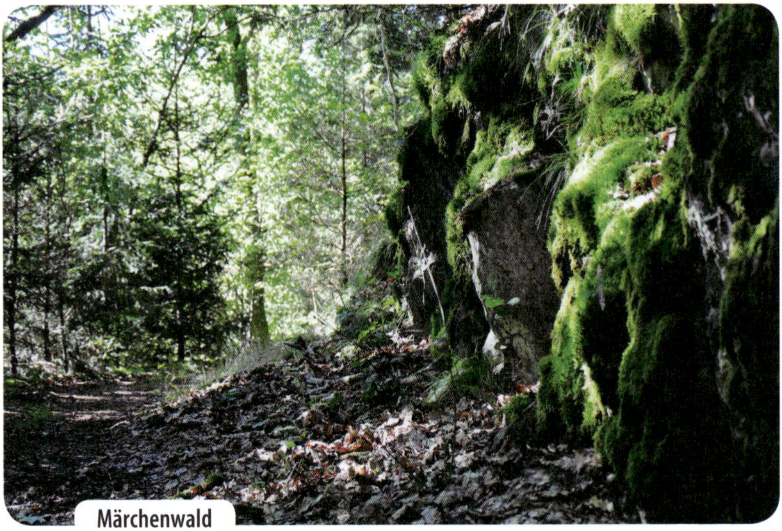

Märchenwald

Am Ende der Hochfläche leiten uns die gelben Zeichen schräg links durch ein Waldstück abwärts. Schnell haben wir die wurzelige Passage bewältigt, kommen an einer Infotafel sowie rot-weißen Schranke vorbei. Der Weg führt uns in Richtung einer Wiese, doch bevor wir diese erreichen, gehen wir zu Beginn des asphaltierten Sträßchens auf schmaler Spur links abwärts am Zaun entlang. Der Wiesenweg mündet in einen Waldpfad. Augen auf! Am Wegrand und im Unterholz sprießen frische Pilze. Zu ihnen gesellt sich das Drüsige Springkraut, das mit leuchtend roten Stängeln und rosafarbenen Blüten für Farbtupfer sorgt. Nach einer Linkskurve gehen wir noch 50 Meter abwärts, bis wir nach rechts auf einen grasbewachsenen Pfad abbiegen und an einem unscheinbaren Wasserlauf talwärts wandern. Vor uns öffnet sich das Wickersbachtal. Kurz hinter dem Hochsitz treffen wir in spitzem Winkel auf einen Forstweg. Hier gehen wir links, um sofort wieder rechts abzubiegen. Kurz nachdem wir das rauschende Flüsschen überquert haben, halten wir uns an der T-Kreuzung links.

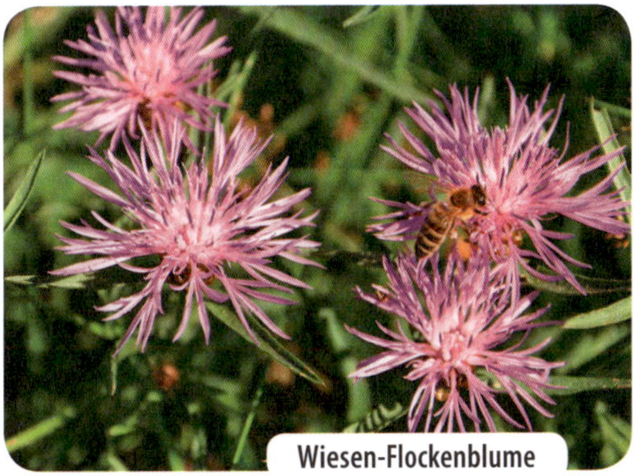
Wiesen-Flockenblume

Der beschauliche Weg steigt allmählich an und wird zur weichen Waldspur. Über uns spannt sich ein Torbogen aus grünen Blättern und Nadeln wie in einem zauberhaften **4 Märchenwald.** Felsen im Miniaturformat und das Rauschen des Wickersbachs verleihen diesem Fleckchen Erde ein besonderes Ambiente. Nach dem Überqueren eines Wasserrinnsals gehen wir rechts **(A2, A3)** und vorbei an Haselnusssträuchern sowie Buchenniederwald bergauf. Auf Höhe des Flughafens des Siegerländer Modellsportclubs halten wir uns links aufwärts ins Heidegelände. An der nächsten Wegverzweigung bleiben wir links und folgen der Markierung **A3** über die Hochebene.

Rund um uns herum wogt ein Meer aus rosa Blüten. Die Besenheide „Calluna vulgaris“ verwandelt die Landschaft zur Blütezeit im August in ein Juwel und

Heidehochebene am Kirrberg
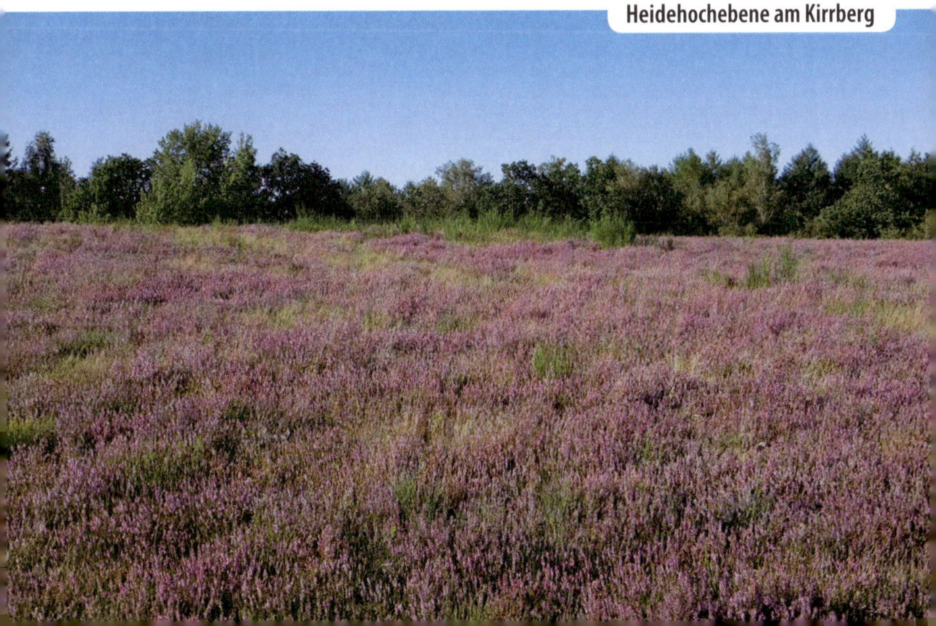

Im Sommer schweben zahlreiche ***Schmetterlinge*** *von Blüte zu Blüte. Die Besenheide ist eine wichtige Nahrungsgrundlage für die Raupen der Tagfalter. Zu entdecken ist der seltene Argus-Bläuling.*

sorgt für einen fulminanten Höhepunkt der Wanderung. Es ist ein Moment der Vollkommenheit. Da bietet es sich an, eine stille Bank für ein Picknick zu suchen, um den Augenblick zu genießen, denn er ist voller Leben. Bienen und Schmetterlinge profitieren von diesem blühenden Schatz, der wegen des kargen Bodens, auf dem er wächst, auch für uns ein Symbol der Kraft ist.

Am Ende des geradlinigen Weges halten wir uns rechts aufwärts bis zur Verzweigung an der Bank Nr. 1658, die wir linker Hand passieren. Nach wenigen Schritten erreichen wir an der T-Kreuzung den breiten Höhenweg **(X24),** dem wir nach links zum Parkplatz folgen.

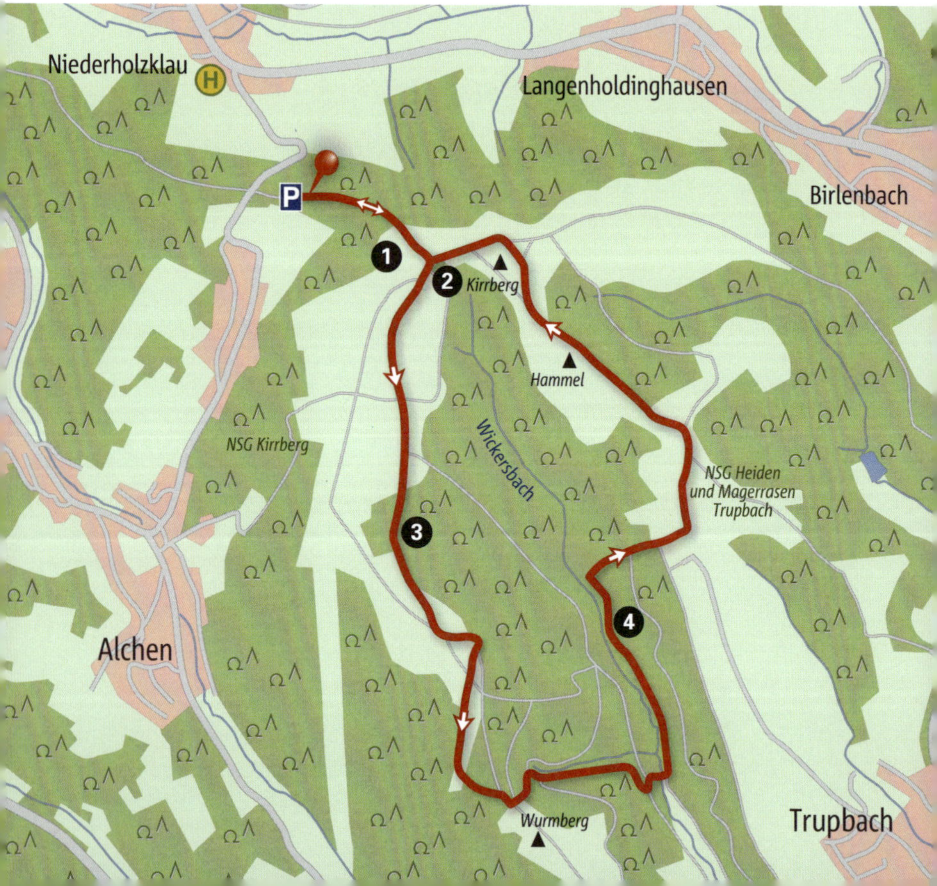

ALLES AUF EINEN BLICK

Entspannung
Abenteuer
Vielfalt

WIE & WANN

Pfade und Wege durch Heide und Wald wechseln sich ab. Die beste Jahreszeit ist zur Blütezeit im August. Nach starken Regenfällen sumpfig.

HIN & WEG

Auto: Parkplatz Wasserhaus Alchen, Landstraße zwischen 57258 Freudenberg-Alchen und 57258 Freudenberg-Niederholzklau
ÖPNV: Haltestelle Niederholzklau

ESSEN & ENTSPANNEN

Keine Einkehrmöglichkeit am Weg, bitte an Rucksackverpflegung denken.

ENTDECKEN & ERLEBEN

1. Nationales Naturerbe Trupbacher Heide
2. Grenzeiche
3. Urwald
4. Märchenwald

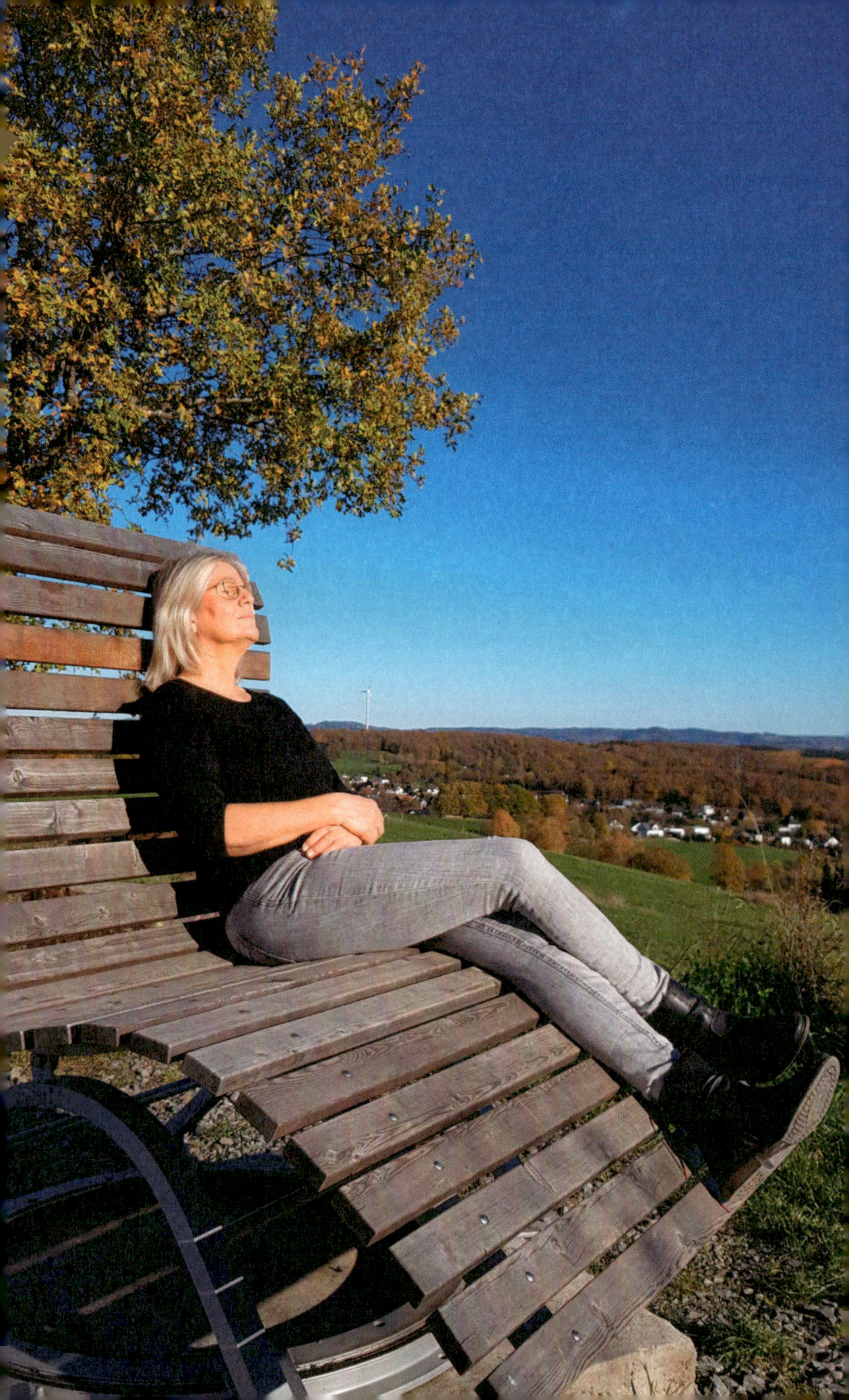

Sonne im Gesicht

Von Meiswinkel zum Ischeroth

Beeindruckende Ausblicke genießen, Sonnenstrahlen im Gesicht spüren, an Wiesen entlangschlendern, sich Zeit für eine Einkehr nehmen – viele faszinierende Momente machen diese Wanderung zu einem Erlebnis. Highlights sind zahlreiche Aussichtspunkte, an denen uns das Siegerland zu Füßen liegt, und eine gastfreundliche Oase, die mit viel Liebe geführt wird.

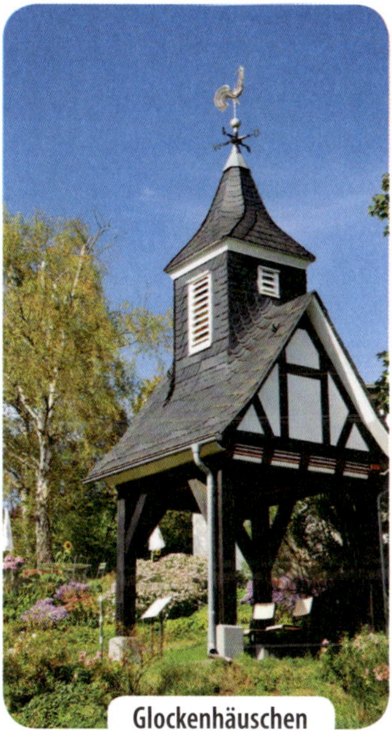
Glockenhäuschen

Wir wandern vom Sportplatz in Meiswinkel am Pudelclub vorbei auf dem Teerweg bergauf und schon nach wenigen Schritten öffnet sich bei einer Bank eine erste Aussicht. Oberhalb der Wiesen gehen wir an der Tafel der Bürgerinitiative „Weil wir Meiswinkel lieben“ rechts zum Steimelrücken, auf dem uns eine außergewöhnliche Überraschung erwartet: Eine ❶ **Rothaarsteigbank,** die um 360 Grad drehbar ist und ein einmaliges Erlebnis von Rundumsicht ermöglicht. Platz nehmen und schauen ist das Motto.

Hoch über dem Heestal führt der Weg sanft abwärts. An der folgenden Wegkreuzung biegen wir scharf rechts ab **(F13/A5)** und erreichen die Einmündung der L 908 in die L 564 zwischen Oberholzklau und Hünsborn. Diese überqueren wir und folgen der Markierung **F13** auf schmalem Pfad kurz steil bergauf. Oben angekommen, gehen wir geradeaus weiter bis zur T-Kreuzung, die ein schlichtes Holzkreuz schmückt. Wir wenden uns für

Kilometer: 15,4
Höhenmeter: 428
Stunden: 5,5
RUNDWEG

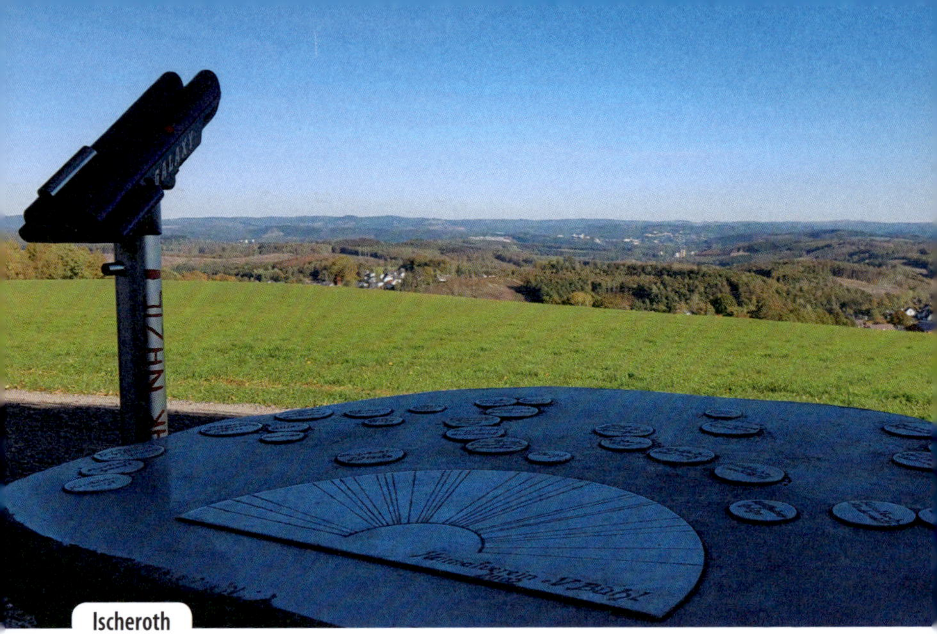

Ischeroth

50 Meter nach rechts, bis uns beim Wegweiser die Zeichen W und Raute links in einen Buchen- und Eichenwald führen. An der nächsten Gabelung halten wir uns rechts und wandern kurze Zeit später auf einem aussichtsreichen Höhenweg.

An der folgenden Kreuzung versteckt sich unter den Ästen der Bäume ein Wegweiser aus Holz, der uns geradeaus **(A3, F3)** die Richtung zu unserem Gipfelziel, dem Ischeroth, weist. Auch an der nächsten Verzweigung geht es geradeaus bergauf **(F3, F14).** Mit jedem Schritt öffnet sich der Panoramablick, der am 467 Meter hohen **2 Ischeroth** seinen Höhepunkt erreicht. Er gilt mit seiner freien Sicht nach Süden als einer der schönsten Aussichtspunkte im Siegerland, denn im Umkreis von fast 8 Kilometern ist kein Gipfel höher. Hoch über dem kleinen Ort Bühl bildet das Ensemble aus Bank, Fernrohr und Orientierungstisch den idealen Punkt für eine ausgiebige Rast, zu der natürlich auch ein Eintrag ins Gipfelbuch gehört. Der Panoramablick auf den südlichen Teil des Rothaarkammes ist überwältigend, denn die Aussicht reicht vom Kindelsberg bis zur Kalteiche mit ihren unzähligen Windrädern. In westlicher Richtung schließt sich der Hohe Westerwald

*Auf dem **Ischeroth** war bis Mai 2022 noch ein Gewerbe- und Industriegebiet geplant. Mehr als zehn Jahre protestierte die Bürgerinitiative „Den Ischeroth nicht zerstören" dagegen. Zum Glück siegten im Stadtrat Freudenbergs Umwelt und Vernunft.*

an. Wir kommen aus dem Schauen und Staunen nicht mehr heraus – es ist ein herrliches Fleckchen Erde!

Auf dem bekannten Weg wandern wir ein kurzes Stück zurück. Vor dem Hochsitz halten wir uns rechts und schlendern durch die Wiese auf Bühl zu. Der Pfad geht in einen asphaltierten Weg über **(F14)** und führt in einem leicht kurvigen Verlauf abwärts in die Straße **Am Thörchen.** Nach dem Haus Nr. 23 biegen wir scharf links ab, halten uns aber sofort rechts in den schmalen grasbewachsenen **Horweg.** Rechter Hand befinden sich Garagen und links ein Carport. Unterhalb von Haus Nr. 15 gehen wir rechts in den geschotterten Horweg und kurz darauf abwärts zur **3 Palaver-Ecke,** einem Holzunterstand zum Schwätzchenhalten. Der Straße **Am Kirchenwald** folgen wir 100 Meter abwärts und erreichen die **Kreuztaler Straße,** die wir in der Nähe des **4 Buffalo Bühl Horse Stables** an einer Ampel überqueren.

Für die Seele

Die sonnenverwöhnten Panoramawege und Aussichtspunkte lassen uns ferne Horizonte entdecken.

Familie Kolb hat ihren Bauernhof in eine nordamerikanische Kulisse verwandelt. Die Tonkifreunde Bühl e. V. veranstalten am ***Buffalo Bühl Horse Stable*** *Living-History-Events für Kinder, Jugendliche und Familien.*

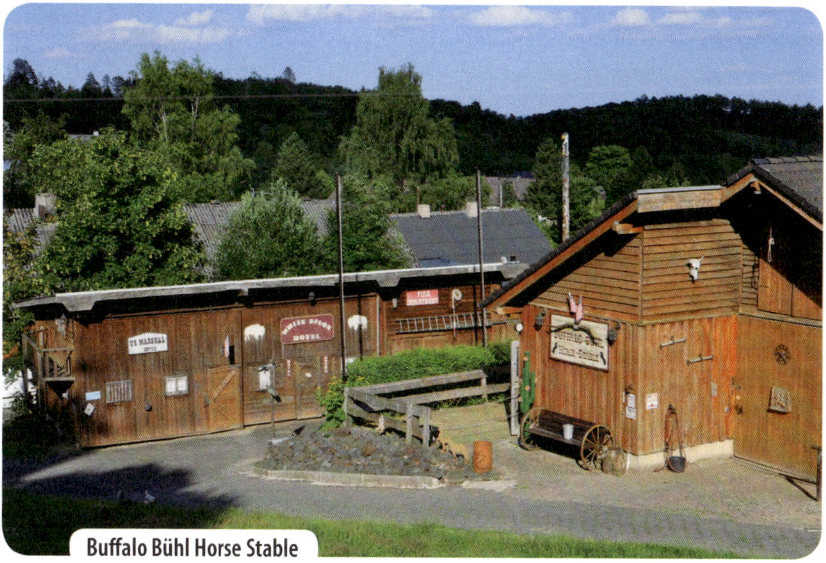

Buffalo Bühl Horse Stable

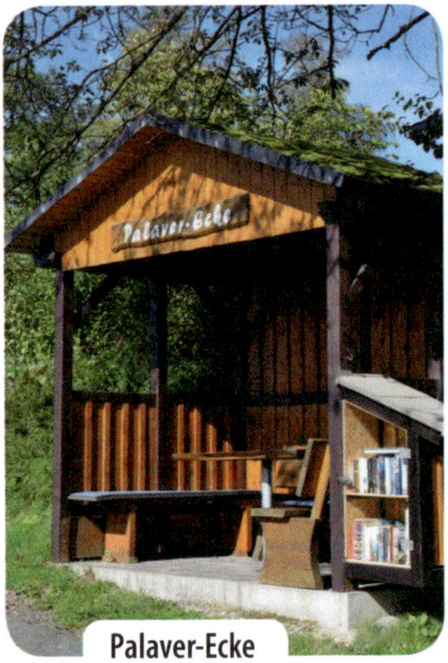

Palaver-Ecke

Danach halten wir uns links, bis rechts die **Bühler Straße** abzweigt und uns kurvenreich durch den alten Ortskern führt. Hinter dem **Biobauernhof Ohrndorf** mit seinem **5 Hofladen** in zwei umfunktionierten Hochsilos leitet uns am Ortsausgang in Höhe von Haus Nr. 271 schräg links ein schmaler Wiesenpfad **(F14)** zurück in die Natur. Ganz verwunschen führt uns die Spur an der Weide entlang und an einer kleinen T-Kreuzung nach rechts in den Niederwald. In dieser Aue des Flüsschens Alche stand einst der Hof Dröningen, der erstmals 1329 urkundlich erwähnt wurde und wo die Geschichte Bühls begann.

Vom Wanderparkplatz Alter Dreschschuppen nehmen wir den asphaltierten Weg bergauf. Wir folgen ihm durch eine scharfe Linkskurve und erreichen die Wiesen vor Oberholzklau. An der Verzweigung halten wir uns links, bis wir nach 70 Metern am Waldrand vor einer exponierten alten Eiche, unter der

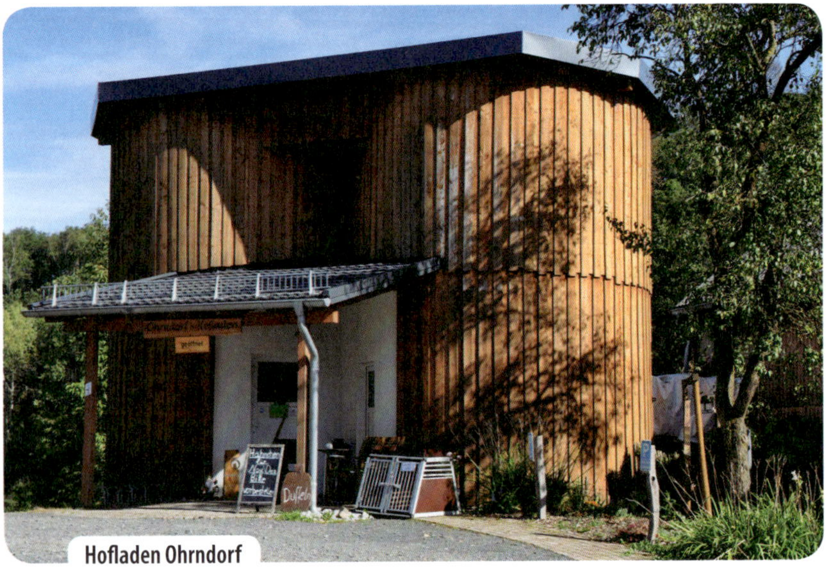
Hofladen Ohrndorf

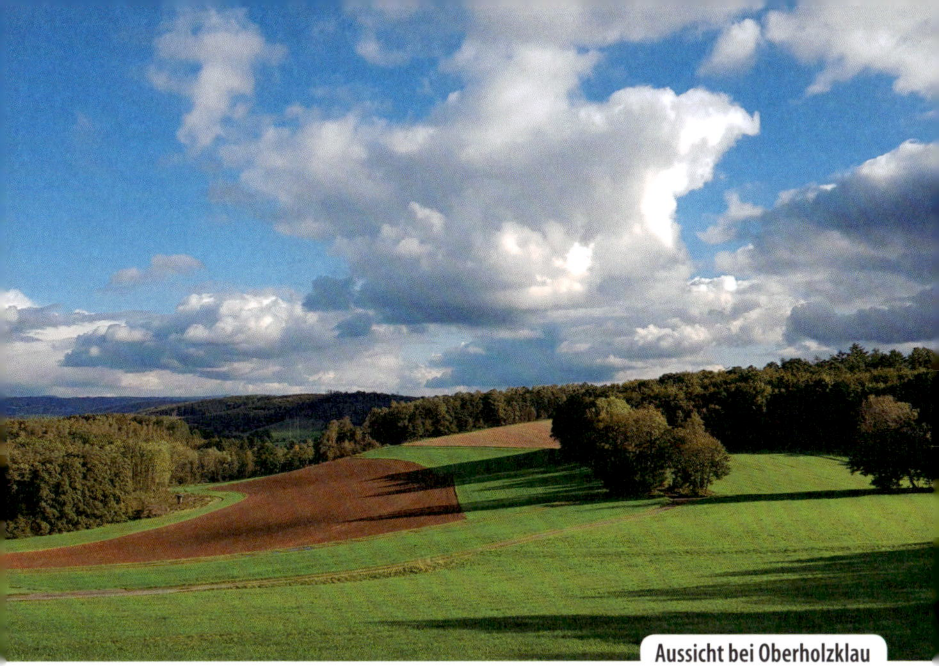

Aussicht bei Oberholzklau

sich eine Bank befindet, die Markierung **F14** verlassen und rechts auf einen kaum sichtbaren Pfad, der uns am oberen Wiesensaum mit Blicken bis nach Siegen entlangführt, einbiegen. Wir genießen die Weite um uns herum. Die Sonne verwöhnt uns mit ihren wärmenden Strahlen und dem Licht, das auf unseren Weg fällt. Die Wiesenspur führt geradeaus in ein Wäldchen aus Haselnussbäumchen und jungen Bergahornsträuchern. Vor Haus Nr. 28 betreten wir die **Eschenbachstraße,** gehen abwärts und wenden uns an der T-Kreuzung nach links, um kurz darauf in den **Bruchbergweg** einzubiegen. Nach den letzten Häusern geht er in einen Forstweg über. Wir sind hoch über dem Tal, durch das sich der Holzklaubach schlängelt, unterwegs.

Nach 1,6 Kilometern erreichen wir Niederholzklau, wo wir der **Löhbergstraße** links bis zur **L 564** folgen. Wir halten uns rechts und nachdem wir die Bushaltestelle passiert haben, gehen wir links in die Straße **Hof Mühlenberg.** Am Ende der kurzen Allee biegen wir rechts ab **(F12)** und mit jedem weiteren Schritt öffnet sich das Tal mehr. An der nächsten Kreuzung wählen

Eier, Nudeln, Fleisch – alles bio! Seit 2019 gibt es auf dem ***Bauernhof Ohrndorf*** *einen Selbstbedienungshofladen. Honigprodukte, Holzdeko und kalte Getränke runden das Angebot ab. Also, genug Platz im Rucksack einplanen!*

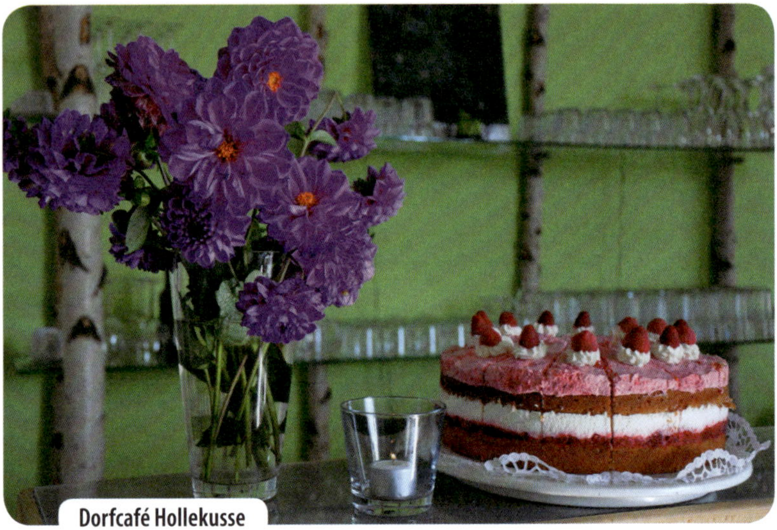

Dorfcafé Hollekusse

wir den links aufwärts führenden asphaltierten Weg **(F12, L1, L3)** für 180 Meter, bis wir an der Bank Nr. 1207 rechts über eine weiche Wiesenspur nach Langenholdinghausen schlendern. Wir bleiben auf der **Holzklaustraße** und gehen vor der Turnhalle links steil bergauf in die Straße **Fußfeld (L1).**

An ihrem Ende halten wir uns auf schmalem Pfad aufwärts und erreichen unterhalb des Friedhofs die Straße **Am Altenberg,** über die wir aufwärts bis zum Dorfgemeinschaftshaus wandern. In dem ehemaligen Evangelischen Gemeindehaus haben engagierte Mitglieder des gemeinnützigen Betreibervereins das kleine, aber feine **6 Dorfcafé Hollekusse** eingerichtet, auf dessen sonnenverwöhnte Gartenterrasse wir uns schon gefreut hatten. Und tatsächlich: Das Glück ist uns hold, denn wir haben einen offenen Sonntag außerhalb der Wintermonate (nur am ersten und dritten Sonntag geöffnet) erwischt.

*Spezialitäten des **Dorfcafés Hollekusse** sind frisch gebackene Waffeln mit Kirschen, Eis und Sahne. Auf der Speisekarte stehen auch hausgemachte Torten und Nussecken. Jeden 1. Sonntag im Monat ist Crêpe-Tag.*

Wir steigen weiter bergauf. Rasch bleiben die Bäume, die den Ortsrand von Langenholdinghausen säumen, hinter uns und wir sind wieder im aussichtsreichen Weidegelände unterwegs. Grasende Kühe an den Hängen oberhalb des alten Ortskerns begleiten uns. Wer sich dazu entscheidet, die Wanderung im Frühjahr zu unternehmen, der kann sich auf dieser Passage auf einen besonderen Natur-Leckerbissen freuen: Die Wiesen verwandeln sich in ein fantastisches Löwenzahnblütenmeer. Kurz bevor wir den Waldrand erreichen, biegen wir rechts ab **(L3)** und wandern durch den für das Siegerland typischen **7 Niederwald** hinab bis zur **Holdinghauser Straße.** Wir folgen der Fahrstraße nach rechts bis zur Zufahrt zum Löwenhof, um dort unmittelbar links auf einen fein gesplitteten Weg **(A4)** einzubiegen, der uns ins Birlenbachtal führt.

__Niederwald__ hat im Siegerland seit der Eisenzeit Tradition. Alle 10 bis 30 Jahre werden Birke, Eiche, Hainbuche, Linde und Hasel gefällt, um sie als Brennholz zu verwenden. Sie treiben aus dem Stock neu aus, was zu einem strauchartigen Waldbild führt.

Nach 600 Metern wählen wir den rechts aufwärts führenden geschotterten Forstweg, der schon bald in einer leichten Linkskurve einen namenlosen Wasserlauf überquert. Kurz darauf und unmittelbar bevor es steiler wird, treten wir auf dem rechter Hand abzweigenden grasbewachsenen Waldweg eine Exkursion in die **8 Farnwelt** an. Am Ufer des fast stillstehenden

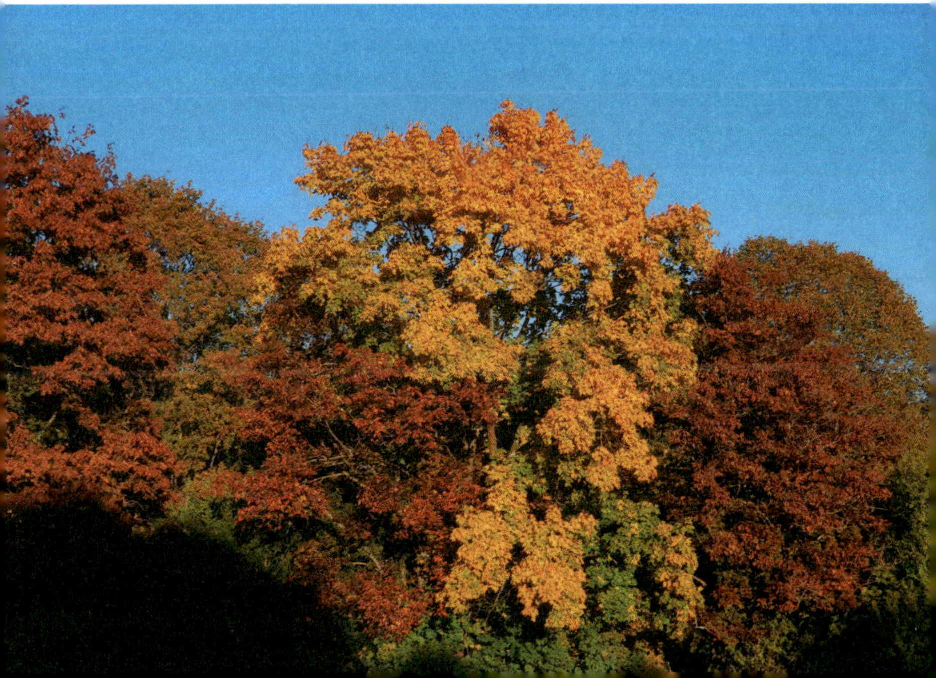

Bächleins haben die Sporenpflanzen mit ihren riesigen Wedelblättern ideale Bedingungen. Sie werden überragt von Buchen und Eichen, die einen parkähnlichen Hochwald bilden. Mit sanfter, aber stetiger Steigung erreichen wir eine Wiese, an deren Ende wir uns links halten und kurz danach auf die **Schwarzenbachstraße** treffen. Dieser folgen wir rechts, um nach 75 Metern schräg links hinauf bis zum Waldrand zu gehen. Bei der Bank Nr. 1161 biegen wir links ab **(A4, A5).** Wenig später sind wir wieder von Bäumen umhüllt und der Weg nimmt eine Linkskurve, nach der wir uns an einem Pfahl für einen schönen Waldpfad, der parallel zum Hauptweg verläuft, entscheiden können. So oder so kommen wir zurück zum Sportplatz.

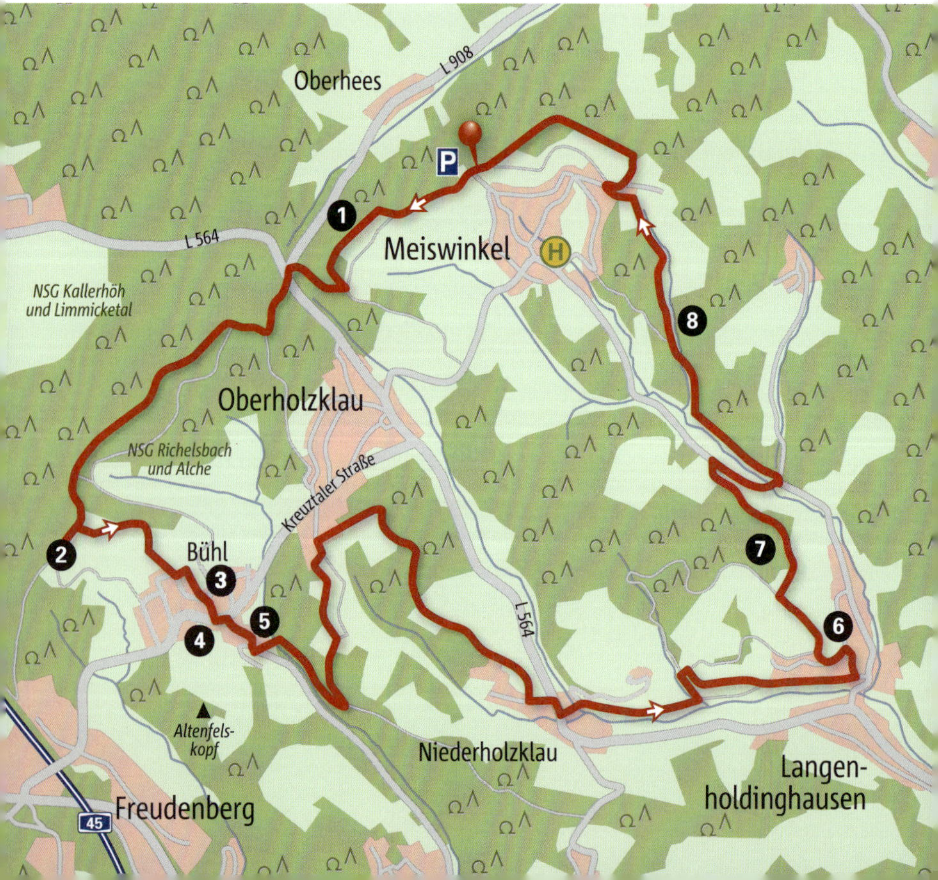

ALLES AUF EINEN BLICK

Entspannung

Abenteuer

Vielfalt

WIE & WANN

Forst-, Wald- und Wiesenwege, in den Ortschaften asphaltierte Abschnitte. Ganzjährig möglich.

HIN & WEG

Auto: Parkplatz Sportplatz/Schützenverein Meiswinkel, Heestalstraße 50, 57078 Siegen-Meiswinkel
ÖPNV: Haltestelle Meiswinkel Ortsmitte

ESSEN & ENTSPANNEN

5 **Biohofladen Ohrndorf,** Bühler Straße 280, 57258 Freudenberg-Bühl, Tel. (0 27 34) 74 29, www.biohof-ohrndorf.de

6 **Dorfcafé Hollekusse,** Am Altenberg 50, 57078 Siegen, Tel. (02 71) 77 00 65 90, www.dgh-hollekusse.de (eingeschränkte Öffnungszeiten)

ENTDECKEN & ERLEBEN

1 **Drehbare Rothaarsteigbank**
2 **Aussichtspunkt Ischeroth**
3 **Palaver-Ecke**
4 **Buffalo Bühl Horse Stable**
7 **Siegerländer Niederwald**
8 **Farnwelt**

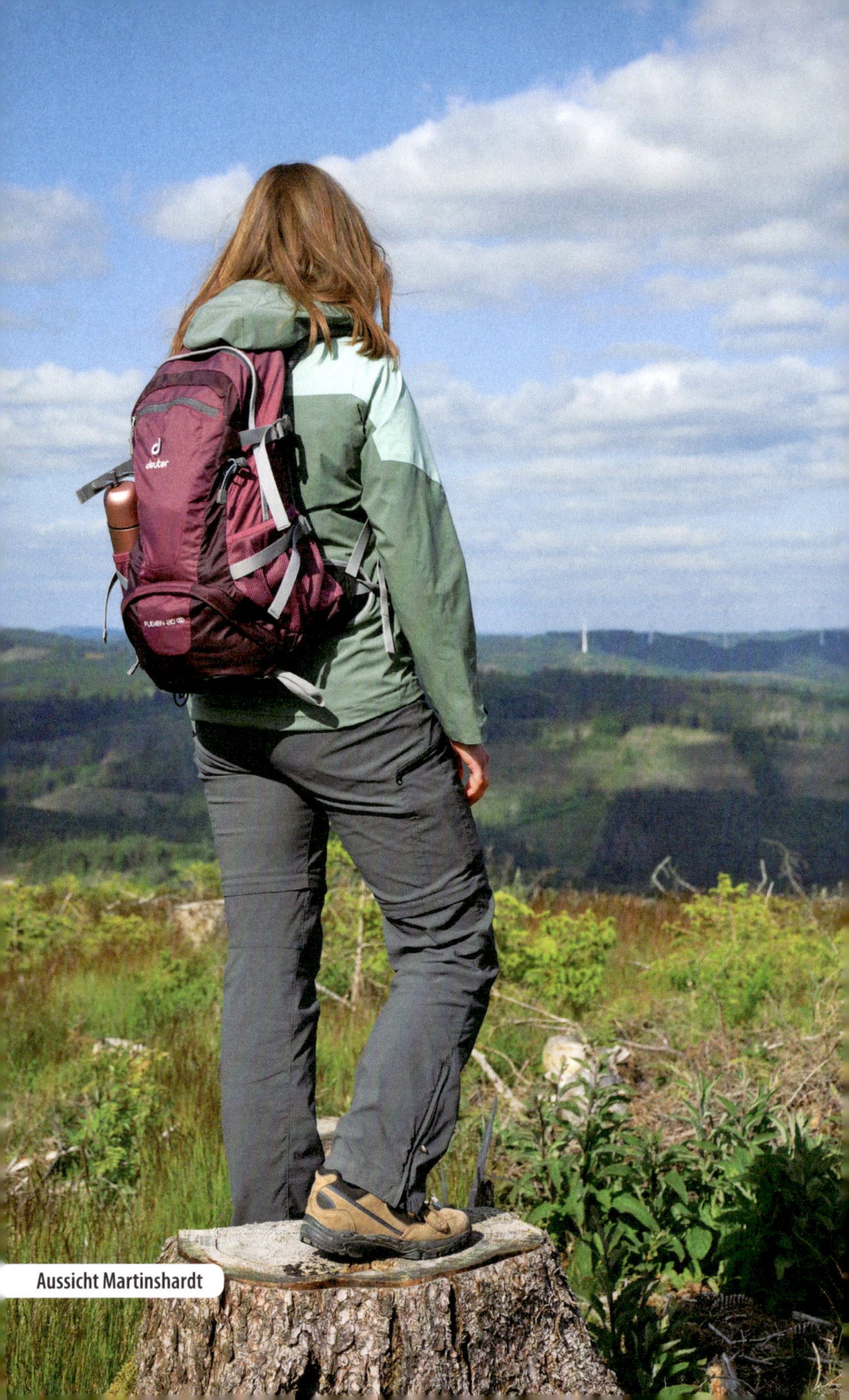

Aussicht Martinshardt

In luftiger Höhe

Martinshardt und Kindelsberg

Eines der ältesten besiedelten Täler des Siegerlandes, in dem sichtbare Halden und versteckte Stolleneingänge davon zeugen, dass hier einst Eisen, Blei, Kupfer, Zink und in geringem Maße auch Silber abgebaut wurden, ist der Auftakt einer außergewöhnlichen Gipfeltour. Vom Ufer des melodisch plätschernden Zitzenbachs locken uns herrliche Fernsichten, ein Eintrag ins Gipfelbuch und die Rast am Kindelsbergturm hinauf zu den Bergspitzen.

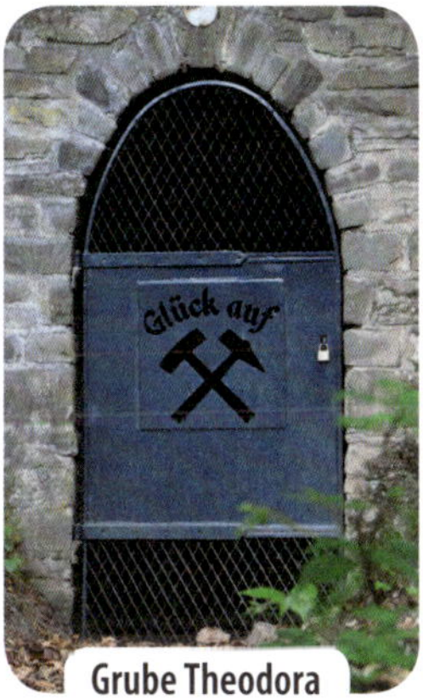

Grube Theodora

Unsere Wanderung startet am Parkplatz mit dem verlockenden Namen Freibad Zitzenbach. Wir nehmen den leicht abwärts führenden Pfad **(A3)** und kommen zur linker Hand liegenden Hütte des Vereins HadZMich e. V., an der wir rechts vorbeigehen, um den rauschenden Zitzenbach auf einer Holzbrücke zu überqueren. Am mit Schilfgras bewachsenen Ufer des Fischteichs bleiben wir einen Augenblick stehen, um zuzuschauen, wie Forellen und Kois im leicht trüben Wasser ihre Bahnen ziehen. Der schmale Uferweg führt auf den **Kindelsbergpfad** (geschwungene Linie im Kreis), dem wir links zum **1 Naturfreibad Zitzenbach** folgen. An heißen Tagen müssen wir uns überwinden, nicht schon jetzt auf der Liegewiese zu stranden.

Der naturnahe Weg gewinnt im **Zitzenbachtal** allmählich an Höhe. Am Ende einer steileren Passage halten wir uns auf dem Forstweg nach links und kommen zur **2 Hütte Theodora,** wo sich einst eine kleine Grube befand. Selbstständige Anteilseigner gaben nach acht Jahren mühevoller Arbeit den

Kilometer: 11,3 (14)
Höhenmeter: 441 (590)
Stunden: 4,5 (5,5)
RUNDWEG

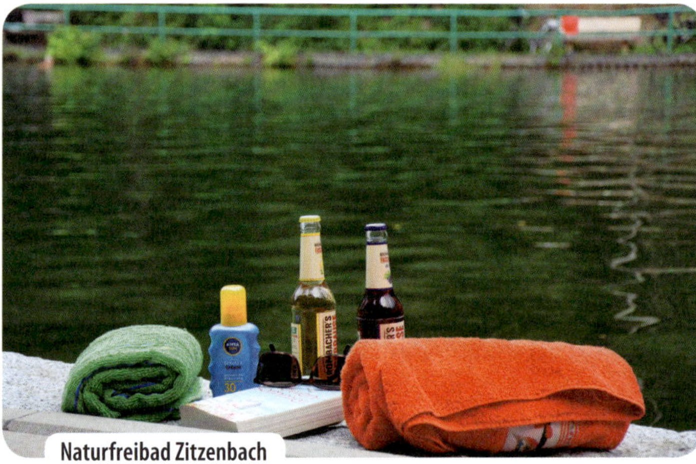

Naturfreibad Zitzenbach

Vom zischenden Geräusch, das beim Ablöschen des heißen Eisens mit Wasser entsteht, erhielt der **Zitzenbach** *seinen Namen. Heute spendet er Nährstoffe für seltene Pflanzen wie Strandgrasnelke, Hallers Schaumkraut, Geflecktes Knabenkraut und Blauschwingel.*

Stollen auf, weil keine Erzvorkommen gefunden wurden. Unsere Augen hingegen entdecken auf Anhieb etwas ganz anderes, etwas Oberirdisches: Unter den Bäumen rechts des Weges haben sich leuchtend hellgrüne Teppiche von Waldheidelbeersträuchern ausgebreitet.

Kurz darauf betreten wir bei einer privaten Hütte einen wurzelreichen Pfad, der uns aufwärtsführt bis zu einem Waldweg, dem wir nach links folgen. An der nächsten Kreuzung verlassen wir den Kindelsbergpfad und biegen scharf rechts ab. Unter den Schatten spendenden Fichten fühlen sich prächtige Farne besonders wohl. Die frisch gewachsenen hellgrünen Nadelspitzen glitzern über uns in der Sonne vor dem Blau des Himmels. Während des Anstiegs öffnen sich Blicke ins Ferndorftal. Auf der Anhöhe halten wir uns links. Der Weg führt in einem großen Linksbogen sanft aufwärts und nach ca. 400 Metern nehmen wir die zweite Abbiegung nach rechts, um nach 20 Metern sofort wieder links auf einen schmalen Pfad bergwärts einzubiegen **(4 und 6 im Kreis).**

Die Mühen des Aufstiegs zur **3 Martinshardt** werden durch eine grandiose Rundsicht belohnt. Im Tal unter uns liegen Müsen und Dahlbruch. Am gegenüberliegenden Bergrücken glitzert der blaue Wasserspiegel der Breitenbachtalsperre zwischen den Bäumen. Und am Horizont drehen sich fünf große Windräder des Hilchenbacher Windparks. Lassen wir unseren Blick ein kleines Stück nach rechts schweifen, entdecken wir den leuchtend gelben Turm der Ruine Ginsburg. Doch es ist nicht nur die Fernsicht, die uns fasziniert: Auch die im Wind wogenden rot schimmernden Grashalme verleihen unserem Wiesenpfad, der über den 616 Meter hohen Gipfel führt, eine ganz besondere Atmosphäre. Die Martinshardt, ein Ort zum Schauen, Verweilen und Kraft tanken, ziert ein Kreuz, unter dem wir zur Brotzeit Platz nehmen und uns ins Gipfelbuch eintragen. Eine kleine Berghütte schützt uns vor Wind.

Für die Seele

Der Aufstieg zum Siegerländer Leuchtturm ist facettenreich und schenkt beeindruckendes Gipfelfeeling.

Wir wandern leicht abwärts und treffen auf einen Forstweg, dem wir nach rechts folgen **(A1, A3, 4 und 6),** um nach 300 Metern schräg links am Waldrand entlangzuwandern (Pfeil). An der Kreuzung mit Weg-

Gipfel Martinshardt

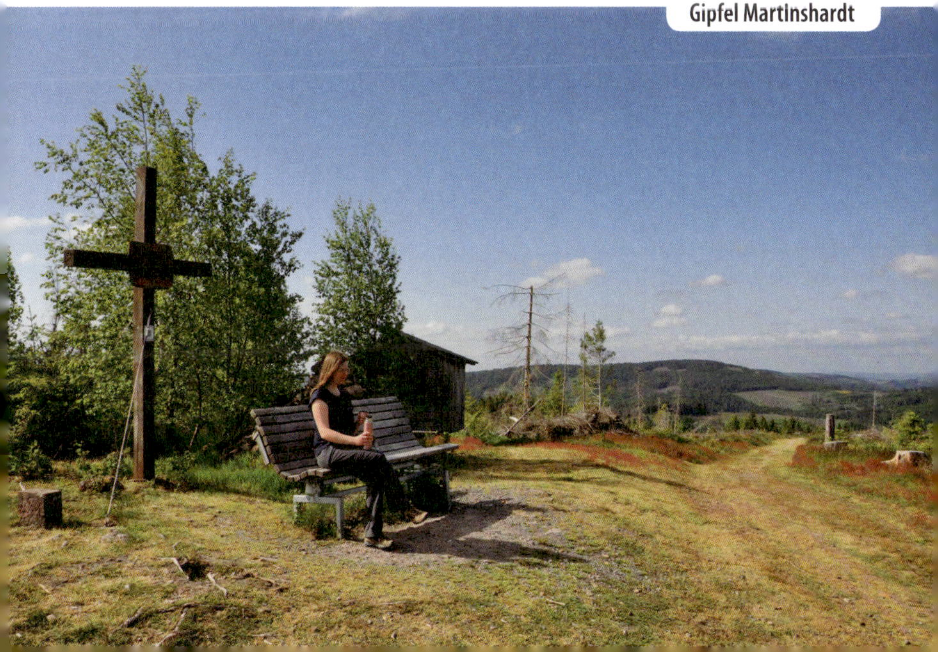

Am Himmelfahrtstag 1906 wurde der Grundstein für den **Kindelsbergturm** gelegt. Die Steine für den jugendstilhaften Bau stammen aus einem nahen Felsrücken; alle anderen Materialien wurden mit Ochsen- und Pferdefuhrwerken hinaufgebracht.

weiser verlassen wir die Route zum Hesse Stein und gehen links. An der Wegespinne entdecken wir wieder die Zeichen des Kindelsbergpfades, die uns auf dem Forstweg nach rechts zur 4 **Waldesruh** mit ihrer malerischen Kulisse aus Hütte und Springbrunnen führen. Unmittelbar danach bewältigen wir auf dem geschwungenen Pfad über Stock und Stein den letzten Anstieg hinauf zum 5 **Kindelsbergturm.**

Der markante 618 Meter hohe Berg ist ein beliebtes Wander- und Ausflugsziel. Am 26. Mai 1907 fand die Einweihung des damals 22 Meter hohen Turmes, der heute unter Denkmalschutz steht und wegen seiner charakteristischen Form als „Leuchtturm des Siegerlandes" bekannt ist, statt. Es lohnt sich, durch die schwere, gusseiserne Tür hindurchzutreten und die Wendeltreppe hinaufzusteigen, denn von oben schauen wir nicht nur auf Kreuztal mit seinen umliegenden Ortschaften, sondern auch über das gesamte Siegerland. Außerdem lassen wir unseren Blick bis zum Westerwald im Süden, Rothaargebirge im Nordosten und Ebbegebirge im Nordwesten schweifen. Bei

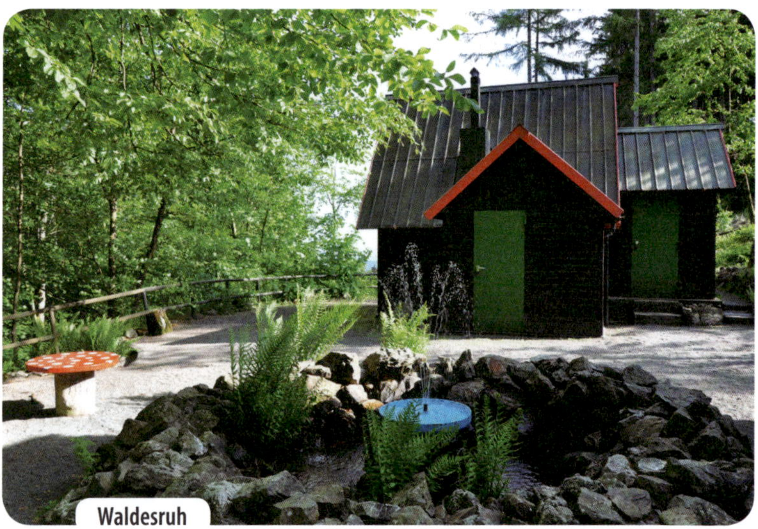
Waldesruh

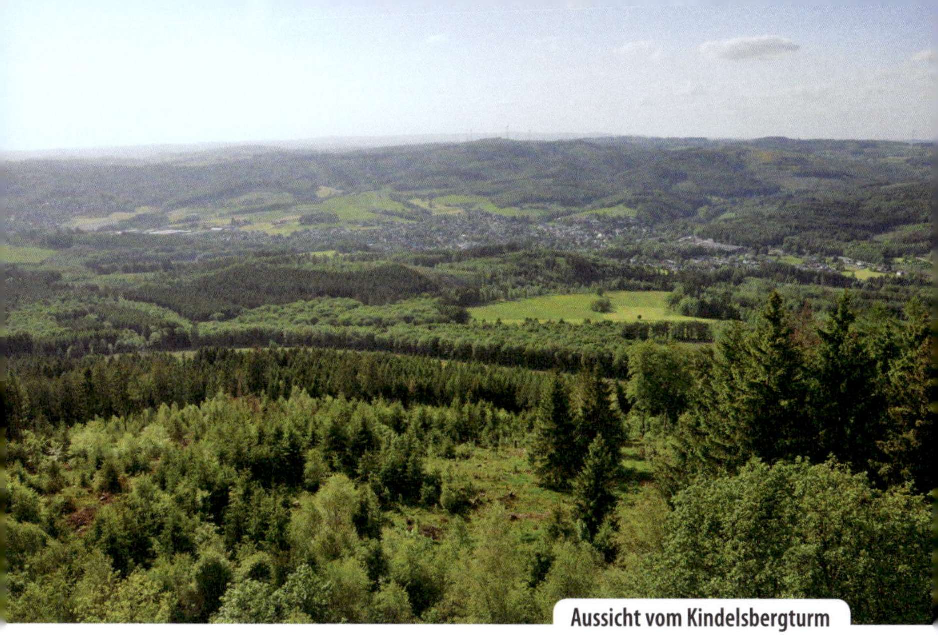

Aussicht vom Kindelsbergturm

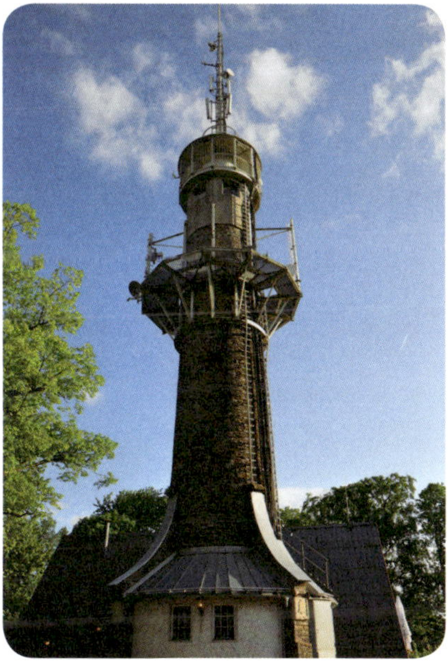

klarem Wetter reicht die Aussicht bis zum knapp 65 Kilometer südwestlich gelegenen Siebengebirge zwischen Königswinter und Bonn. Genauso lohnenswert ist die Einkehr in der **6 Raststätte Zum Kindelsberg.** Von einer kleinen Schutzhütte hat sie sich zu einem Berggasthaus im Blockhausstil der Alpenländer entwickelt. Besonders am späten Nachmittag können wir auf der Terrasse kühle Getränke oder das typische Siegerländer Krüstchen im Licht der allmählich untergehenden Sonne genießen.

Das Asphaltsträßchen führt steil hinunter zum Parkplatz. Hier halten wir uns mit der Markierung **X3** links abwärts und erreichen einen Forstweg, dem wir für ca. 20 Meter nach rechts folgen, um dann den Abstieg schräg links fortzusetzen. Vorbei an einer Quelle bleiben wir auf dem breiten Weg und laufen nach 250 Metern schräg rechts talwärts. Wir sind unterwegs im Fichtenwald, der sich

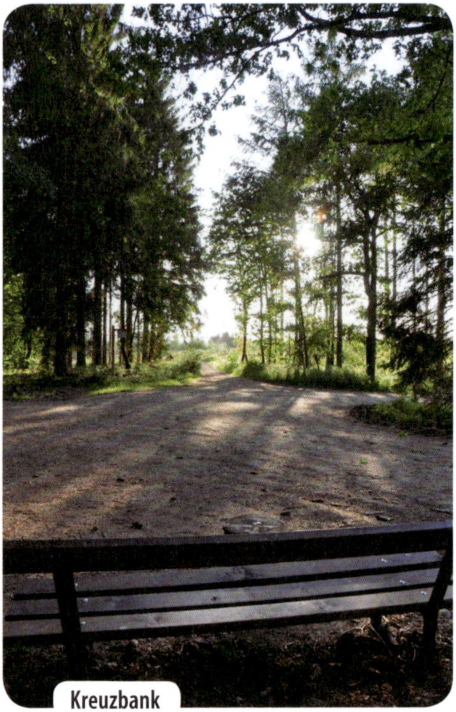
Kreuzbank

mit angenehmem Nadelduft und unzähligen Zapfen auf moosigem Boden von seiner typischen Seite zeigt und kommen zu einem Hohlweg, an dem gelbe Ginsterblüten und Butterblumen im gleißenden Licht der Sonne um die Wette leuchten. An der Kreuzung gehen wir geradeaus weiter und sobald der Weg ebener wird, erreichen wir die **7 Kreuzbank.** Die Bank liegt an einer Kreuzung von fünf Wanderwegen. Ein Ensemble alter stämmiger Bäume bildet die Hintergrundkulisse.

Wer für regionale Produkte noch Platz im Rucksack hat, dem wird ein Abstecher zum **8 Eichenhof** empfohlen. Dazu halten wir uns weiter geradeaus **(X3)** und bei der Bank Nr. 0462 schräg rechts, kommen später auf einen Wiesenpfad und folgen diesem bis zum Hofladen mit seinem reichhaltigen Biovollsortiment, zu dem Obst und Gemüse, Milch und Käse, Wein und Kaffee zählen, aber auch Gewürze, Nudeln, Saft und Limo. Vom Laden wandern wir zurück und auf dem Fahrsträßchen am Berghof und dem Reitplatz vorbei zum Waldrand. Der Forstweg führt leicht bergauf und an der zweiten Abzweigung gehen wir im spitzen Winkel links aufwärts **(A8)** bis zur Einmündung in den mit einem Quadrat markierten Weg, wo wir uns rechts halten.

*Wanderer sind eingeladen, mit einer Tasse Kaffee to go auf dem Vorplatz des **Eichenhofs** Platz zu nehmen. In der hauseigenen Bäckerei wird wöchentlich frisches Brot gebacken. Die kleine Stärkung am äußersten Zipfel der Tour tut gut.*

Ohne die Variante über den Eichenhof halten wir uns an der Kreuzbank links und folgen dem Quadrat als Wegzeichen. Wir tauchen ein in einen klassischen Mischwald, der mit seinem sehr alten Baumbestand einem Park gleicht. Unsere Schritte werden von einem fröhlichen Zwitscherkonzert der Vögel begleitet, die durch ihr melodisches Pfeifen unsere Gespräche für einen Augenblick verstummen lassen. Wir genießen diesen besonderen Waldmoment. An einem hohlen Buchenstamm bleiben wir stehen, weil aus seinem Inneren aufgeregtes Vogelpiepen herausschallt. Es sind junge Spechte in ihrer Höhle, die sich mit kurzen und spitzen „kix"-Rufen bemerkbar machen.

Nach einem leichten Anstieg senkt sich der romantische Waldweg hinab bis zu einer Forststraße, die wir in der Nähe eines Unterstands überqueren. Wir orientieren uns an der Markierung **A3** und gehen kurze Zeit später auf breitem Forstweg rechts bergab. An der Stelle, wo der Weg flach wird und eine leichte Rechtskurve vor uns liegt, biegen wir links auf einen schmalen Pfad ein, der uns ins Irlental hinunterbringt. Wir treffen auf einen breiten Waldweg und folgen den Zeichen **Rechteck und A2** nach rechts. Nach 250 Metern leiten sie uns schräg links auf einen Wurzelpfad. Der folgende Teerweg führt links zum **9 SGV Wanderheim Ferndorf.** Dort gibt es nur sonntags warme und kalte

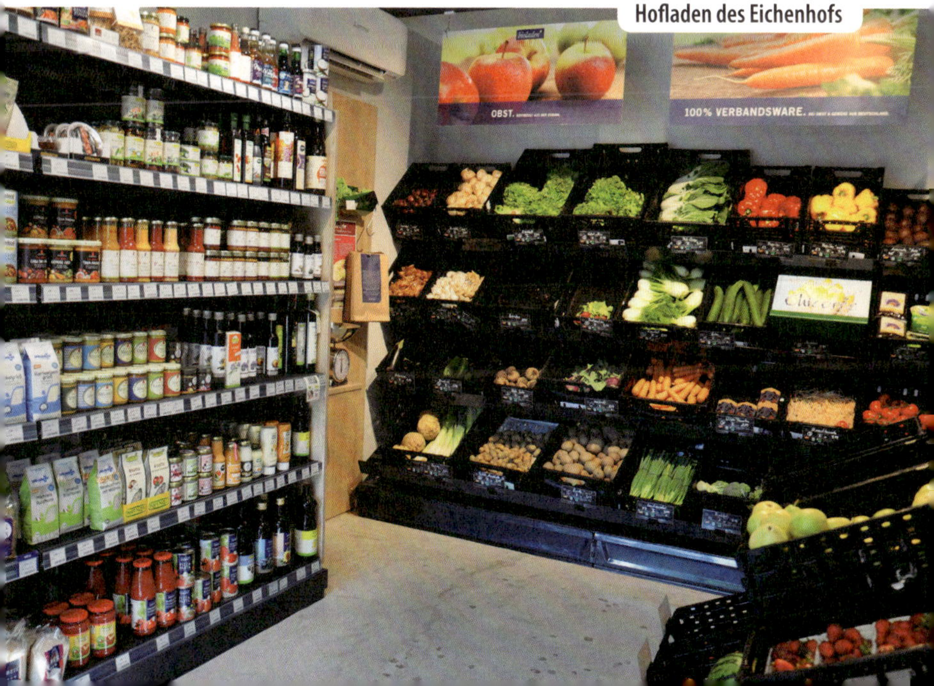

Hofladen des Eichenhofs

Das ***Naturfreibad Zitzenbach*** *wurde in den 1920er-Jahren erbaut und genießt bis heute Kultstatus. In den warmen Monaten lädt es von morgens bis abends zu einer kostenlosen Erfrischung ein.*

Getränke sowie einen kleinen Imbiss. Zwischen Hütte und Parkplatz wandern wir geradeaus weiter und bleiben nun immer auf dem mit **A3** markierten Weg, vorbei am **Feuerlöschteich** und entlang der Hochspannungsleitung. An der T-Kreuzung halten wir uns links, queren die Stromtrasse, um rechts am Waldrand oberhalb der Wiesen und Felder von Ferndorf zum Wanderparkplatz weiterzuwandern. Jetzt ist endlich der Zeitpunkt gekommen, um die Wanderkleidung gegen Badehose oder Bikini einzutauschen. Nach schweißtreibenden Höhenmetern und vielen Kilometern kühlt uns das erfrischende Nass des **Naturfreibades** ab. Gelungener kann der Ausklang einer Wanderung nicht sein.

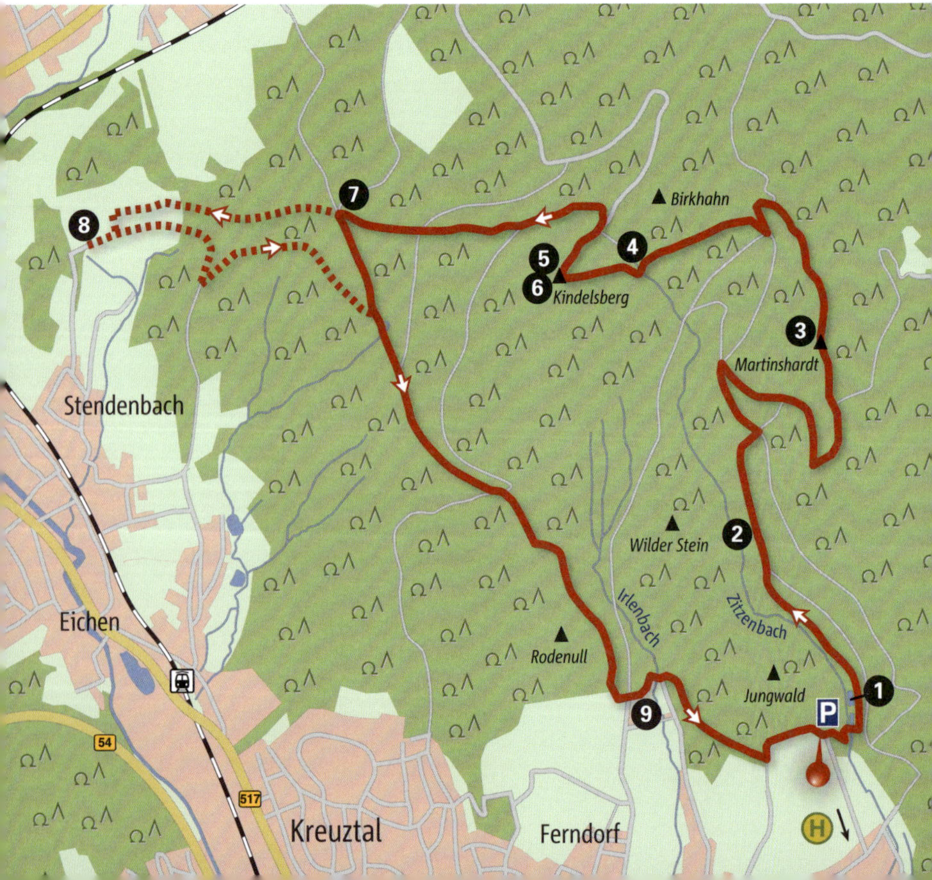

ALLES AUF EINEN BLICK

Entspannung 3/5
Abenteuer 4/5
Vielfalt 5/5

WIE & WANN

Die Tour führt über naturbelassene Pfade, Wald- und Forstwege. Beste Wanderzeit zwischen April und Oktober. Im Sommer für einen Besuch im Freibad Zitzenbach Badekleidung nicht vergessen!

HIN & WEG

Auto: Wanderparkplatz Freibad Zitzenbach, Nußbaumweg, 57223 Kreuztal-Ferndorf
ÖPNV: Haltestelle Ferndorf-Aherhammer

ESSEN & ENTSPANNEN

6 **Raststätte Zum Kindelsberg,** Rasthaus Kindelsberg 1, 57223 Kreuztal-Littfeld, Tel. (0 27 32) 8 25 00, www.kindelsberg.de
8 **Hofladen Eichenhof,** Eichenhof 1, 57223 Kreuztal, Tel. (0 27 32) 7 66 82 91
9 **SGV Wanderheim Ferndorf,** Kindelsbergstraße 140, 57223 Kreuztal, Tel. (01 76) 61 25 24 45, www.sgv-ferndorf-kreuztal.de (nur sonntags geöffnet)

ENTDECKEN & ERLEBEN

1 **Naturfreibad Zitzenbach**
2 **Hütte Theodora**
3 **Martinshardt**
4 **Waldesruh**
5 **Kindelsbergturm**
7 **Kreuzbank**

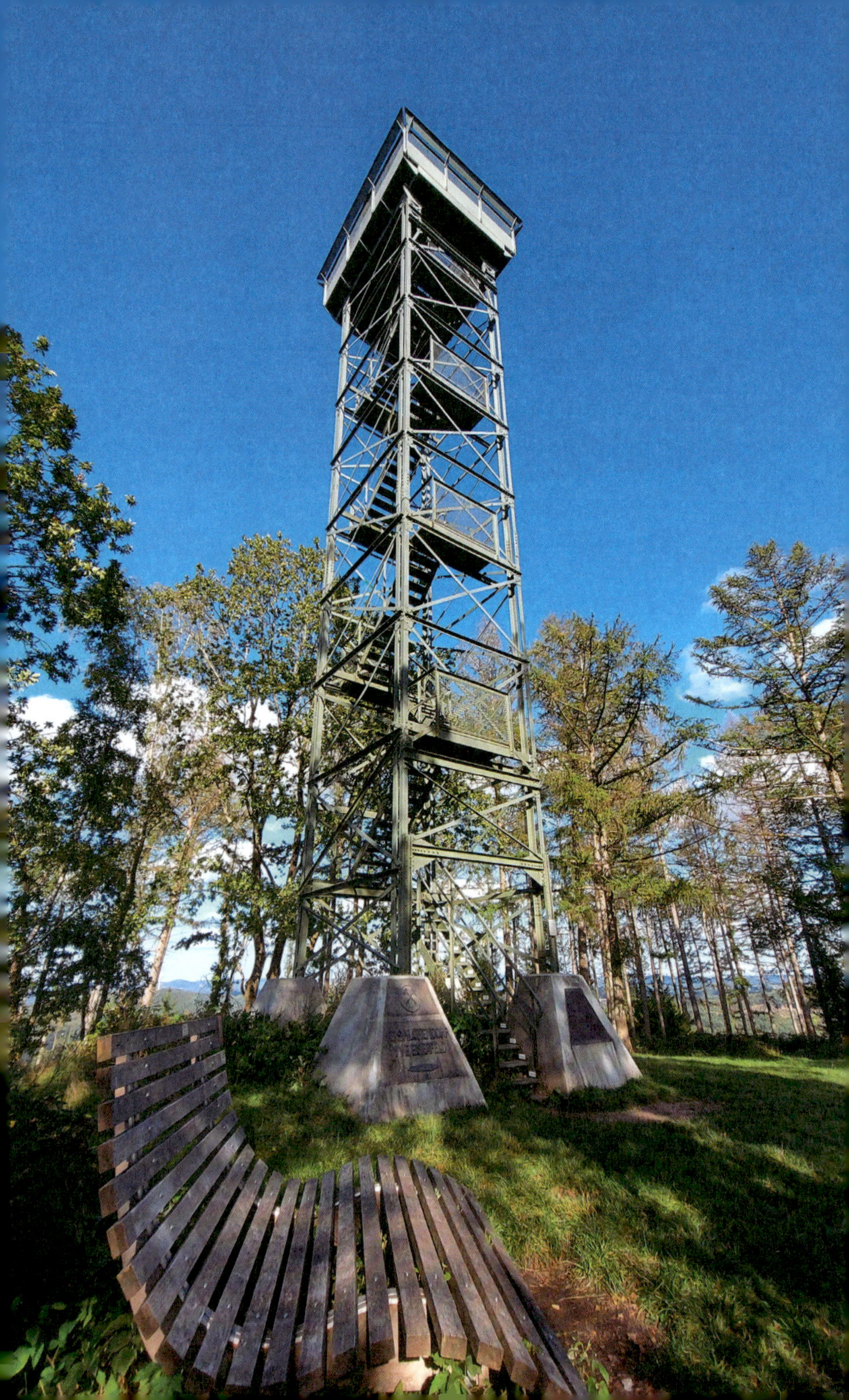

360-Grad-Panorama

Bergmannspfade zum Pfannenbergturm

Aus einem idyllischen Tal auf die Berge steigen, um die Höhe des Himmels zu ermessen – diese Wanderung ist ein beeindruckendes Panoramaerlebnis, das eng mit den Spuren der Bergbauvergangenheit verbunden ist. Wir starten unsere Tour an der Grillhütte des Heimatvereins Struthütten und folgen dem asphaltierten Weg am Zaun des Freizeitgeländes entlang hinein ins Tal. Einst wurde in der Grube Kunst Eisen- und Kupfererz abgebaut. Das Flussbett des vorbeirauschenden kristallklaren Herzbachs ist deshalb bis heute noch kupferfarben. Vorbei an einer Hütte mit dekorativen Fensterläden gelangen wir an eine kleine Holzbrücke, an der wir auf unserer Uferseite bleiben und dem schräg links aufwärts führenden Waldweg folgen.

Nach dem kurzen Anstieg finden wir uns im Herzen des romantischen **1 Kunstertals** wieder. Der dicht bewachsene Buchenwald mit seinem Blättermeer gibt uns die Gewissheit, mitten in einem Naturparadies unterwegs zu sein. Wenn im Herbst kräftige Sonnenstrahlen auf die gelb-goldenen und orangeroten Blätter fallen, entfaltet sich eine mystische Magie. Wir genießen das Rascheln des Laubs unter unseren Füßen auf dem Weg vorbei am Herzbachweiher bis zur roten Bank Nr. 3022. Daneben ist ein **2 Bild von Gisela Piefkowski** ausgestellt. Es ist eines von 18 Werken lokaler Künstler, die auf dem „Ansichten-Aussichten-Rundweg“, einer 37 Kilometer langen Wanderstrecke rund um Neunkirchen, farbenfrohe Akzente setzen.

Kilometer: 8,5
Höhenmeter: 268
Stunden: 3
RUNDWEG

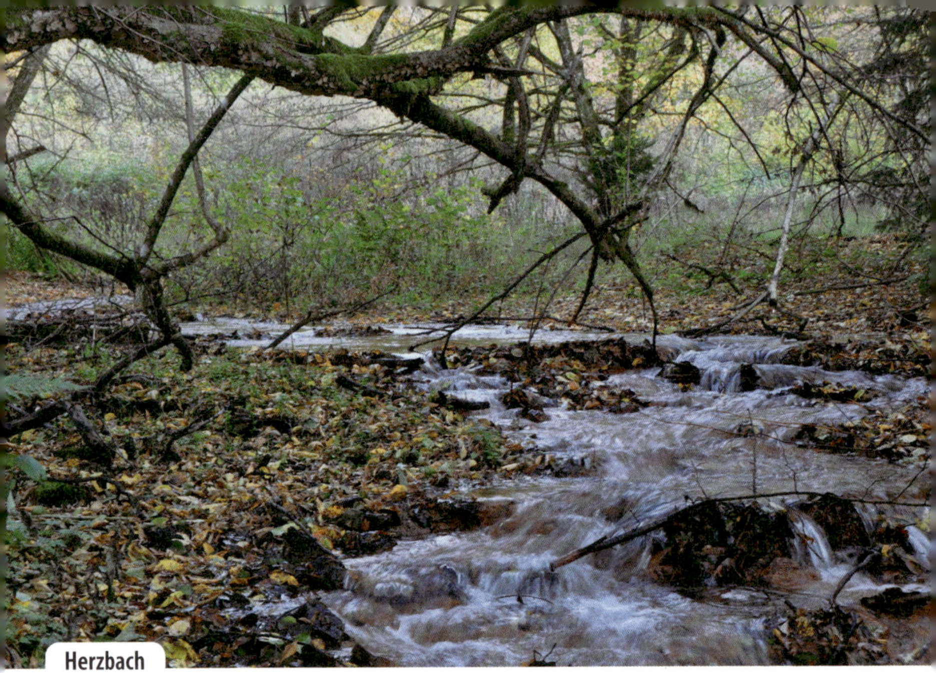

Herzbach

Unsere Wanderung geht direkt gegenüber auf einem Pfad weiter, der zunächst parallel zum Bach verläuft, dann aber rechter Hand steil aufwärtsführt. Die Vorfreude, bald einen wunderschönen Panoramablick erleben zu können, trägt uns leichtfüßig den Berg hinauf. Auf dem Steig überqueren wir einen Forstweg und weiter oberhalb eine Pfadspur. Das herbstliche Geräusch knackender Eicheln unter den Wanderschuhen begleitet uns bis zum **3 Römel,** einer großen Wegespinne, in deren Mitte eine Vesperinsel sowie Waldsofas zu einer Pause einladen. Eine knallgelbe Geldkassette zieht unseren neugierigen Blick auf sich. Gerhard Sauer, der mit dem Ehrenamtspreis der Gemeinde Neunkirchen ausgezeichnet wurde, bittet um Spenden, denn er füllt die Futterstation jahreszeitgemäß mit Sonnenblumenkernen oder Fettfutter und hängt Meisenknödel auf.

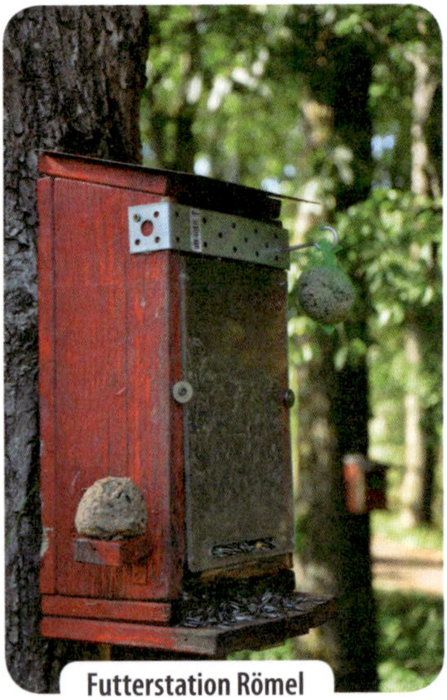

Futterstation Römel

Am Römel weist ein Schild zum Aussichtsturm, dem wir auf geschottertem Höhenweg nach rechts folgen. Ein gelber

Wegweiser mit gekreuztem Schlägel und Eisen, dem Bergmannswappen, und das blaue Reitweg-Symbol bestätigen, dass wir die richtige Richtung eingeschlagen haben. An der Verzweigung halten wir uns an den geradeaus führenden Weg und steigen zum Pfannenberg, der mit seinen 499 Metern Höhe auf der Grenze zwischen Neunkirchen und Siegen liegt, auf. In der Rechtskurve biegen wir links auf einen grasbewachsenen alten **Bergmannspfad** ab und erinnern uns an die Bergbauvergangenheit der Grube „Pfannenberger Einigkeit". Im Jahr 1810 startete der Betrieb im Erzbergwerk zwischen Salchendorf und Eiserfeld. Mit seinen 1338 Metern Teue war es zeitweilig die tiefste Grube in ganz Europa.

Für die Seele

Das besondere Erlebnis hoch oben auf dem Pfannenbergturm: sich frei fühlen, durchatmen und weit blicken.

Es öffnet sich der Blick ins Siegtal mit der imposanten, fast 106 Meter hohen Autobahnbrücke der A45. Fasziniert von diesem Panorama können wir es kaum erwarten, endlich das Highlight unserer Tour

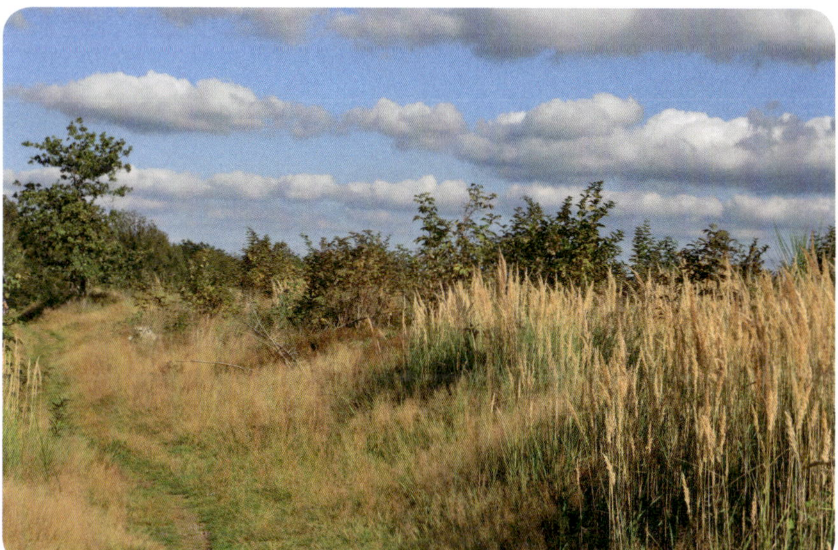

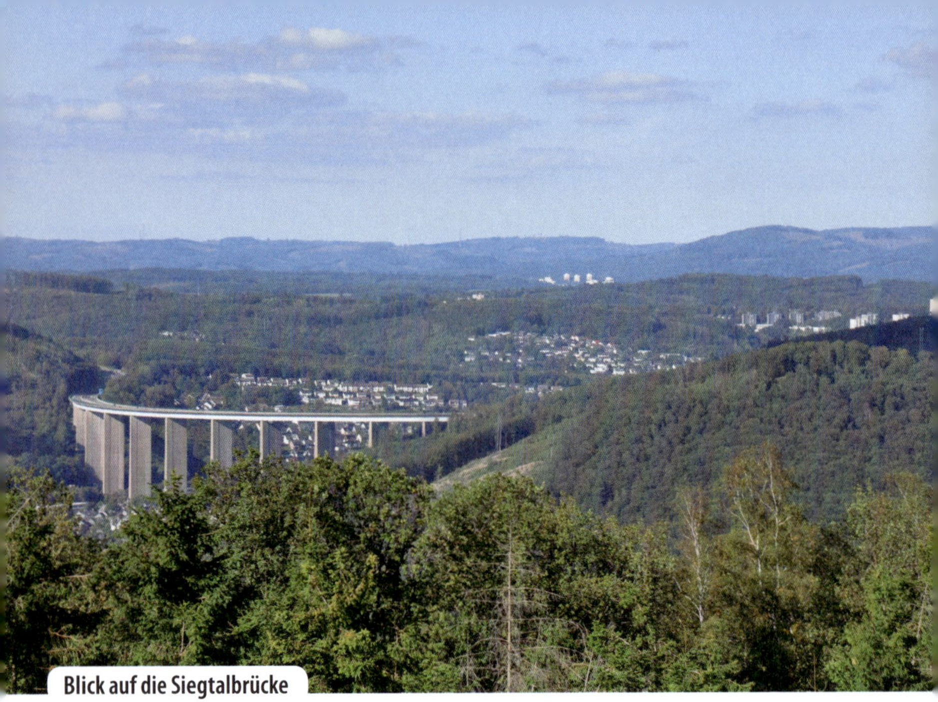

Blick auf die Siegtalbrücke

In der ***Grube „Pfannenberger Einigkeit"*** *wurden zahlreiche Mineralien gefördert, unter anderem Milleritstufen, Pyrite, Sphalerite, Antominite, Chalkopyrite und Ankerite. Das Bergwerk wurde im April 1962 als letzte betriebene Grube im Kreis Siegen geschlossen.*

zu erreichen. Zum Glück ragt die Aussichtsplattform des ❹ **Pfannenbergturms** schon aus den Baumwipfeln heraus. Wie schön muss erst der Rundblick von oben sein! Voller Euphorie steigen wir die Treppen hinauf, wobei das offene Stahlfachwerk für schwindelerregende Momente sorgen kann. Oben angekommen, stockt uns bei diesem grandiosen 360-Grad-Rundumblick der Atem, weil wir dem Himmel so nah sind und die Welt für einen Augenblick stillzustehen scheint. Auf der einen Seite der Aussichtskanzel schweift der Blick von Siegen bis zum Rothaargebirge, auf der anderen über den Neunkirchener Talkessel hinauf zum Westerwald. An sehr klaren Tagen bietet sich eine unglaubliche Sicht bis ins Siebengebirge mit dem Drachenfels.

Sobald wir die 104 Stufen wieder hinabgestiegen sind, gehen wir für 80 Meter geradeaus und erreichen in der Nähe eines holzumrahmten Gemäldes mit Waldmotiv einen breiten Forstweg. Wir halten uns rechts, laufen leicht bergab bis zum ❺ **Naturschutzgebiet Pfannenberger Wald** und betreten linker Hand des NSG-Schildes einen eher schwer erkennbaren Pfad, der durch naturbelassenen Mischwald führt. Er mündet neben einem Ansitz in einen geschotterten Weg, dem wir nach rechts erst aussichtsreich und später durch Wald folgen. An den kommenden zwei Kreuzungen bleiben wir geradeaus bis zu einem kleinen Parkplatz. Hier wenden wir uns nach links, gehen ein kurzes Stück auf dem Teersträßchen und biegen an der roten Bank Nr. 3023 rechts auf einen verträumten Pfad ein. Wir erreichen den Steimelsweg, der uns zum **6 Ausflugslokal Zum Steimel** mit seinem schönen Biergarten hinaufbringt. Auf der Speisekarte stehen deftige Speisen wie Schnitzel, Leberkäse, Wurstsalat und Käsespätzle, aber auch köstliche Salatvariationen.

Die Markierung **St1/N1** führt rechter Hand an Haus Nr. 95/97 vorbei und wir wandern immer geradeaus abwärts, mit sich öffnendem Blick auf Herdorf, das schon in Rheinland-Pfalz liegt, bis zu einer großen Kreuzung, wo wir an der Bank Nr. 3038 rechts abbiegen. Nach kurzer Zeit öffnet sich ein fantastischer

*Der 19,69 Meter hohe **Pfannenbergturm** steht unter Denkmalschutz. Er ist aus dem ehemaligen Förderturm der Erzgrube „Pfannenberger Einigkeit" entstanden und wurde 1934 von der Haubergsgenossenschaft Eiserfeld errichtet.*

Aussicht vom Pfannenbergturm

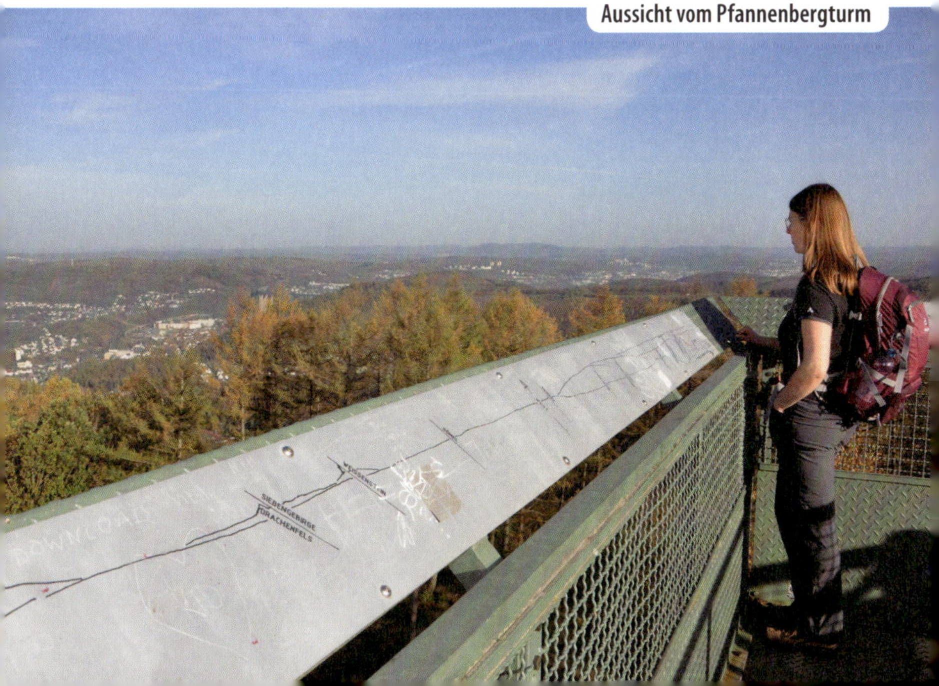

❼ Blick ins Kunstertal. Von dieser hohen Warte aus erinnern die bunt gefärbten Baumkronen an Wattebäusche, die sich sanft im Wind wiegen. Schön, dass wir zum Ende der Tour diese Aussicht genießen können! Bei der nächstmöglichen Gelegenheit biegen wir scharf links ab, folgen dem Hangweg talwärts und bevor er wieder ansteigt, gehen wir rechts steiler hinunter ins Tal. Wir erreichen die bekannte Holzbrücke am **Herzbach,** gehen auch diesmal nicht darüber, sondern wählen den links verlaufenden Waldweg. Nach 700 Metern biegen wir am Haus der Heimatfreunde Struthütten rechts ab und kurz darauf links auf den asphaltierten Weg, der zurück zum Parkplatz führt.

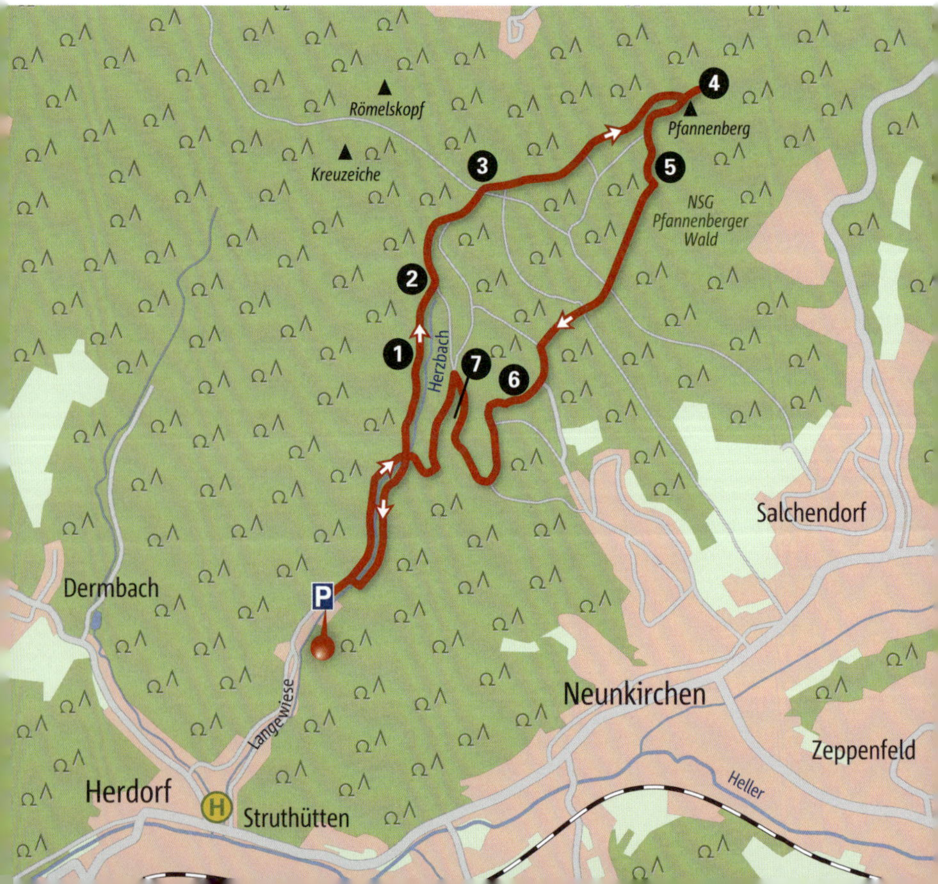

ALLES AUF EINEN BLICK

Entspannung
Abenteuer
Vielfalt

WIE & WANN

Wald- und Forstwege, schmale Pfade und kurze asphaltierte Wegabschnitte. Ganzjährig möglich. Besonders schön im Herbst, wenn sich die Laubbäume farbenfroh präsentieren.

HIN & WEG

Auto: Parkplatz an der Grillanlage Struthütten, Langewiese 40, 57290 Neunkirchen
ÖPNV: Haltestelle Struthütten, Abzweigung Dermbach

ESSEN & ENTSPANNEN

6 **Ausflugslokal Zum Steimel,** Steimelsweg 99, 57290 Neunkirchen, Tel. (0 27 35) 60 06 79, www.steimel-neunkirchen.de

ENTDECKEN & ERLEBEN

1 **Kunstertal**
2 **Bild von Gisela Piefkowski**
3 **Römel**
4 **Pfannenbergturm**
5 **Naturschutzgebiet Pfannenberger Wald**
7 **Blick ins Kunstertal**

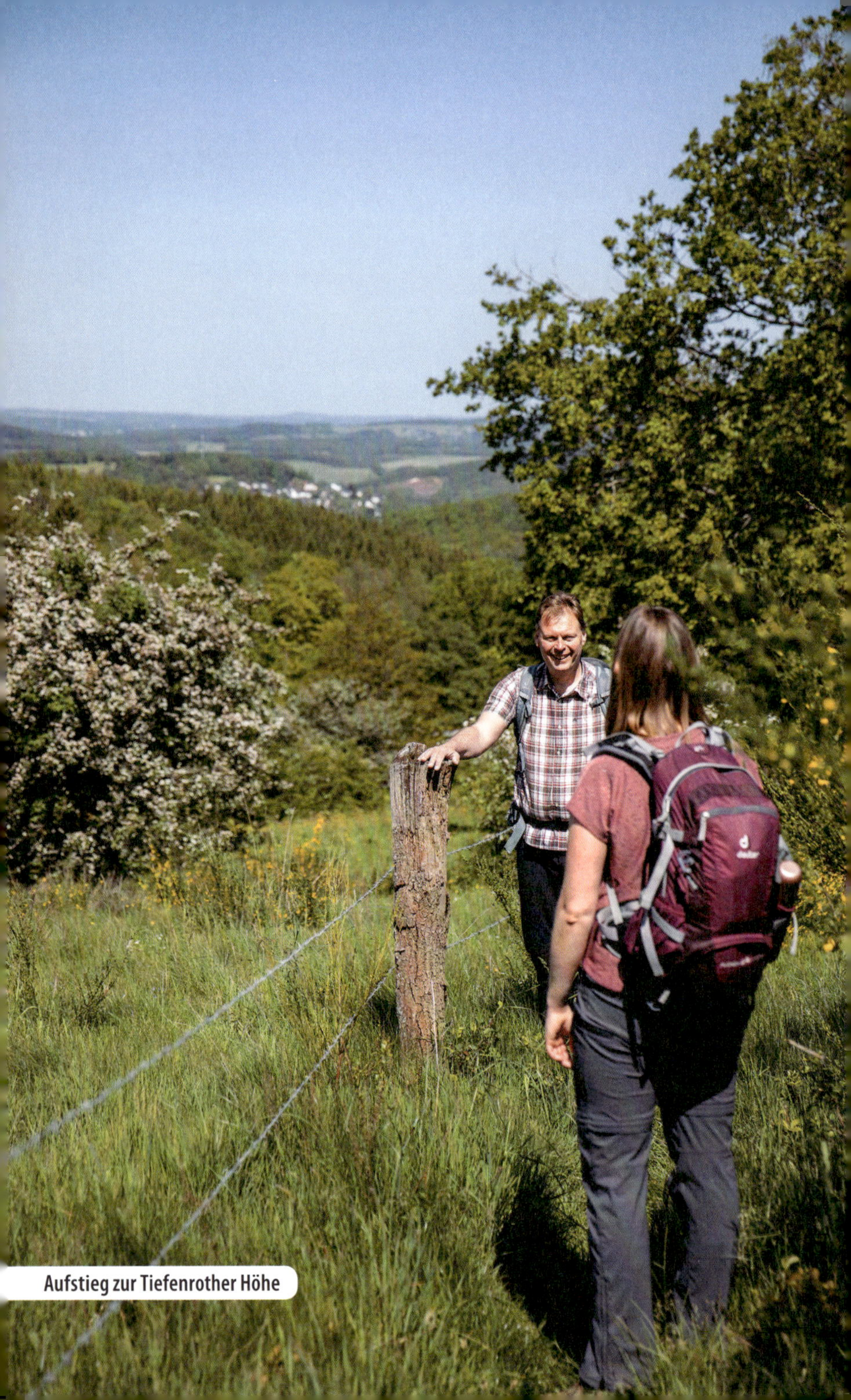

Aufstieg zur Tiefenrother Höhe

Nase im Wind

Aussichtsbalkon Tiefenrother Höhe

Blühende Blumen sorgen zum Auftakt der Wanderung für eine malerische Kulisse. Im Frühling legen sich Tausende Löwenzahnblüten wie ein großer gelber Teppich über die grünen Grashalme. Es sieht so aus, als hätte ein Maler unendlich viele Farbkleckse auf seine überdimensionale Leinwand getupft. Unsere Tour beginnt am Friedhof oberhalb der Evangelischen Kirche von Wilgersdorf. Wir gehen in Verlängerung der **Martin-Luther-Straße** geradeaus bergauf mitten hinein in diese bezaubernde **1 Wiesenlandschaft.**

Auf der Höhe angekommen, blicken wir zurück auf den Ort, der zu Füßen der Kalteiche liegt und 1377 als „Vylgirstorff" erstmals urkundlich erwähnt wurde. Dann überqueren wir das Asphaltsträßchen. Die Wiesenspur führt sanft hinab an den Wahlbach, der plätschernd durch das Tal fließt und einen Fischteich speist. Unmittelbar hinter dem umzäunten Gelände halten wir uns links am Bach entlang, überqueren ihn und wandern an einem Hochsitz am Waldrand vorbei, bis wir kurze Zeit später den asphaltierten Weg erreichen. Wir gehen nach rechts und kreuzen auf einer Brücke die Gleise der Bahnstrecke Siegen – Gießen – Frankfurt, die kurz darauf im **2 Rudersdorfer Tunnel** verschwinden, um erst wieder vor dem Städtchen Haiger im Bundesland Hessen ans Tageslicht zu kommen.

Kurz darauf erreichen wir den Schaukasten über die eisenzeitliche Schmiedewerkstatt Höllenrain, an dem wir nach rechts weiterwandern. Nach 30 Metern setzen wir die Tour auf dem geradeaus führenden Weg

*Im Siegerland wurden einst Eisenerze verhüttet, um daraus Stahl zu produzieren. Die Heimatforscher Otto Krasa und Paul Theis entdeckten 1962 die terrassenförmig angelegten **Wohn- und Verhüttungsplätze aus der La-Tene-Zeit** um 500 v. Chr.*

Kilometer: 8
Höhenmeter: 259
Stunden: 3
RUNDWEG

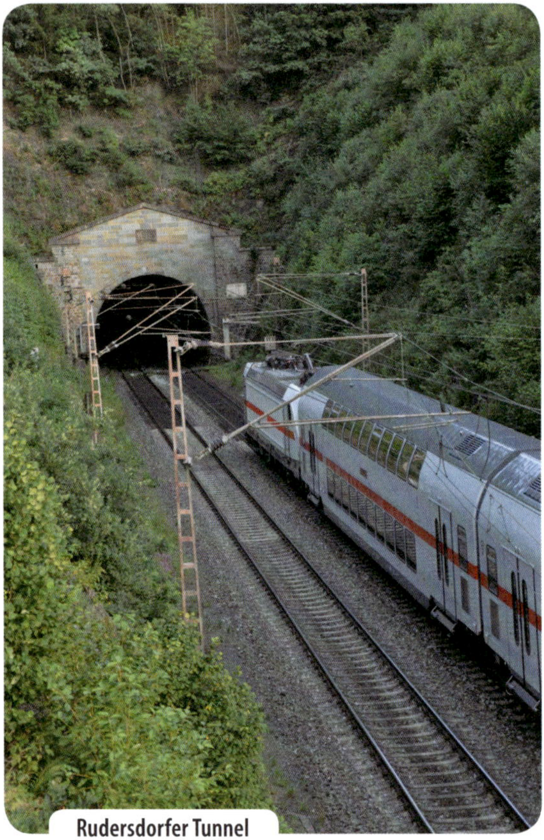
Rudersdorfer Tunnel

fort und kommen an farbenfrohen Bienenkästen vorbei. Die Imkerei Karl Baumgarten hat am Ufer des kleinen Bächleins **3 Klingelseifen** ein Paradies für ihre Bienenvölker geschaffen. Neben uns sprudelt das Wasser unter urwüchsigen Bäumen hindurch und kleine Wellen branden an die Ufergräser. Schon bald erreichen wir den malerischen **Rudersdorfer Weiher.**

Entlang der sich anschließenden Waldwiese gehen wir weiter bis zur nächsten Abzweigung, an der wir uns rechts halten. Nachdem wir am Waldrand an der kleinen **Futterhütte** vorbeigekommen sind, tauchen wir in einen herrlichen Laubwald ein. Das frische Grün der Buchen und Eichen schimmert voller Energie im Licht der Sonne. Wer alleine unterwegs ist, kann sich ganz auf die Natur einlassen und dem Zwitschern der Vögel lauschen oder einen Specht klopfen hören. Wer zu zweit wandert, kann die ebene Passage gut für ein angeregtes Gespräch nutzen.

Mit 110 km/h rauschen die Züge durch den 1915 fertiggestellten, 2,6 Kilometer langen ***Rudersdorfer Tunnel,*** *der voraussichtlich ab 2025 durch einen Neubau ersetzt wird. Früher diente die Bahnlinie vor allem dem Transport von Kohle.*

Es öffnet sich eine Weidefläche und bevor der Weg eine scharfe Rechtskurve nimmt, entdecken wir eine blechverkleidete Scheune, auf deren Höhe wir den Pfad wählen, der uns nach links bergwärts führt. Das gelbe Zeichen des Rothaarsteigzubringers (R) bringt uns bis zur Tiefenrother Höhe. Zum Glück müssen wir den Aufstieg nicht an einem Stück bewältigen, sondern können uns zwischendurch an einem idyllischen Rastplatz eine wohltuende, aussichtsreiche Pause gönnen. Tisch und Bänke mit Blick auf die **4 Nachtweide** laden dazu ein. Auf ihr grasten früher in Sommernächten vor allem Zugtiere, die tagsüber zur Ackerbestellung und im Fuhrbetrieb eingesetzt wurden.

Für die Seele
Streifzug durch Blumenwiesen, Ausblick von hoher Warte, Genuss am Kuchenbuffet – ein perfekter Dreiklang.

Mit Vorfreude auf einen grandiosen Weitblick steigen wir empor und erreichen die **5 Tiefenrother Höhe.** Der 552 Meter hohe Gipfel des Rothaargebirges liegt an der Ländergrenze zwischen Nordrhein-Westfalen und Hessen. Wie eine Nase im Wind schiebt sich die gleichnamige Aussichtsplattform über das Tal und ist daher einer der schönsten Panoramapunkte im Siegerland. Auch wenn wir eben erst pausiert haben, lohnt es sich, auf den geschwungenen Rothaarsteigbänken Platz zu nehmen und den Blick in die Ferne schweifen zu lassen. Es ist ein Augenschmaus, wie sich

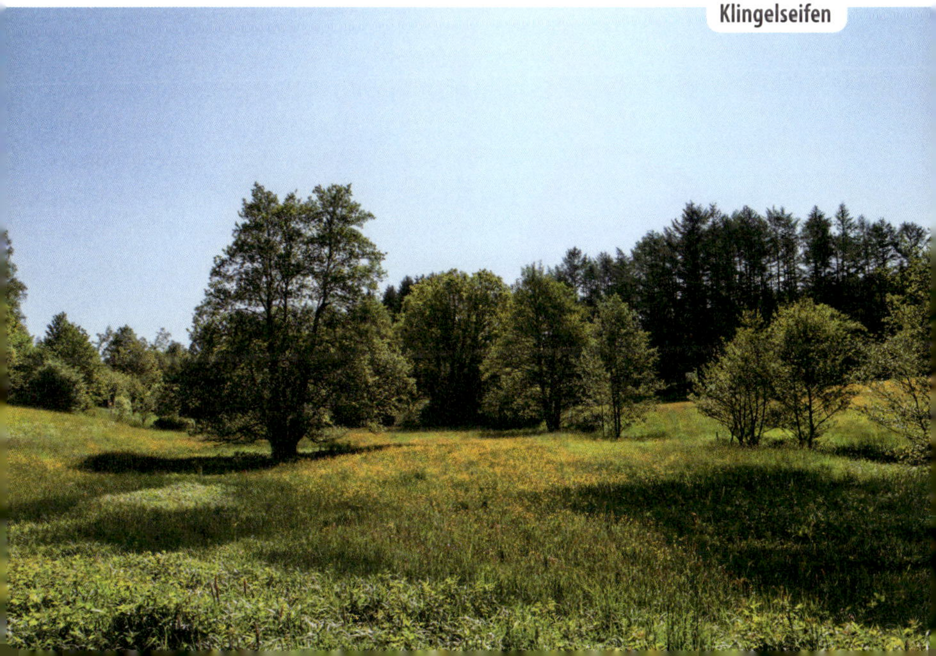

Klingelseifen

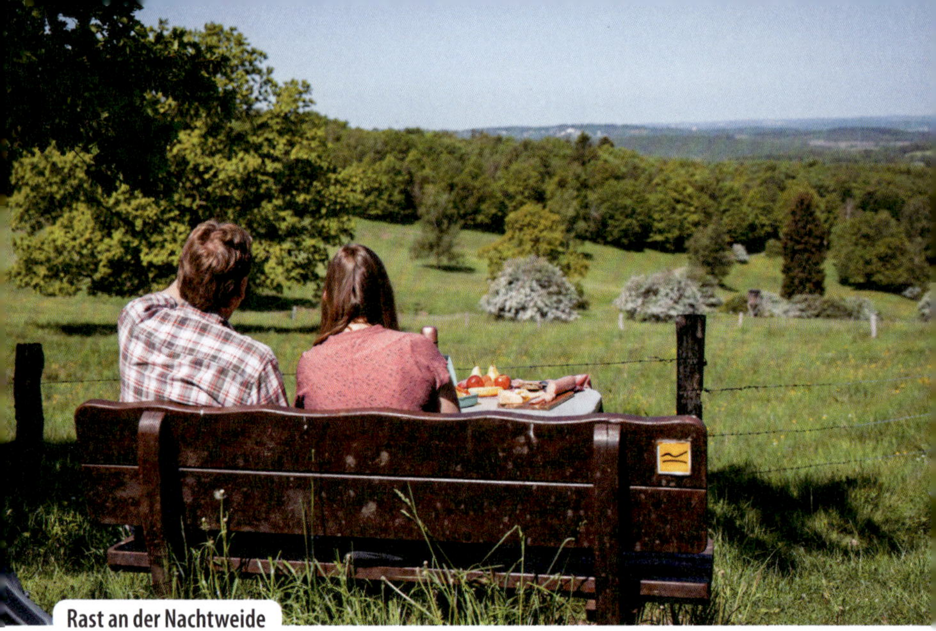
Rast an der Nachtweide

die heimischen Berge und Täler vor dieser Aussichtsloge präsentieren. Kein Wunder, dass so manch verliebtes Paar hier oben sein Liebesschloss am Zaun befestigt hat.

Auf dem **Rothaarsteig (R)** wandern wir für 250 Meter nach rechts. Sobald wir die Hochspannungsleitung passiert haben, halten wir uns hinter der Weihnachtsbaum-Plantage erneut rechts. Wir folgen dem Forstweg stets abwärts, bis wir in einer Senke bei der großen Jagdhütte Am Köhlerborn rechts abbiegen. Der Waldweg führt zu einer Wiese, an deren Rand wir kurz links aufwärtsgehen, um sofort unseren Kurs wieder nach rechts zu ändern. Auf herrlichem Weg schlendern wir am oberen Wiesenrand entlang. Eine grasende Herde Schwarzkopfschafe begrüßt uns mit kräftigem Blöken. Mutterschafe, Böcke und Lämmchen finden an dem Hang über Wilgersdorf alles, was sie brauchen: Gräser und Kräuter, Samen und Pflanzen. Interessant, dass Schafe die wenigste Zeit ihres Lebens mit Schlafen verbringen. Halbstündige Powernappings geben ihren Tagen und Nächten eine feste Struktur. Ob auch wir auf einer der Bänke am Wegrand noch einmal ein energiespendendes

*Schon seit Jahrtausenden liefern **Schafe** den Menschen Fleisch, Milch und Wolle. Die genügsamen Tiere sind auch wichtige Landschaftspfleger. Außerdem sind sie schlau, sozial und emotional. Sie bauen untereinander Freundschaften auf.*

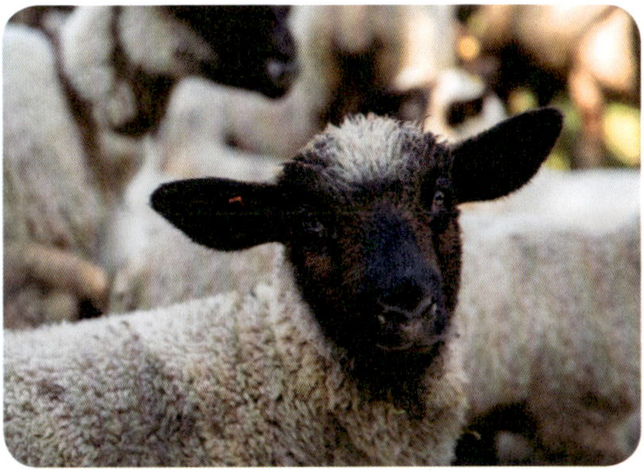

Päuschen einlegen? Die Aussicht bis hinauf zur großen weißen Simultankirche St. Johannes Baptist auf dem Rödgen mit ihren zwei Kirchenschiffen und dem ökumenisch genutzten Turm ist es jedenfalls wert.

Mit schwungvoller S-Kurve senkt sich unser Weg an den Ortsrand hinab. Unmittelbar vor Erreichen der ersten Häuser halten wir uns im spitzen Winkel rechts und gehen 400 Meter am unteren Wiesensaum entlang, bis bei einer Bank ein kurzer steiler Pfad nach links auf die Straße **Am Rennche** führt. Wir steigen die Treppen hinab, überqueren die Straße **Am Eisenacker** und folgen am Ende des Abstiegs der **Hauptstraße** nach links. In Höhe der Sparkasse gehen wir rechts weiter vorbei am **6 Wilgersdorfer**

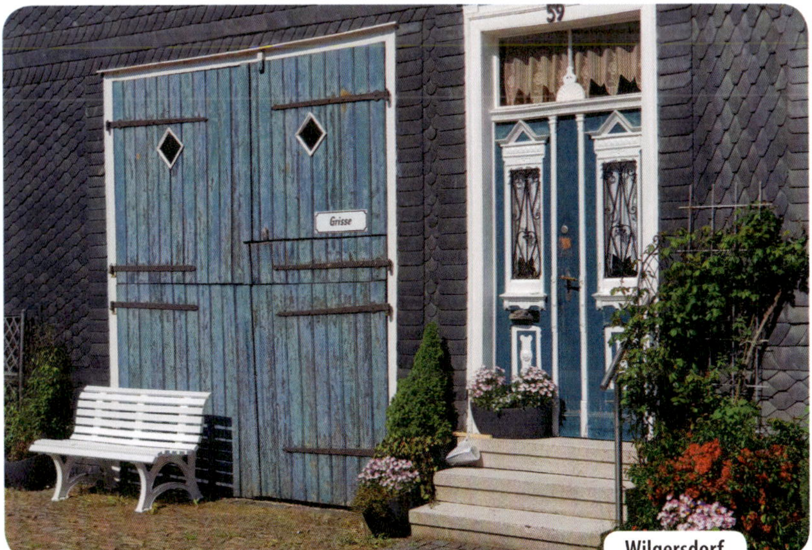

Wilgersdorf

*Im **Kucheneck** gibt es ein Feinschmecker-Regal mit Fruchtaufstrichen, Schokoladen und selbst gemachten Likören. Pralinen und Kekse runden das Sortiment ab. Ideal als Mitbringsel von einer Wandertour.*

Grill- und Pizzahaus, bis die Hauptstraße in die **Alleestraße** übergeht. Besonders lecker ist dort der Döner. Es gibt aber auch Nudelgerichte und Salat. Für diejenigen, die lieber etwas Süßes naschen möchten, lohnt sich ein Abstecher ins **7 Kucheneck** von Marlen Falk. Die Bäckermeisterin und Konditorgesellin zaubert Tortenkunstwerke aus Sahne, Schokolade und Früchten. Samstag- und Sonntagnachmittag hat die kleine Konditorei zum Thekenverkauf geöffnet. Kuchen und Kaffee to go ist das Konzept. Auch wir decken uns ein, denn von der Alleestraße tragen wir unseren süßen Proviant durch die **Martin-Luther-Straße** und können auf einer Bank beim Parkplatz die Wandertour mit einer gaumenschmeichelnden Nascherei beenden.

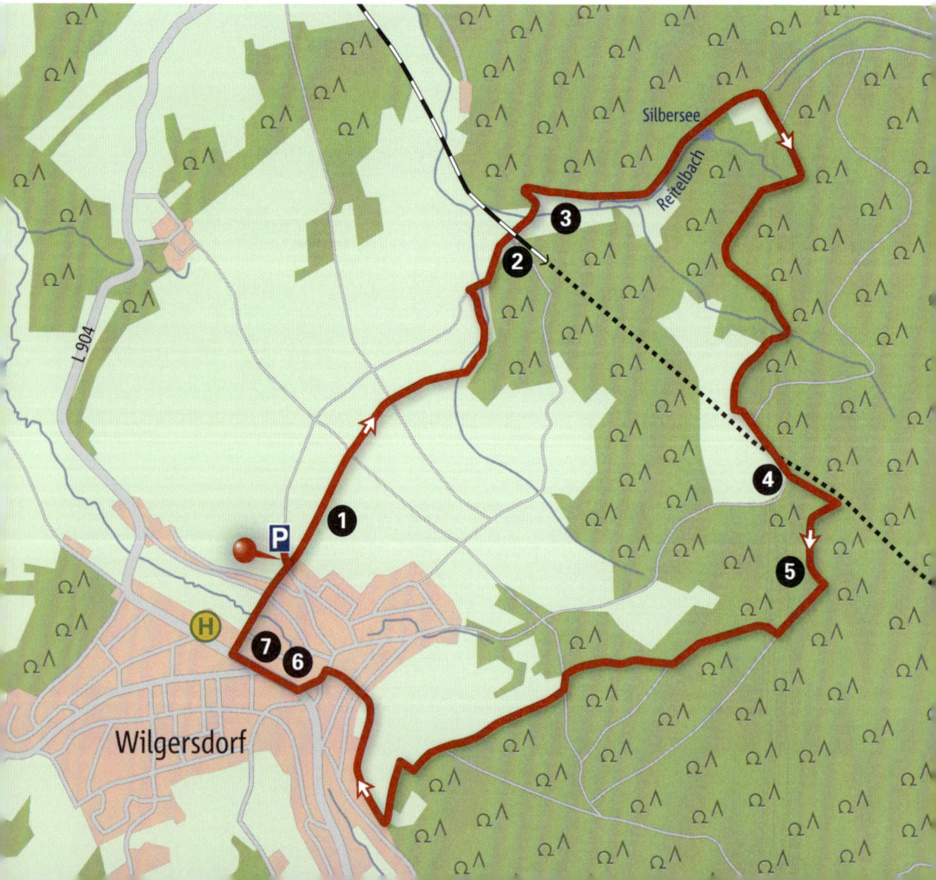

ALLES AUF EINEN BLICK

Entspannung 5/5
Abenteuer 3/5
Vielfalt 4/5

WIE & WANN

Die Tour führt über Wald- und Wiesenwege. Im Aufstieg zur Tiefenrother Höhe auch schmale Pfade. Im Ort asphaltierte Abschnitte. Besonders schön im Frühjahr zur Löwenzahnblütezeit.

HIN & WEG

Auto: Parkplatz Friedhof, Martin-Luther-Straße, 57234 Wilnsdorf-Wilgersdorf
ÖPNV: Haltestelle Wilgersdorf-Sangweg

ESSEN & ENTSPANNEN

6 **Wilgersdorfer Grill- und Pizzahaus,** Hauptstraße 45, 57234 Wilnsdorf-Wilgersdorf, Tel. (0 27 39) 87 58 65

7 **Das Kucheneck,** Alleestraße 4, 57234 Wilnsdorf-Wilgersdorf, Tel. (01 57) 54 05 56 03, www.das-kucheneck.de (Kuchengabel mitnehmen!)

ENTDECKEN & ERLEBEN

1 Wiesenlandschaft
2 Rudersdorfer Tunnel
3 Klingelseifen
4 Rastplatz Nachtweide
5 Tiefenrother Höhe

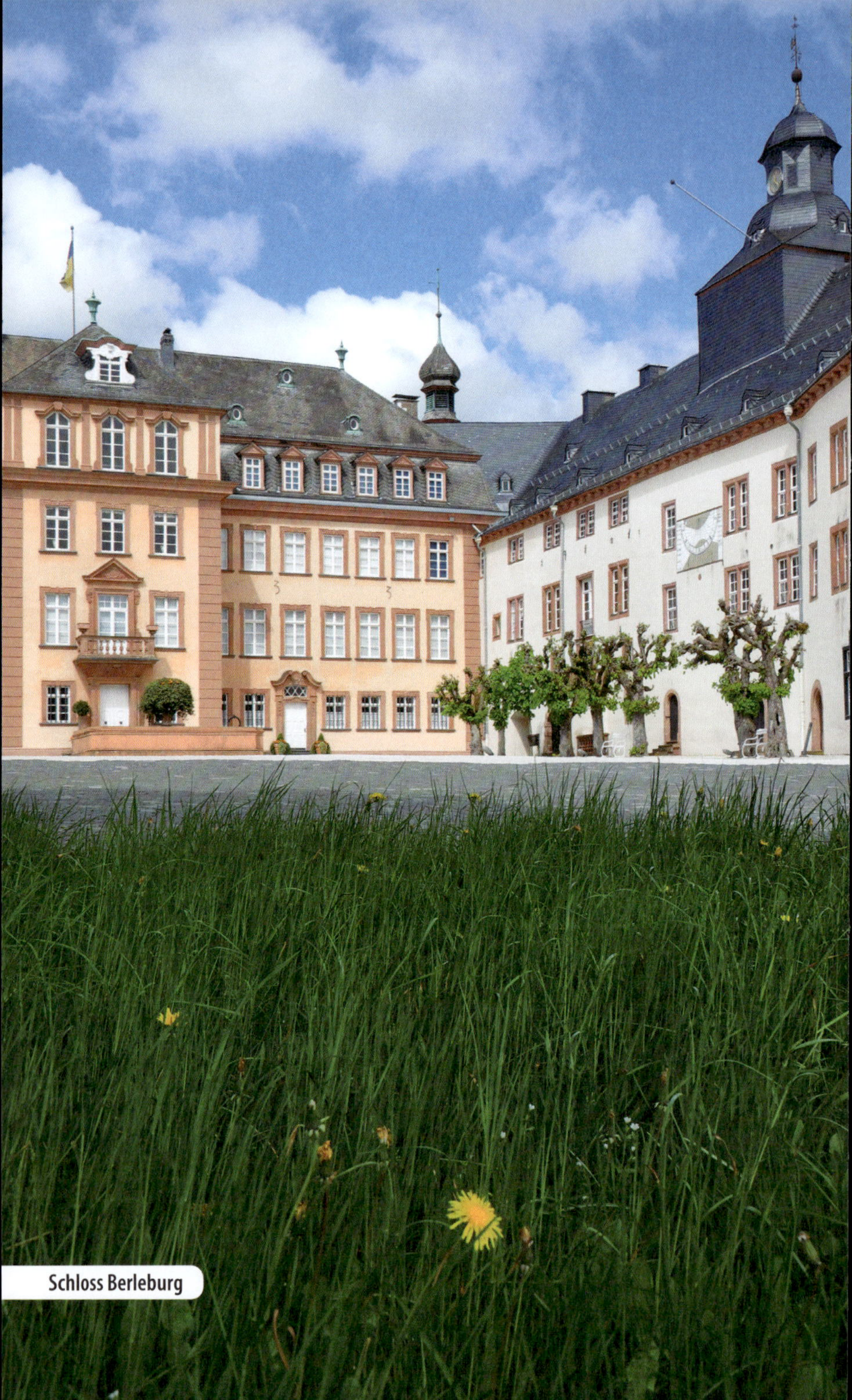

Schloss Berleburg

Jetzt wird's fürstlich!

Bad Berleburger Schlossrunde

Imposanter Schlosszauber, verspielte Parkanlage, malerischer Stadtkern, traumhafte Waldidylle – was sich anhört wie eine perfekte Filmkulisse, ist in Bad Berleburg Realität. Wer auf der Suche nach Glanz und Gloria ist, muss keine Reise zum weltberühmten Buckingham Palace nach London auf sich nehmen, sondern kann in Wittgenstein fürstlichen Boden betreten und bekommt ein fantastisches Naturerlebnis gratis dazu.

*Bewohnt wird **Schloss Berleburg** von Prinz Gustav und seiner Frau Carina zu Sayn-Wittgenstein-Berleburg. 2023 gab es mit Sohn Gustav Albrecht Familienzuwachs. Schlossbegeisterte können bei Führungen spannende Zeitreisen und fürstliche Magie erleben.*

Das 800 Jahre alte ❶ **Residenzschloss Berleburg** ist der Startpunkt unserer Wanderung. Prunkvoll hebt es sich aus dem pittoresken Stadtbild hervor. Einen extravaganten Schliff bekommt es durch den großzügigen Innenhof, filigrane Sprossenfenster sowie flankierende Türme, die eindrucksvoll in den Himmel ragen. Im Inneren der Schlossmauern sind viele Stilepochen vertreten: Fresken aus dem 15. Jahrhundert, barock gestaltete Decken und ein neugotischer Speisesaal bilden die vergangenen Jahrhunderte baulich ab. Der Mix aus lebendiger Moderne und verträumter Vergangenheit ist märchenhaft.

Mit dem Schloss im Rücken wenden wir uns am gusseisernen Tor nach rechts und schlendern über den **Goetheplatz** und die **Schlossstraße** bergab. Der ❷ **historische Stadtkern von Bad Berleburg** besticht mit seinem Fachwerkcharme und traditionellen Schieferhäusern. Nach dem Haus Nr. 20 gehen wir rechts zur **Evangelischen Stadtkirche** hinauf und linker Hand an dieser vorbei, um hinter dem Gotteshaus durch einen Mauerdurchlass

Kilometer: 6
Höhenmeter: 226
Stunden: 2,5
RUNDWEG

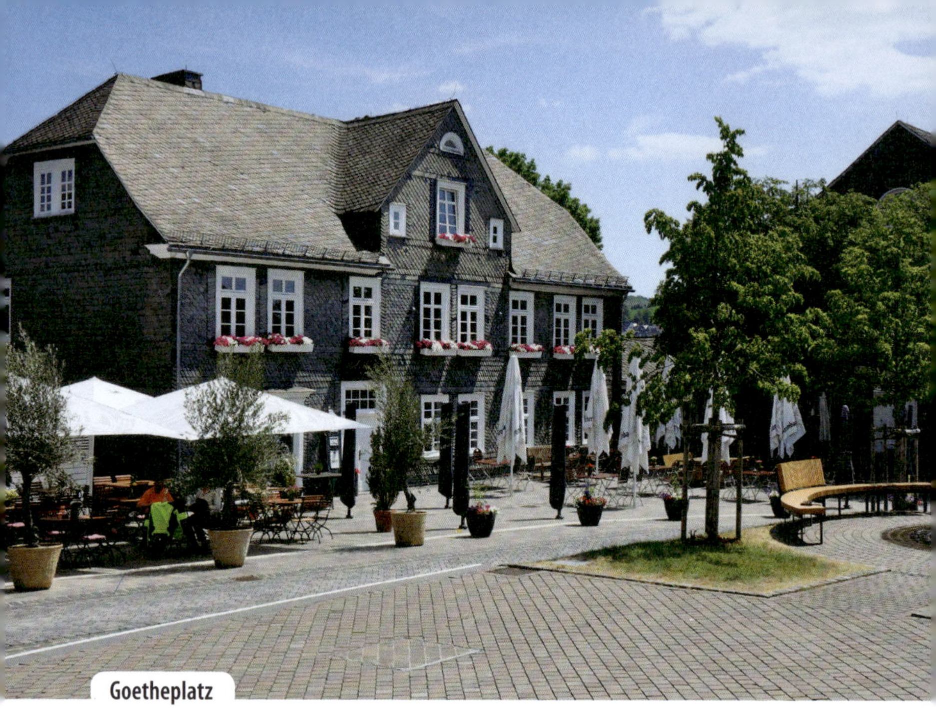

Goetheplatz

in den 3 **Schlosspark** zu gelangen. Wir halten uns links und wählen die **Märchenspur (M)** abwärts bis zum Teich, den wir an seinem kurzen Südufer queren, um dann dem gepflasterten Weg nach rechts bis ans Ende des Parks zu folgen.

Gartenliebhaber kommen vor allem im Mai und Juni auf ihre Kosten, wenn sich die Azaleen und Rhododendren in ein farbenfrohes Blütenmeer verwandeln. Auch im Herbst lohnt sich ein Besuch, da die Blätter der japanischen Fächerahorne in kräftigem Rot leuchten. Sie umrahmen die Teichanlagen, in denen flinke Fische ihre Kreise ziehen und an deren Ufern Entenfamilien lebhaft um die Wette schnattern. Wer mag, nimmt sich mehr Zeit und erkundet den Park auf eigene Faust. Der parallel verlaufende, etwas höher gelegene Weg **(M)** durch den bewaldeten ehemaligen Tiergarten bietet schöne Ausblicke auf das Schloss, während wir in der Talaue jede Blüte aus der Nähe betrachten können.

Am nördlichen Ausgang treten wir durch das Holztor und folgen den Schildern Am Spielacker 1 u. 2/Hof

Wolfsgraben nach links. Hoch gewachsenes Schilfrohr umgibt die Feuchtbiotope und raschelt sanft im Wind – was für ein herrlicher Rückzugsort für Vögel und Insekten! Kurz danach verlassen wir die Asphaltstraße schräg rechts und folgen dem steinigen Waldweg **(M)** aufwärts. Dort, wo der Märchenweg nach rechts abzweigt, bleiben wir geradeaus auf der Hohlweg-Spur, die oberhalb des Bauernhofs in einen Wiesenpfad übergeht. An der nächsten Kreuzung wenden wir uns nach rechts, um bereits nach 120 Metern von dem Teerweg auf den rechter Hand abzweigenden Wiesenweg **(B und Kreis)** zu wechseln.

Für die Seele

Das märchenhafte Schloss mit wundervollem Park und eine Kastanienallee versprühen romantischen Charme.

Vor uns liegt ein grüner Panoramablick: saftiges Gras, wohin das Auge schaut. Und unter uns im Talkessel liegt die Odebornstadt, über deren Dächern das imposante Schloss aufragt. Am besten genießen lässt sich die Aussicht von einer der drei aufgestellten

Schlosspark

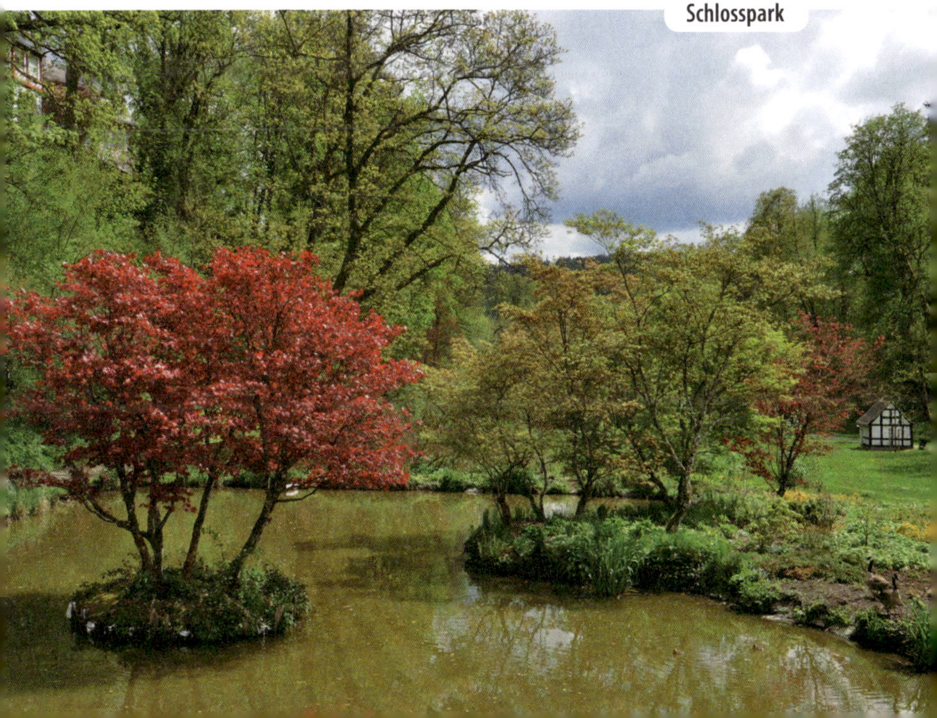

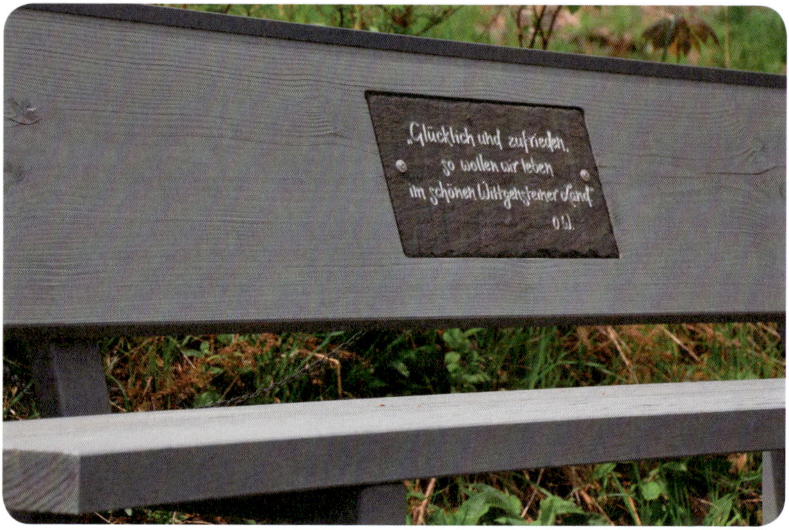

❹ **Bänke mit dem gewissen Extra.** Ist die Bank dreckig oder etwas feucht? Kein Problem! Lappen und Abzieher liegen bereit! Kleine Weisheit gefällig? In den Rückenlehnen sind Schiefertafeln mit Sprüchen eingelassen. „In der Ruhe liegt die Kraft", lautet einer von ihnen. Treffender könnte die Aufforderung nicht sein, Platz zu nehmen und durchzuatmen.

Unmittelbar nach der letzten Bank biegen wir am Waldrand links ab und erreichen nach 100 Metern Aufstieg das **Schützenhaus.** Mit den Wanderzeichen **Kreis und A3** folgen wir dem Forstweg nach rechts. Wir kommen am **Andachtsplatz des RuheForstes** vorbei und halten uns danach schräg links **(M, X, W, A3, R und Kreis).** Plötzlich öffnet sich das Blättermeer über einem kleinen Fachwerkhäuschen mit knallroten Fensterläden. Das ❺ **Burgfeldhaus** ist der Wohnort des Christkinds. In der Adventszeit dürfen ihm Kinder einen Brief schreiben und ihren Wunschzettel in den Briefkasten neben der Eingangstür auf der Rückseite des Hauses einwerfen. Mit besten Erfolgsaussichten können sie sich auf eine Antwort freuen.

Wir bleiben auf der Höhe und orientieren uns am geradeaus führenden romantischen Weg mit den Zeichen **M, A3 und Kreis.** Unter hellgrün leuchtenden Buchenblättern wandern wir begeistert weiter, müssen jedoch aufpassen, einen unscheinbaren kurzen Abzweig des Märchenweges nach links nicht zu verpassen. An dessen Ende steigen wir kurz steil ab und erreichen das **6 Café Hof Mühlbach.** In der Nähe steht auf der Schiefertafel in einer Banklehne: „Glücklich und zufrieden wollen wir leben." Was kann uns jetzt glücklicher machen als ein aussichtsreicher kulinarischer Stopp mit Vesperspezialitäten aus dem Suppentopf, als Brotzeit oder deftig-hausgemacht? Auch die Vegetarier werden satt – und Kuchen gibt's für alle.

Wir gehen ein kurzes Stück die Straße hinunter **(A4)** und halten uns in der ersten Linkskurve rechter Hand auf dem asphaltierten Weg leicht bergauf. Vor der Aufbereitungsanlage Burgfeld biegen wir links ab und folgen nun wieder dem Märchenweg, bis wir das obere Ende der **Fürst-Richard-Straße** erreichen. Dort

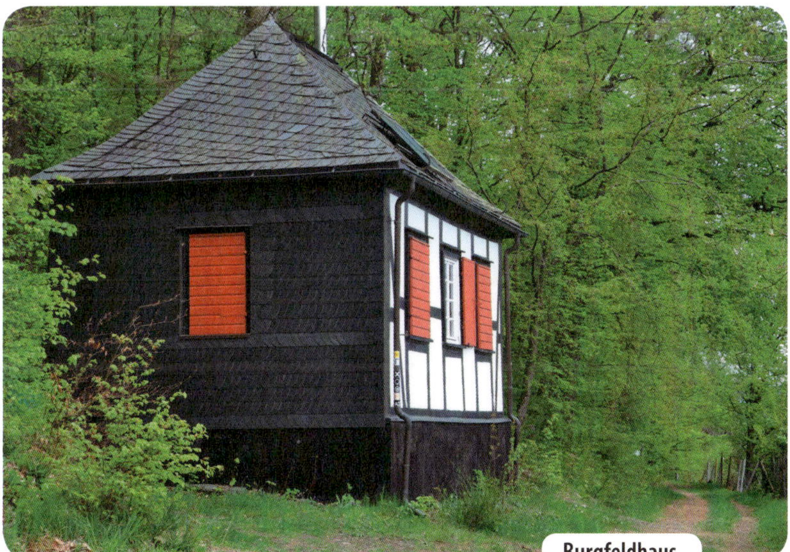

Burgfeldhaus

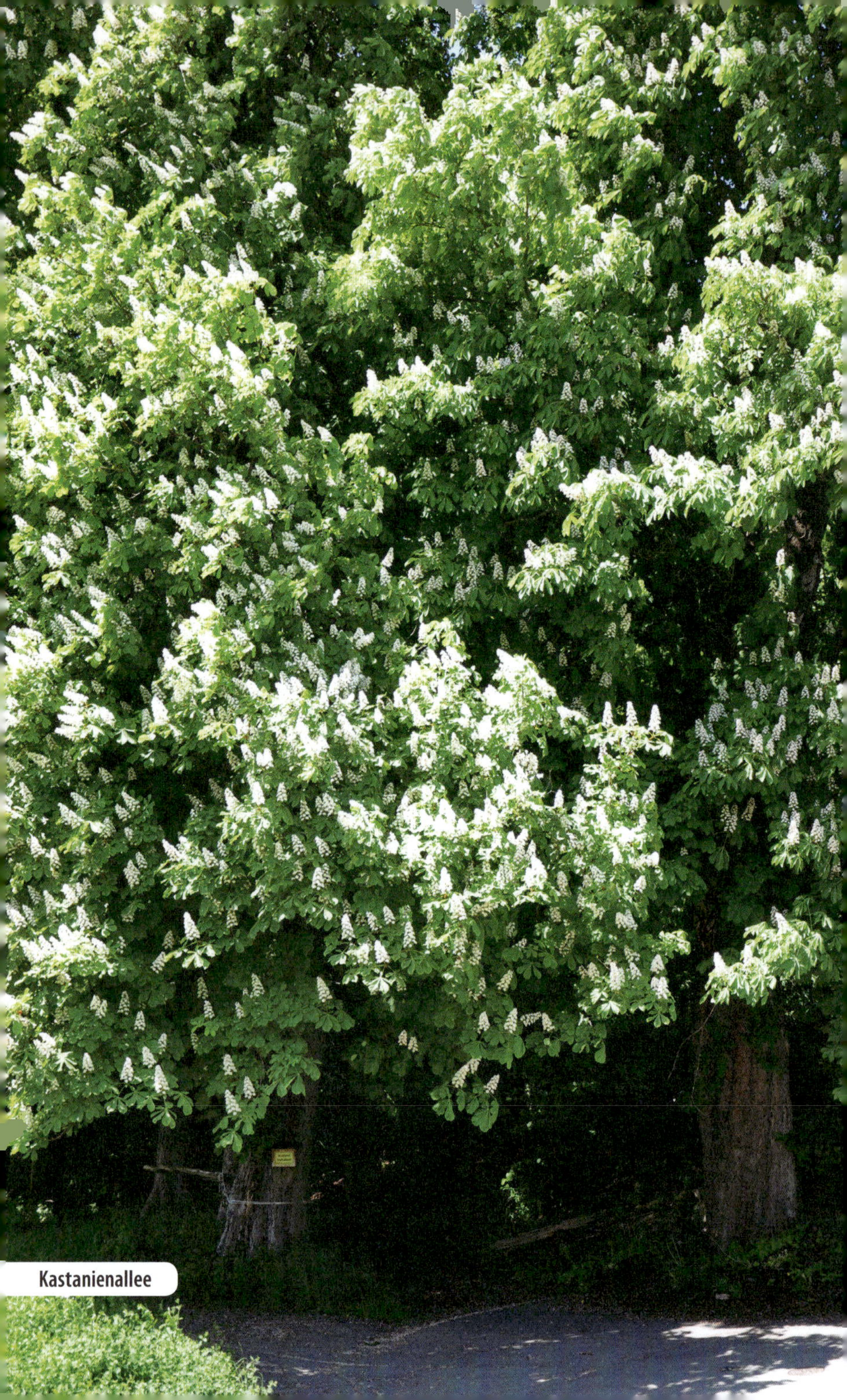

Kastanienallee

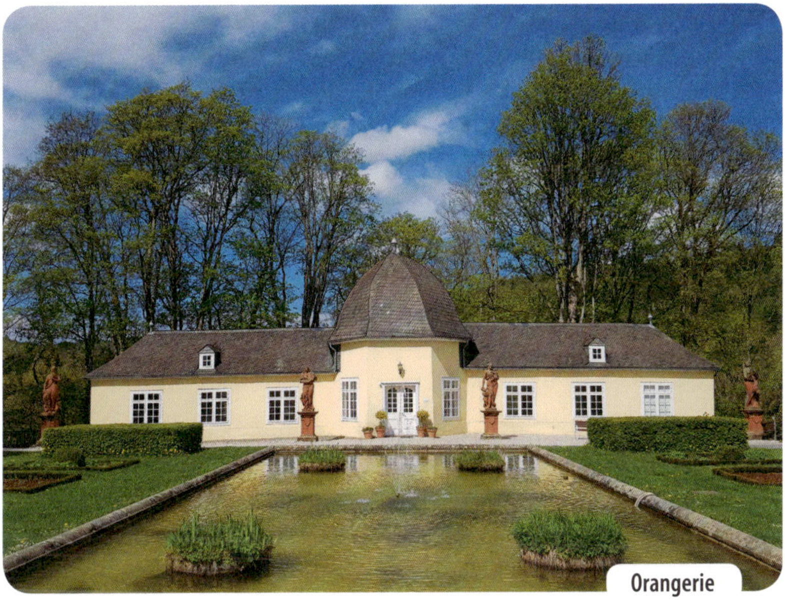

Orangerie

orientieren wir uns an den Wanderzeichen **X2 und X23,** die uns durch eine alte, prächtig blühende **7 Kastanienallee** unter dem Schutz des dichten Blätterdachs aufwärts leiten. Die sanft durchdringenden Sonnenstrahlen verleihen diesem Ort eine zauberhafte Magie. Einst wurde dieser Weg für die fürstliche Familie angelegt, damit sie zur Jagd reiten konnte. In Höhe des Andachtsplatzes des RuheForstes wählen wir den ersten, links abzweigenden Weg und gehen auf ihm geradeaus bis zur beschilderten Hainbuche, an der wir uns links bergab halten, um nach 20 Metern dem schräg rechts abwärts führenden Pfad **(M, A2, W, Raute 1)** durch Wald und später entlang einer Wiese zurück zum Schlosspark zu folgen.

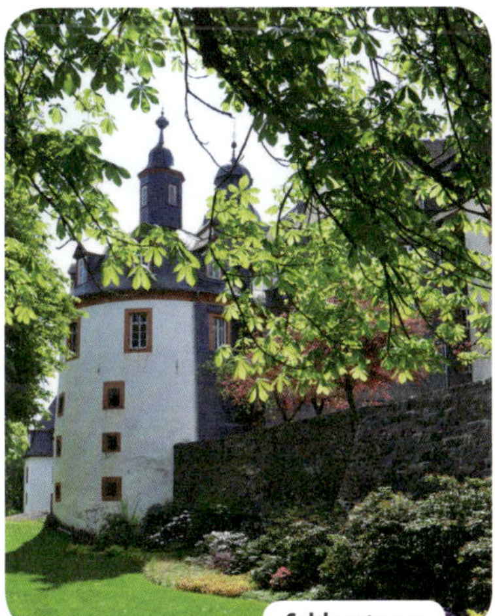

Schlossturm

*Der große **Dressurreitplatz** wurde in jüngerer Zeit errichtet. Prinzessin Nathalie zu Wittgenstein-Berleburg, Gewinnerin der Bronzemedaille in ihrer Disziplin bei den Olympischen Sommerspielen 2008 in Peking, trainiert hier.*

Durch das Holztor treten wir wieder in den beeindruckenden Garten ein, wenden uns nach links und gehen mit **A2** schräg links aufwärts. Oben angekommen orientieren wir uns linker Hand zur **8 Orangerie.** Früher diente das Gebäude als Winterquartier für frostempfindliche Orangen- und Zitronenbäumchen. Im Sommer wurde es damals als Lusthäuschen für kleinere Feste genutzt. Heute sind es Brautpaare, die sich in dem historischen Ambiente das Jawort geben. Der neobarocke Seerosenteich mit dem in der Sonne glitzernden Wasserspiel, ein großzügiger, von Narzissen umgebener **Dressurreitplatz,** prächtige Kastanienalleen und natürlich die verträumte Orangerie selbst versprühen zum Schluss unserer Tour noch einmal adliges Flair.

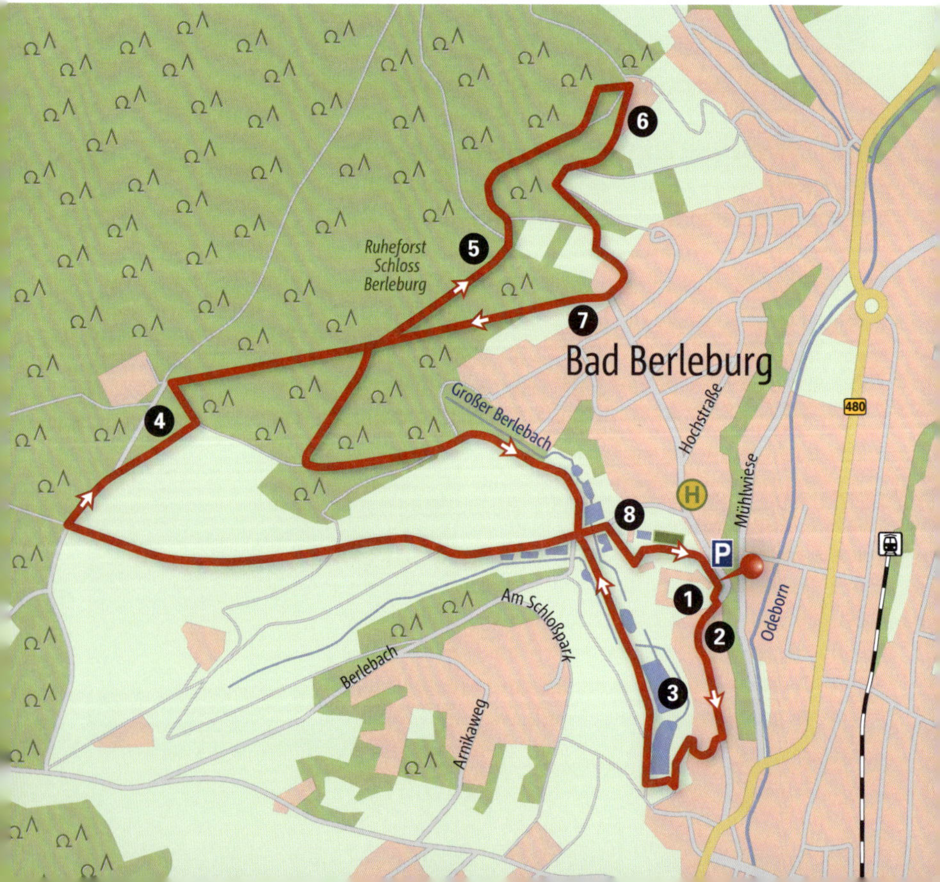

ALLES AUF EINEN BLICK

Entspannung 3/5
Abenteuer 2/5
Vielfalt 4/5

WIE & WANN

Wald- und Wiesenwege, Pfadspuren, kurze gepflasterte und asphaltierte Abschnitte. Besonders empfehlenswert zur Rhododendron- und Kastanienblüte im Mai und Juni.

HIN & WEG

Auto: Parkplatz Schloss, Parkstraße 10, 57319 Bad Berleburg (Parkzeitbegrenzung beachten!). Weitere öffentliche Parkplätze am Straßenrand in der Hochstraße, 3 Minuten Fußweg zum Schloss

ÖPNV: Haltestelle Schlosspark

ESSEN & ENTSPANNEN

6 **Café Hof Mühlbach,** Hof Mühlbach 1, 57319 Bad Berleburg, Tel. (0 27 51) 74 07, www.hof-muehlbach.de

Viele weitere Cafés und Restaurants in der Nähe des Schlosses.

ENTDECKEN & ERLEBEN

1 **Residenzschloss Berleburg,** Goetheplatz 8, 57319 Bad Berleburg, Tel. (0 27 51) 93 60 10
2 **Historischer Stadtkern Bad Berleburg**
3 **Schlosspark**
4 **Bänke mit dem gewissen Extra**
5 **Burgfeldhaus**
7 **Kastanienallee**
8 **Orangerie,** Goetheplatz 8, 57319 Bad Berleburg, Tel. (0 27 51) 93 60 10

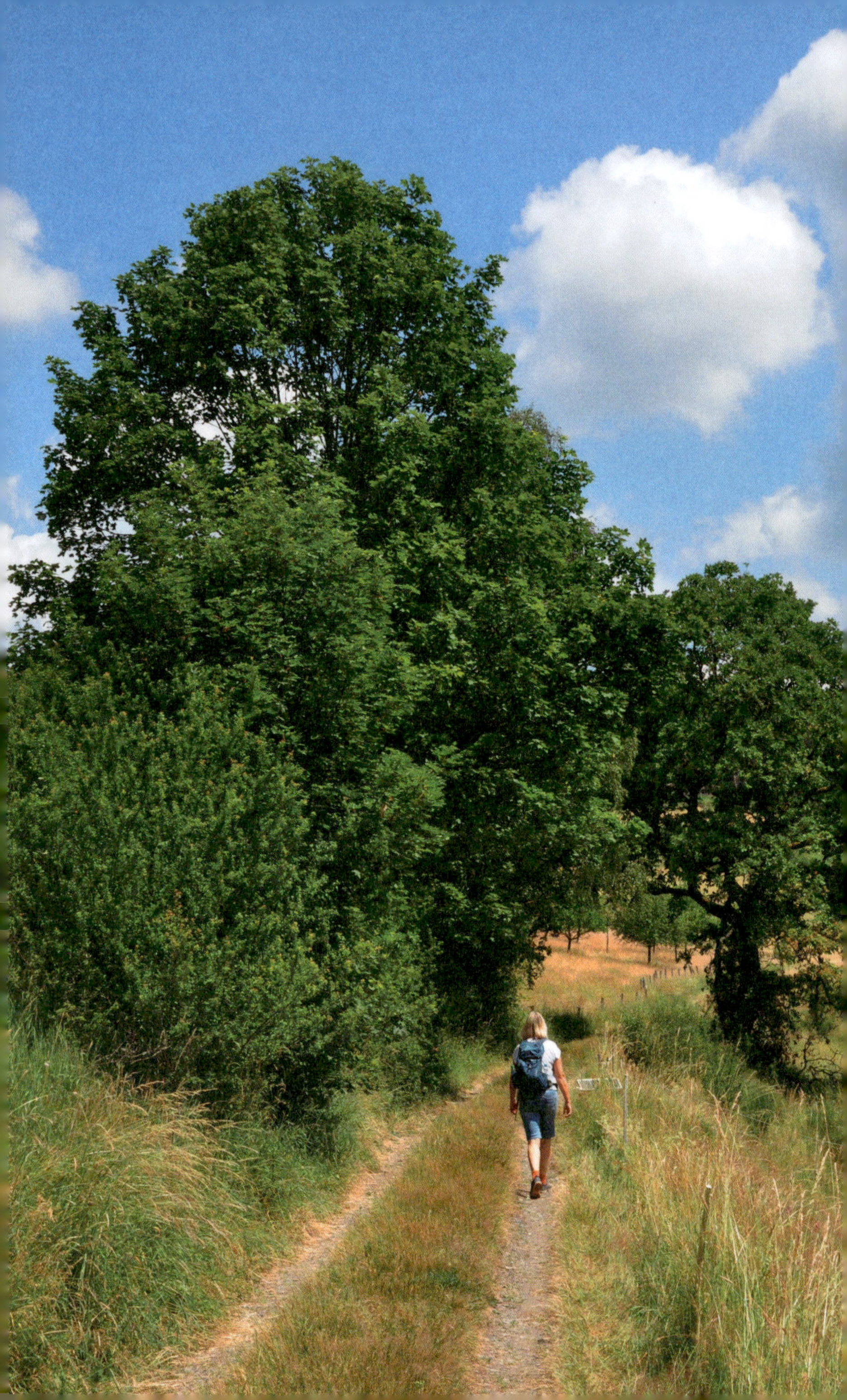

Grenzgang

Von Hesselbach ins Boxbachtal

Der Landkreis Siegen-Wittgenstein liegt im südlichen Zipfel von Nordrhein-Westfalen. In der Region Bad Laasphe ist die hessische Landesgrenze oftmals nur einen Katzensprung entfernt. Unsere Wanderung führt von Hesselbach, das im Kranz der grünen Berge liegt, vorbei an Fischelbach für eine lohnenswerte Stippvisite ins Boxbachtal und somit kurzzeitig ins Terrain des **Naturparks Lahn-Dill-Bergland.**

*Der 83.000 Hektar große hessische **Naturpark Lahn-Dill-Bergland** grenzt an das Rothaargebirge und den Westerwald. 18 zertifizierte Premiumwege zeigen die schönsten Flecken. Der Boxbachpfad ist einer von ihnen.*

Am Freibad von Hesselbach beginnt unsere Wanderung. Die Markierungen **H2 und Rothaarsteigzubringer (R)** begleiten uns auf den ersten 150 Metern bergauf. Wo die Zeichen nach rechts leiten, bleiben wir geradeaus und auch 50 Meter später folgen wir dem asphaltierten Wirtschaftsweg weiter geradeaus. Der Weg in das Seitental ist gesäumt von Haselnusssträuchern, die Hesselbach seinen Namen gegeben haben, denn die Ortsbezeichnung ist mundartlich abgeleitet von Haesselboch, dem „Haselgesträuch, das den Bach umgab".

In einer leichten Linkskurve führen einige steinerne Stufen hinunter zu einem **1 Feuchtbiotop.** Die grasumsäumten Tümpel können wir auf einem Pfad umrunden. Bänke laden ein, die blau schimmernden Hufeisen-Azurjungfer-Libellen bei ihrer filigranen Flugakrobatik über dem Wasserspiegel zu beobachten. Kurz nach dem naturidyllischen Abstecher führt der Weg an einer Rastanlage des Naturparks Rothaargebirge vorbei, steigt danach an und mündet in eine Wiesenlandschaft. An der T-Kreuzung halten wir uns links und folgen der **Grubenstraße** bis zu

Kilometer: 10
Höhenmeter: 237
Stunden: 3,5
RUNDWEG

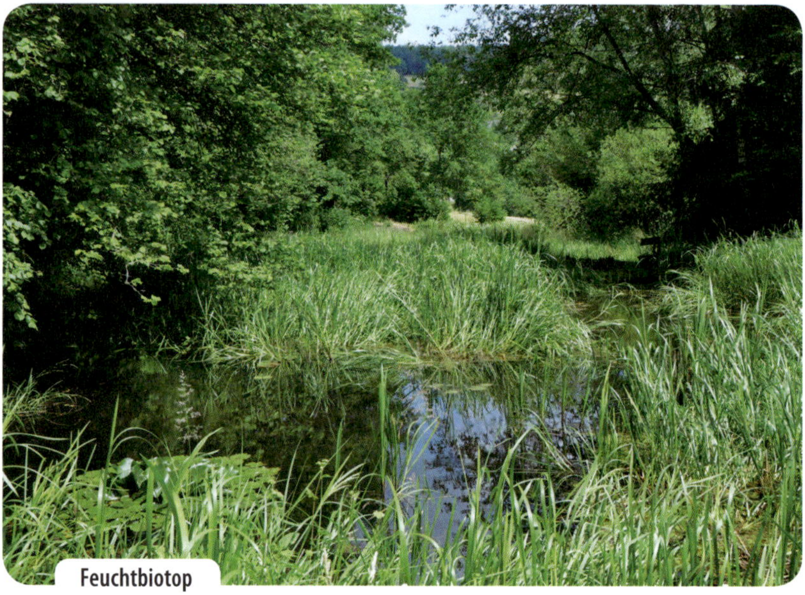

Feuchtbiotop

Die Libellenart ***Hufeisen-Azurjungfer*** *bevorzugt stehende, nährstoffreiche und besonnte Gewässer. Bei optimalen Bedingungen können Hunderte Tiere nahezu gleichzeitig schlüpfen und losfliegen. Schlupfzeit ist ab Mai, sie fliegen bis Anfang August.*

einem kleinen Wäldchen linker Hand, wo wir hinter einem Hochsitz auf den **Rothaarsteigzugangsweg** treffen. Die Zeichen leiten uns nach rechts auf dem Teersträßchen bergwärts. Oben auf der Anhöhe begrüßt uns freundlich eine zutrauliche Kuhherde, die sich fotogen zum Gruppenfoto aufstellt, bevor wir jenseits mit **R, H7, L und X3** über die **Schützenstraße** an Stallungen und der Schützenhalle entlang zum Ortsrand von Fischelbach wandern.

Nach der kurvenreichen Passage am Friedhof führt die Markierung **H7** zwischen der Friedhofskapelle und Haus Nr. 6 nach links und wir sind auf einem malerischen Wiesenweg unterwegs. Große Apfelbäume ziehen unsere Blicke an, um uns herum zirpen Grillen in bester Konzertlaune und wir tauchen in ein buntes Blütenmeer ein. Am Waldrand macht der Weg hinter einem kleinen Tümpel mit Bank eine Kurve. An der folgenden Verzweigung entscheiden wir uns für den schräg links verlaufenden Weg, der nahezu eben durch eine junge Mischwaldfläche, die von Ginster und Fingerhut aufgelockert wird, führt. Am schönsten sind die üppigen Brombeer- und Himbeersträucher; später gesellt sich roter Holunder hinzu. Wer zur Erntezeit unterwegs ist, erlebt kulinarischen Fruchtgenuss pur, der bei Naschkatzen an Lippen und Händen seine rot-blauen Spuren hinterlassen wird.

Für die Seele

Zwischen den Dörfern Freiheit und Weite genießen und mittendrin kulinarische Auszeiten nehmen.

In einer Linkskurve öffnet sich eine hervorragende **2 Aussicht auf das malerische Dörfchen Fischelbach.** Die Evangelische Kirche fällt uns dabei besonders ins Auge. Der Turm des Gotteshauses wurde 1987 unter Denkmalschutz gestellt. Leicht steigend wandern wir weiter und kommen an einer Waldwiese vorbei. An deren Ende biegen wir links ab, unser Weg ist jetzt zusätzlich zu **H7** mit **X15** gekennzeichnet. Die Wanderung wird zum Grenzgang, weil sie auf dem Höhenrücken zwischen den Erhebungen Hasselberg und Wohlt entlang der Landesgrenze von Nordrhein-Westfalen und Hessen verläuft. Nach 850 Metern

Aussichtspunkt Fischelbach

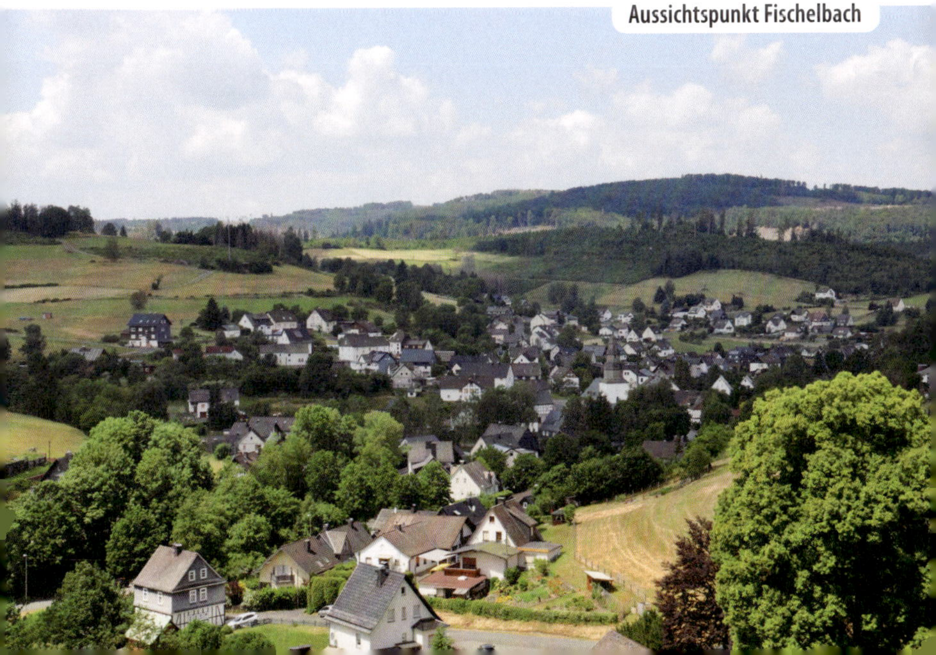

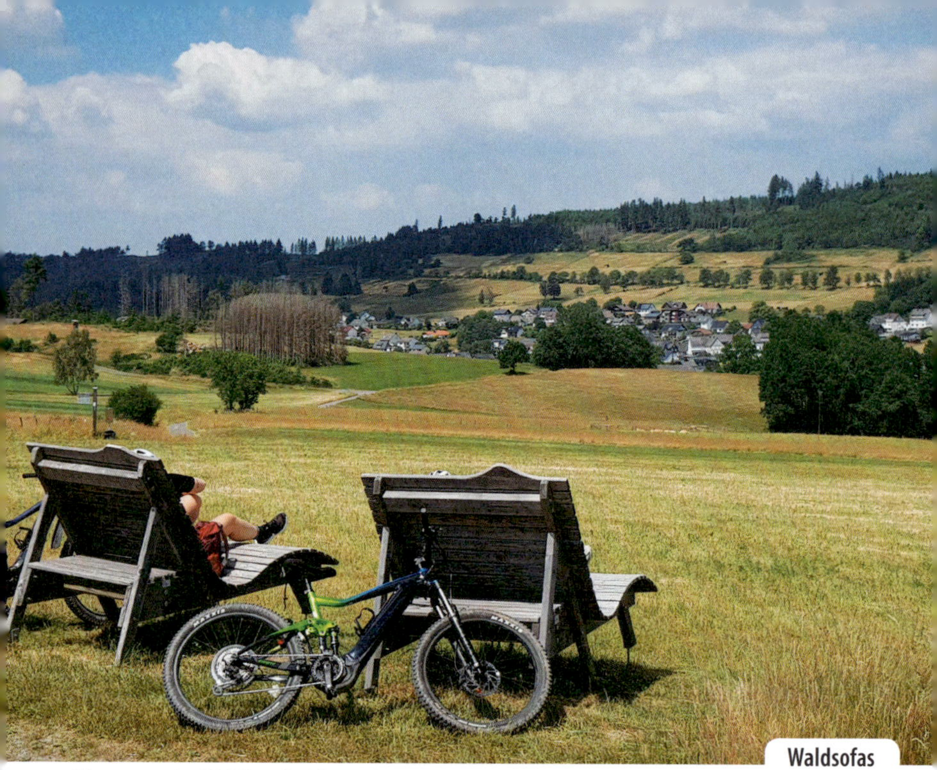

Waldsofas

Biergarten des Waldhotels Gille Boxbach

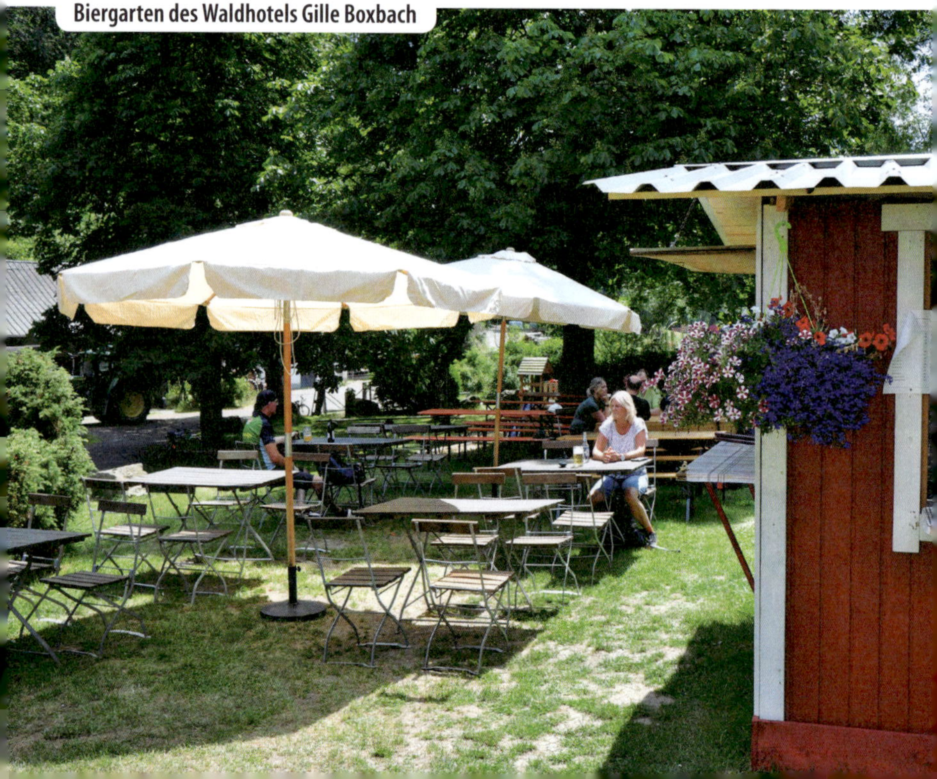

erreichen wir die Schutz- und Grillhütte am Wanderparkplatz Dornhecke und kurz darauf den Waldrand. Dort halten wir uns unmittelbar vor dem Schild „Geschützter Landschaftsbestandteil" rechts **(X3, X15, W)** und fühlen uns in dem offenen Wiesengelände spürbar wohl. Es ist nicht nur der Blick auf Hesselbach, der uns neue Perspektiven eröffnet, auch die Weite der Landschaft beflügelt uns. An der Kreuzung bleiben wir rechts und orientieren uns am Boxbachpfad, der mit zwei grünen Bögen auf weißem Grund markiert ist. Schon nach wenigen Schritten erreichen wir zwei geschwungene **3 Waldsofas.** Es ist der perfekte Platz zum Sonnetanken. Doch er bietet noch viel mehr: Wir meinen, die Frische der Luft riechen zu können. Sie verleiht uns neue Lebensenergie. Für einen Augenblick schließen wir die Augen und spüren den sanften Windhauch auf unserer Haut. Einfach herrlich, so ein Frischluftbad – für Körper, Geist und Seele.

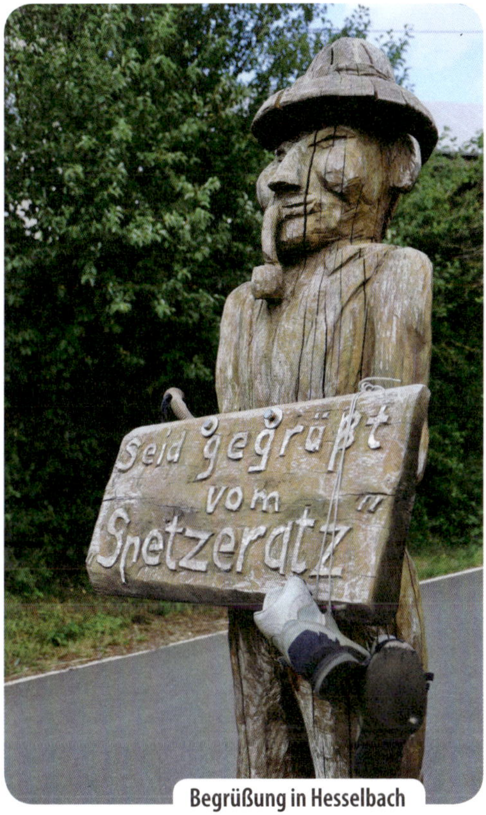

Begrüßung in Hesselbach

Hinter den erholsamen Liegen folgen wir dem Pfad durch Wiesen. An einem umzäunten Gemüsebeet gehen wir vor dem Waldsaum nach rechts **(Boxbachpfad, H1),** immer am Wiesenrand entlang, um uns am Ende schräg links zu halten. Wir übertreten in diesem Moment unbemerkt die Grenze nach Hessen. Der Weg geht schon bald in einen geschotterten Forstweg, auf dem es uns mit **H1** weiter talwärts zieht, über. Vorbei an einem großen Fischteich mit Hütte kommen wir in

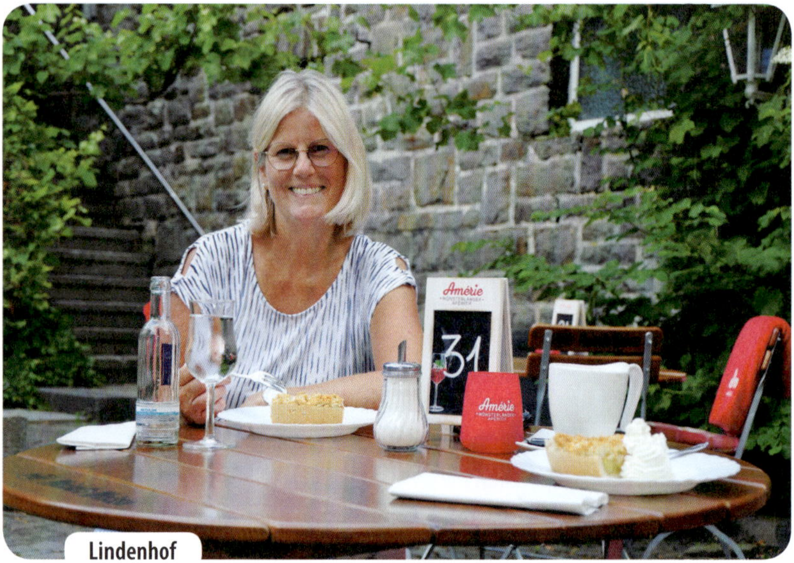

Lindenhof

den ebenen Grund des oberen Boxbachtals. Eine dicht gewachsene Nussstrauchallee säumt unseren Weg zum **4 Waldhotel Gille Boxbach,** wo der wunderschöne Biergarten unter riesigen uralten und Schatten spendenden Kastanienbäumen zur geselligen Rast mit Brotzeit einlädt.

Wir gehen vom Hotel für ein kurzes Stück auf bekannter Strecke zurück, um dann der Landstraße Richtung Hesselbach zu folgen **(H8).** Nach 300 Metern leitet uns das Zeichen bei einer versteckt gelegenen Bank rechts in den Wald. Es geht aufwärts und nach einer Rechtskurve wird es für wenige Schritte steiler, bis wir den Saum einer Weide erreichen. Wir halten uns links auf die Scheunen zu, wandern immer geradeaus bis kurz vor die **K 37.** In Höhe einer Sitzbank mit Wegweiser zum Homerichskopf folgen wir dem Teerweg für 85 Meter nach rechts **(W).** An der Gabelung in Höhe des Stalls biegen wir links in die Straße **Hofäcker** ein. Die Zeichen **W, H1, H8 und X 15** bringen uns nach Hesselbach.

An der Einmündung in die Straße **Zum Spreit** treffen wir auf den **Rothaarsteigzubringer,** der uns talwärts leitet. Auf einem Schild heißt es passend „Hesselbach grüßt seine Gäste“ und unmittelbar danach wird es ohnehin gastlich beim Betreten des von alten Mauern umgebenen Biergartens des **5 Hotel & Restaurant Lindenhof.** Die rot-gelb-weiß karierten Sitzkissen und die kuscheligen Decken strahlen Behaglichkeit aus. Unter dem Motto „Omas traditionelle Bauernküche“ wird hier bodenständig und regional gekocht. Im Einklang mit den Jahreszeiten werden in der Küche auch gerne Produkte aus den heimischen Wäldern und von den umliegenden kräuterhaltigen

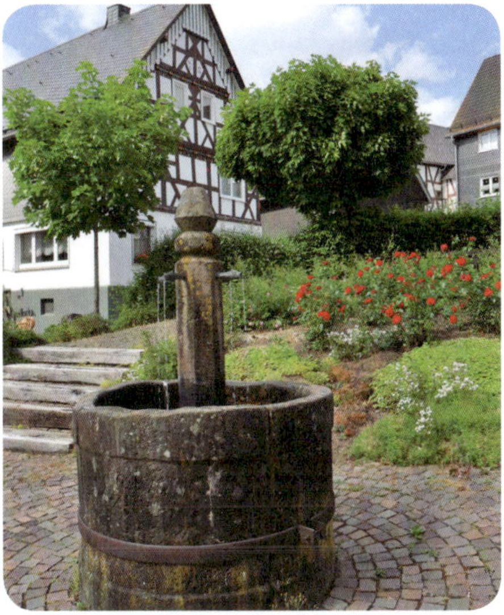

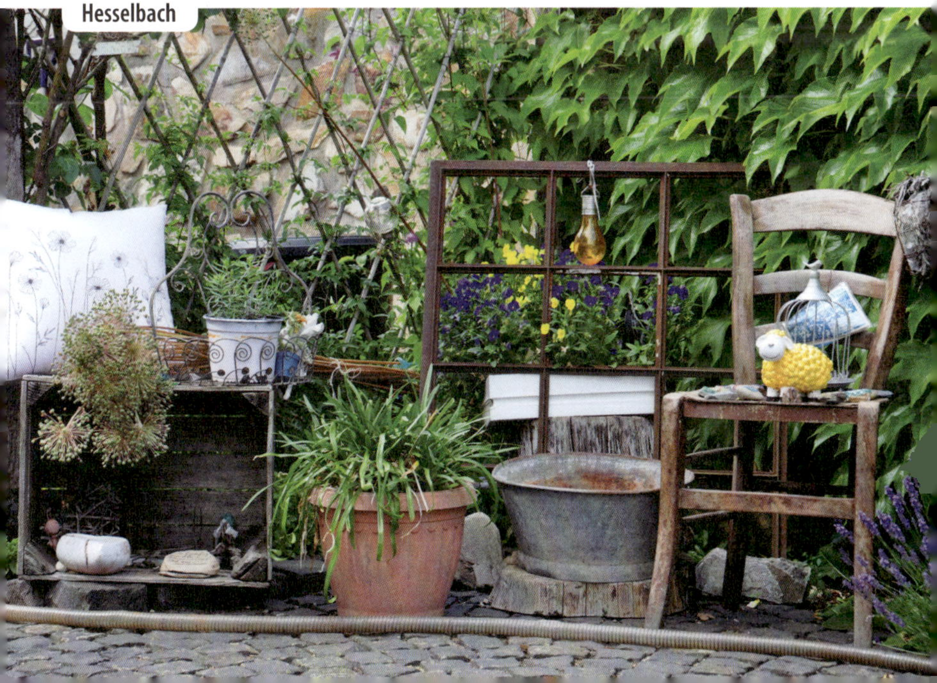

Hesselbach

Hesselbach wurde im Jahr 802 im Zuge der Schenkung von Bleigruben an das Kloster Fulda urkundlich erwähnt. 1975 erfolgte die Eingliederung in das 6 Kilometer entfernte Bad Laasphe, das wegen der romantischen Altstadt einen Abstecher lohnt.

Wiesen verwendet. Wer – wie wir – nachmittags einkehrt, darf sich auf Kaffee und Apfelkuchen freuen.

Die Straße führt uns hinunter in die 6 **Dorfmitte von Hesselbach,** deren Kulisse von Fachwerkhäusern, einer blumengeschmückten Brunnenanlage und der Evangelischen Kirche, die als schlichter Renaissance-Bau errichtet wurde, gebildet wird. Sobald wir die **Hesselbacher Straße** erreicht haben, gehen wir auf dieser für 75 Meter nach links, um dann nach Haus Nr. 32 rechts in den Teerweg abzubiegen. Einblicke in die Gärten, schöne Wiesenimpressionen und glücklich wiehernde Pferde, die sich auf ihren Koppeln über unser Vorbeikommen freuen, begleiten uns zum Ausgangspunkt am Freibad.

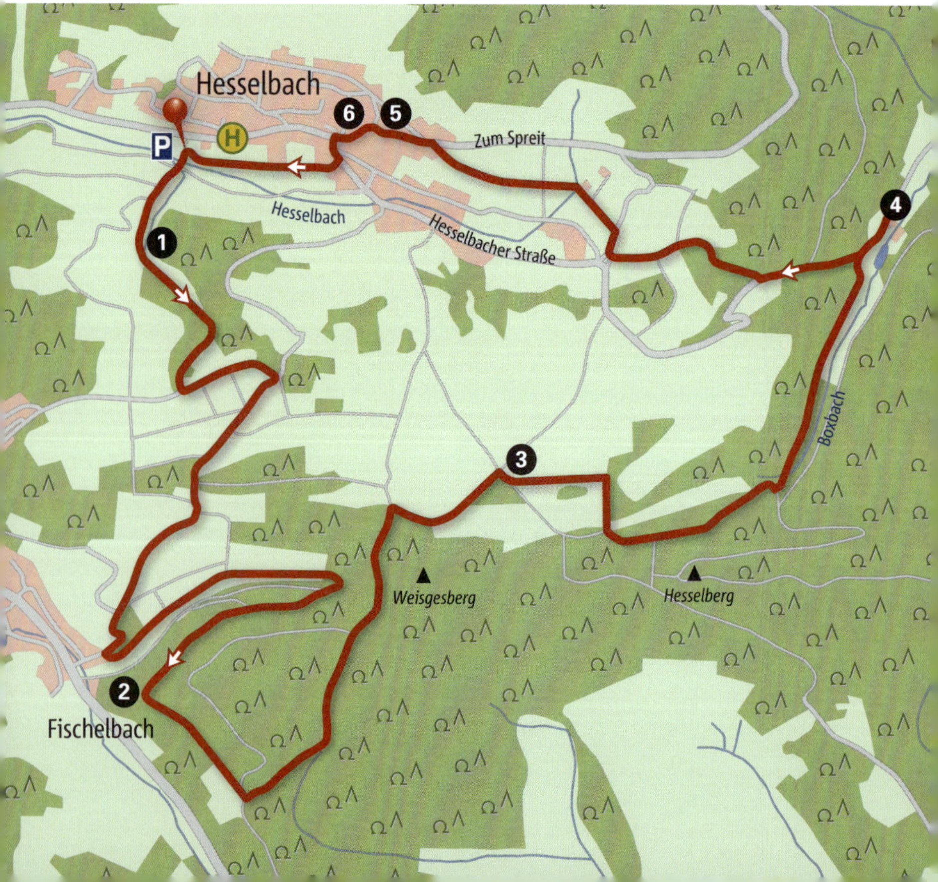

ALLES AUF EINEN BLICK

Entspannung
Abenteuer
Vielfalt

WIE & WANN

Die Tour führt über Wald- und Wiesenwege. In Hesselbach und Fischelbach längere asphaltierte Strecken. Zu allen Jahreszeiten schön. Im Sommer lohnt ein Besuch des Freibads.

HIN & WEG

Auto: Parkplatz Freibad, Hesselbacher Straße 2 a, 57334 Bad Laasphe-Hesselbach
ÖPNV: Haltestelle Alte Schule Hesselbach

ESSEN & ENTSPANNEN

4 **Waldhotel Gille Boxbach,** 35236 Breidenbach-Wiesenbach, Tel. (0 64 65) 43 36, www.waldhotel-gille-boxbach.de

5 **Hotel & Restaurant Lindenhof,** Zum Spreit 9, 57334 Bad Laasphe-Hesselbach, Tel. (0 27 52) 54 02, www.lindenhof-cordes.de

ENTDECKEN & ERLEBEN

1 **Feuchtbiotop**
2 **Aussichtspunkt Fischelbach**
3 **Waldsofas**
6 **Dorfmitte Hesselbach**

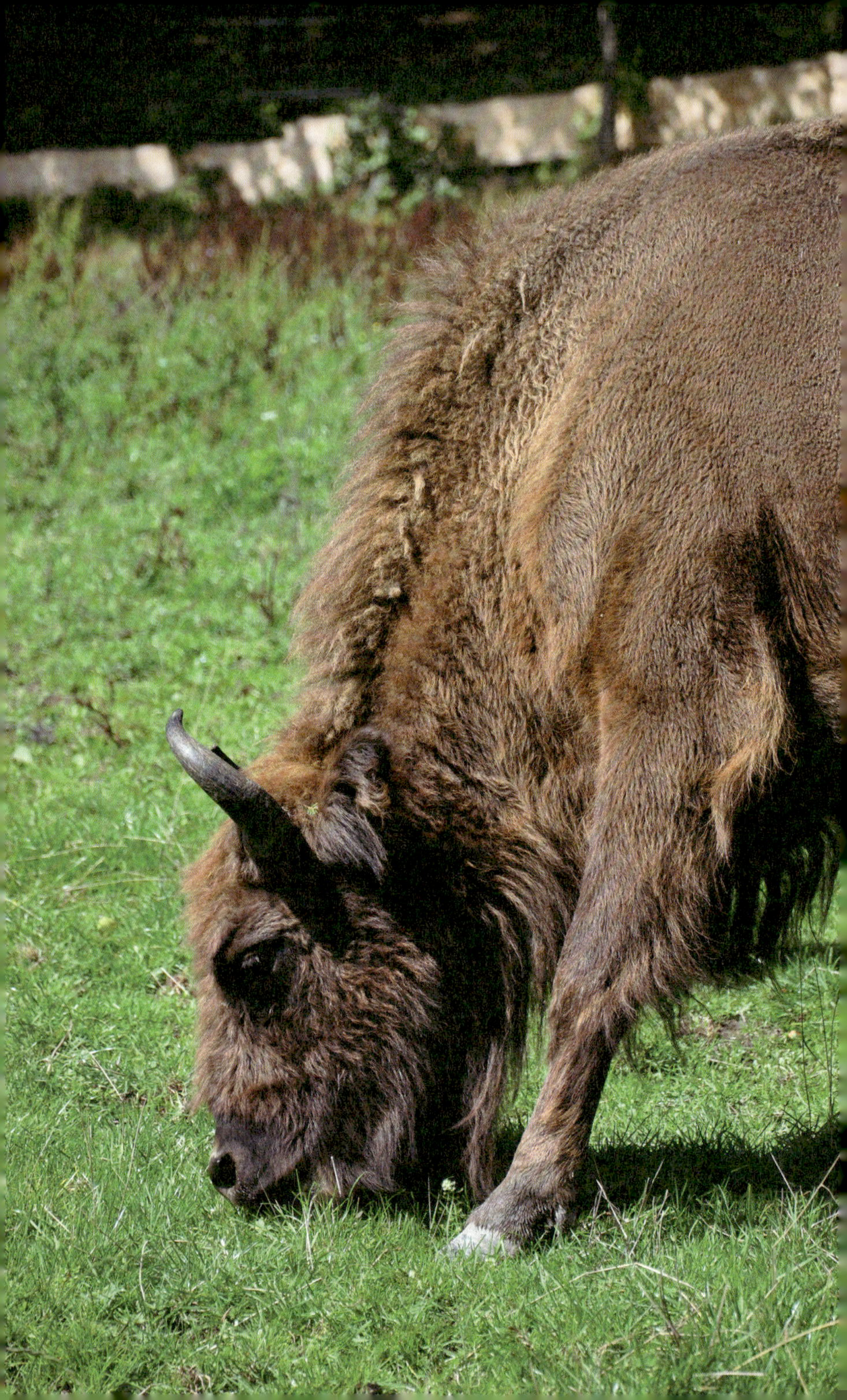

Könige des Waldes

Wisent-Begegnung bei Wingeshausen

„Wir sind die Könige des Waldes, sozusagen", erklären zwei Eichhörnchen und eine Häsin im gleichnamigen Kinderbuch der schwedischen Autorin Eva Lindström. Mit reichlich Charme und Feinsinn erzählt sie die Geschichte der drei tierischen Freunde, die sich gegen die Jäger, deren Hunde und andere dunkle Gestalten stemmen. Denn sie hassen die Jagd und wollen einfach nur ihre Ruhe haben. Vielleicht geht es der seit 2013 freigelassenen Wisent-Herde in den Wäldern zwischen Bad Berleburg und Schmallenberg ähnlich, denn um die majestätischen Kolosse ist ein heftiger Rechtsstreit entbrannt, nachdem sie Schäden an den Bäumen von Waldbauern im Sauerland anrichteten.

Hat die ausgewilderte ***Wisent-Herde*** *noch eine Zukunft? Nach der Insolvenz des Trägervereins ist das Projekt gefährdet. Die Tiere befinden sich aktuell in einem rund 25 Hektar großen Managementgehege. Die Zeit in Freiheit ist somit erst einmal abgelaufen.*

Auch wenn wir die Wisente momentan nicht in freier Wildbahn zu sehen bekommen, können wir ihnen auf unserer Wanderung begegnen: In der umzäunten 20 Hektar großen „Wisent-Wildnis am Rothaarsteig" gehen wir auf Tuchfühlung mit den sanften Riesen, die bis zu 2 Meter hoch werden und fast 1 Tonne wiegen. Vom Parkplatz am Sonnenhof brechen wir zu dieser außergewöhnlichen Entdeckungstour auf. Der geschotterte Weg führt an Wiesen und Weiden vorbei nach Wingeshausen. Wir erreichen die Straße **An der Bracht,** der wir mit **W6 und Raute** aufwärts folgen. Die alten Bäume am Wegrand wirken wie Felsen in der Brandung. Sie sind von unschätzbarem Wert. Wir berühren sie, spüren ihre vom Wetter geprägte Rinde. Was sie wohl alles schon erlebt haben im Angesicht der malerischen Dorfkulisse, die ihnen zu Füßen liegt?

Kilometer: 11,5 (14,5)
Höhenmeter: 324 (451)
Stunden: 4 (6)
RUNDWEG

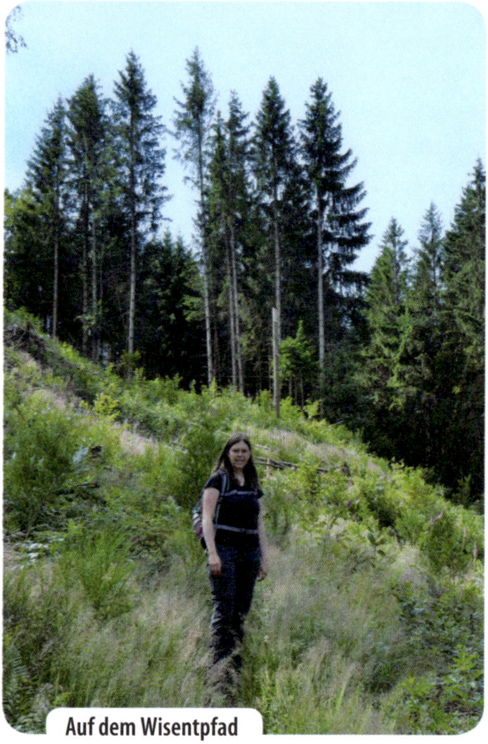

Auf dem Wisentpfad

Vorbei an einer bunten Wildblumenwiese, die ein wahrer Magnet für Bienen und Hummeln ist, kommen wir zu einem Hof. Wir gehen geradeaus und erreichen die **K 42,** die wir überqueren, um der Straße **Am Homberg** zu folgen. Nach 200 Metern treffen wir auf die Markierungen Kreis und Rothaarsteigzugangsweg, mit denen wir links aufwärtswandern. Wir passieren erneut die Kreisstraße und folgen dem Sträßchen für 60 Meter bergab, um dann schräg links in einen Waldweg einzubiegen. Er führt an einer Holzhütte vorbei geradeaus bis an den Waldrand. In einer Rechtskurve treffen wir auf den **1 Wisent-Pfad** (liegendes R), den wir hinauf zum Rothaarkamm nehmen. Auf schmaler Wegspur und vorbei am verschlossenen Stollen Hinterm Homberg, der Fledermäusen als Unterkunft dient, kommen wir wildromantisch hinab ins Tal. Am rechten Saum führen uns die Wegzeichen bis zum Wassertretbecken im Rohrbach, an dem der Aufstieg ins Reich der Wisente beginnt.

Wenig später treten wir durch ein Wildgatter und befinden uns in einer besonderen Naturwelt: Zu den jungen Fichten gesellen sich hoch gewachsene Buchen. Der Wind spielt mit ihren Blättern und sorgt für ein rauschendes Konzert. Wir finden zu uns selbst, lassen uns ganz auf den Wald mit seinen vielen Facetten ein. Nach einem kurzen Abstieg leitet uns rechts eine Pfadspur wieder aufwärts in eine dichte Fichtenschonung. Die frische Morgenluft weckt unsere Sinne. Wir atmen

Flammlachs vom Brett oder Schweizer Raclette – für Gruppen ab sechs Personen hält die ***Wisent-Hütte*** *besondere Arrangements bereit. Daneben gibt es ein jahreszeitlich wechselndes Programm vom Neujahrsbrunch bis zum Weihnachtsbuffet.*

den mild-harzigen Duft ein, während die hellgrünen Nadelspitzen über unsere Haut streifen. Am Ende des Steigs gehen wir kurzzeitig am Zaun der Wisent-Wildnis entlang und dann über einen Forstweg rechts aufwärts bis zum großen Parkplatz. Diesen überqueren wir nach links und folgen dem mit Holzhackschnitzeln ausgelegten Weg zur 2 **Wisent-Hütte,** die sich am Eingang zum Erlebnispfad befindet.

Für die Seele
Alpine Momente, majestätische Wisente, Einkehr in Café und Berghütte – Herz, was willst du mehr?

Abenteuer oder Pause? Pause oder Abenteuer? Die Reihenfolge können wir beliebig variieren, denn beides hat seine Vorzüge. Wir empfehlen auf jeden Fall die Einkehr – ob in der Hütte mit ihrer einzigartigen Atmosphäre oder auf der Sonnenterrasse. Eine Stärkung kann nicht schaden, bevor wir uns auf die spannende Entdeckungsreise begeben. Nach einem Stopp am Kassenhäuschen folgen wir dem naturbelassenen Pfad, der uns auf einen Rundkurs mit Bachlauf, Anstiegen, Trittstufen und freiem Feld zu den Wisenten

Wisent-Hütte

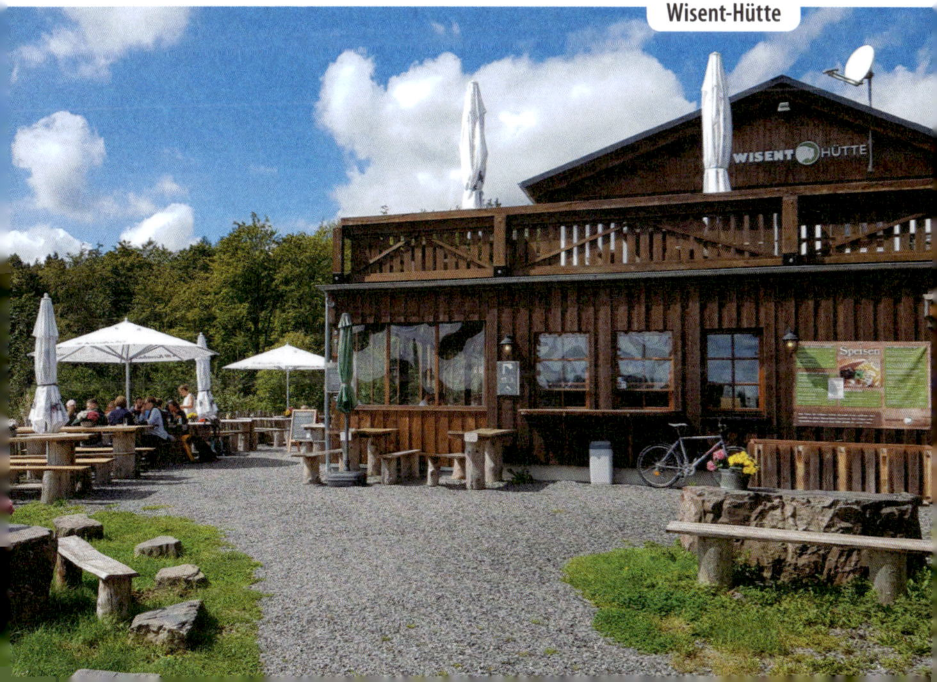

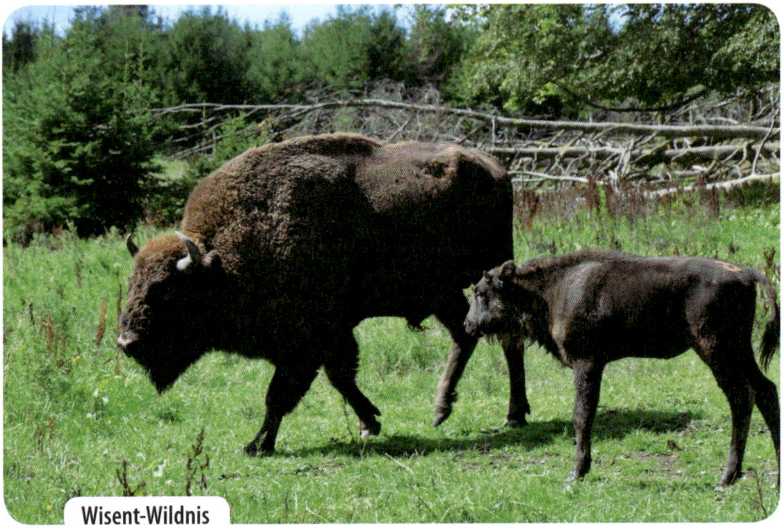

Wisent-Wildnis

Für die Runde durch die ***Wisent-Wildnis*** *(3 Kilometer/ca. 2 Stunden zusätzlich) ist Trittsicherheit erforderlich. Am Eingang stehen Wanderstöcke, Kindertragen und Ferngläser zum Ausleihen bereit. Informative und spannende Führungen werden auch auf Englisch und Niederländisch angeboten.*

bringt. Allerdings brauchen wir Zeit und Geduld, denn nur, wer sich auf die entschleunigte Welt in der ③ **Wisent-Wildnis** einlässt, hat gute Chancen, die Tiere zu entdecken. Oft suchen sie Schutz im Dickicht der Fichten und sind für uns unsichtbar. Oder sie liegen im freien Feld so weit von uns entfernt, dass wir sie mit bloßem Auge kaum erkennen können. Doch diesmal haben wir Glück: Wir passieren einen kurzen Tunnel, steigen über Stock und Stein aufwärts und hören schon bald das Schnauben der Wisente. Ganz nah am Zaun grast die Herde und zupft frische schmackhafte Kräuter von den bergigen Wiesenhängen der Wildnis.

Hinter der Wisent-Hütte bleiben wir auf der **Rothaarsteigspur (liegendes R),** die als schmaler Wiesenpfad zu Füßen schlanker, hoher Buchenstämme bis zum Parkplatz Mondscheinbank verläuft. Wir nehmen den vor der kleinen Schutzhütte links abbiegenden waldreichen und leicht kurvigen Weg, der mit **X10 und J4** markiert ist, bis wir ins ④ **Guttmannssaatbachtal** hinabschauen können. Das kleine Flüsschen mit dem zungenbrecherischen Namen wird gespeist von der

Sombornquelle, die am Härdler, dem höchsten Berg im Kreis Olpe, entspringt. Sein Ufer ist unser nächstes Ziel. Deshalb biegen wir mit den gelben Zeichen des **Rothaarsteigzugangsweges (R)** links hinab, um kurz darauf erneut nach links zu gehen. Der mit sanft wogenden Gräsern und jungen Fichtensämlingen bewachsene Weg bringt uns idyllisch und allmählich an den Talboden.

Sobald wir diesen erreichen, halten wir uns links, um nach 10 Metern sofort rechts am Rand eines Weihers und des sich öffnenden Wiesentals entlangzuschlendern. Schon bald gesellt sich der munter plätschernde **Guttmannssaatbach** zu uns, der unter einer urigen alten Holzbrücke hindurchfließt und mit seinem sauerstoffreichen Wasser für ideale Bedingungen in mehreren Forellenteichen sorgt. Bei der Einmündung in den breiten **Casimirstaler Weg** folgen wir diesem nach links. Nach 450 Metern nehmen wir an der Gabelung am Wegweiser „Vorm Rohrbach" den rechten, asphaltierten Weg **(W6, Kreis, Dreieck),** der in eine Kurve übergeht. Hier erwartet uns ein üppig grüner

Guttmannssaatbachtal

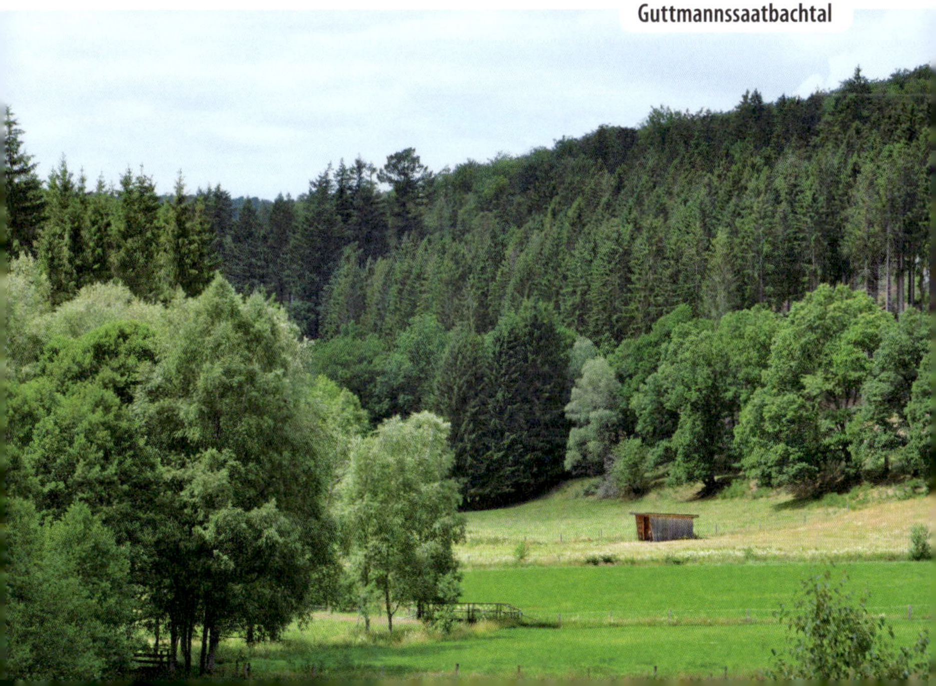

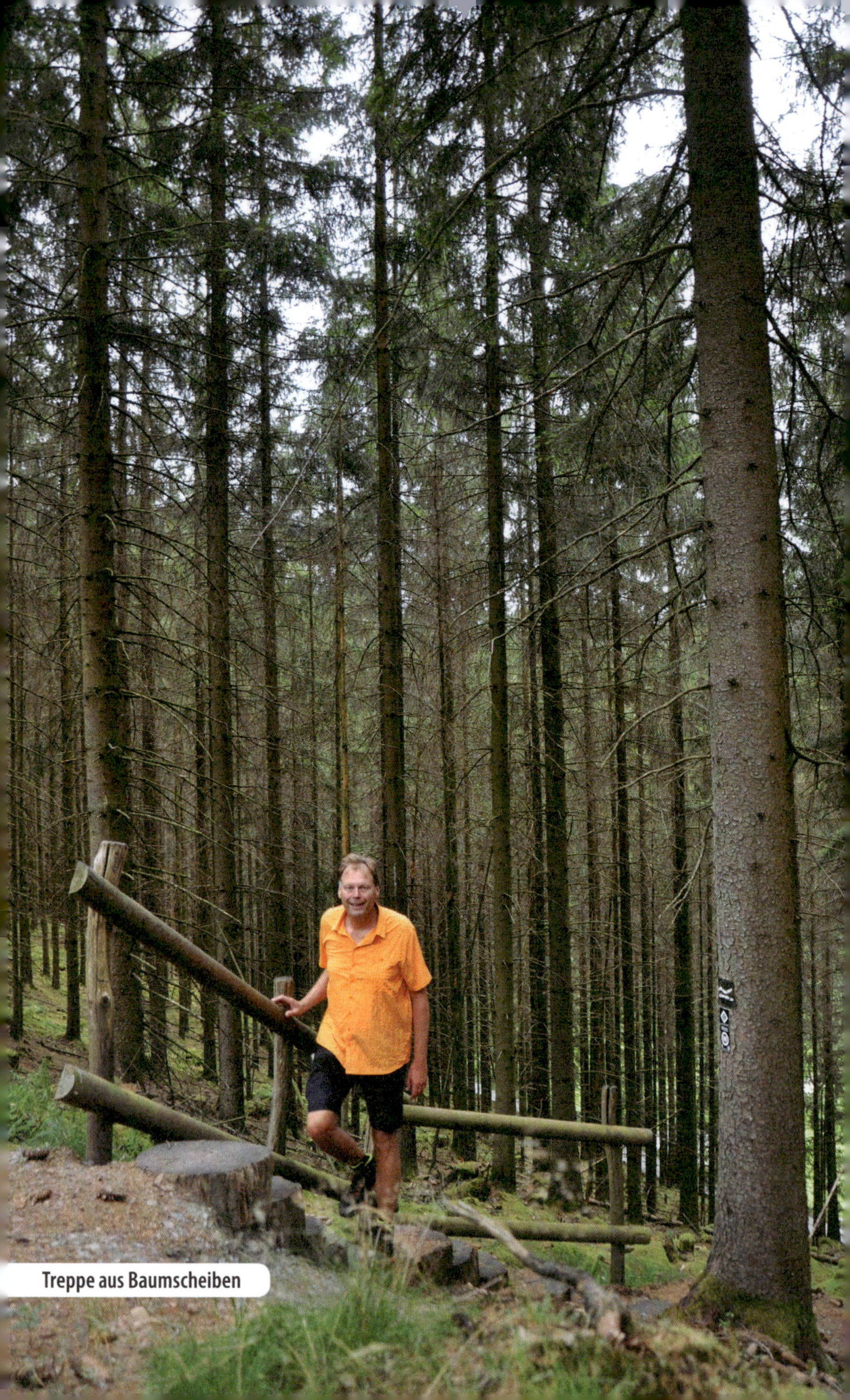

Treppe aus Baumscheiben

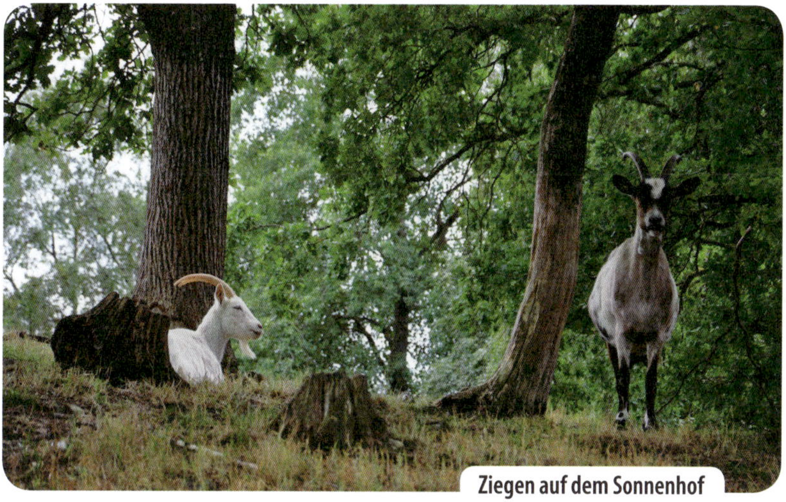

Ziegen auf dem Sonnenhof

Pflanzendschungel, der sich rund um den Rohrbach ausgebreitet hat.

Unmittelbar danach treffen wir wieder auf den Wisent-Pfad, der uns zum Sonnenhof zurückbringt. Linker Hand folgen wir den Markierungen für einen kurzen Moment auf bekannter Route aufwärts, bevor wir oberhalb des Stollens auf einem schmalen Wurzelweg weiterwandern. Am Ende des alpin anmutenden Abschnitts steigen wir über eine **5 Treppe aus Baumscheiben** empor und gehen anschließend auf dem romantischen Waldweg abwärts, bis uns die Wegzeichen **(R, Raute, W)** nach einer Kurve links über einen Steig aufwärtsführen. Kurze Zeit später stehen wir hoch über dem Westerbachtal und folgen dem aussichtsreichen Hangweg zum Ausgangspunkt. Meckernde Ziegen und gackernde Hühner kündigen das rege Hofleben schon weit im Voraus an.

Wir freuen uns auf eine Tasse Kaffee und ein Stück Jensen-Torte im einladend gestalteten **6 Café & Restaurant Sonnenhof.** Alles wird mit viel Liebe zubereitet, damit die kleine Auszeit vom Alltag Wirklichkeit wird. So sieht glückliches Landleben aus – Panoramablick

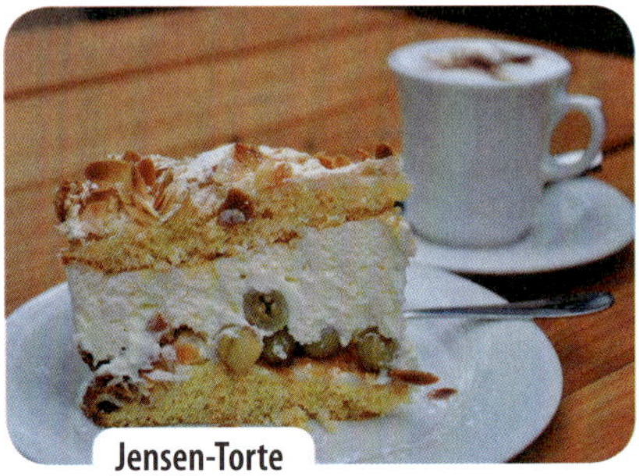

Jensen-Torte

inklusive! Wer die frischen regionalen Produkte zu Hause genießen möchte, schaut am besten im Hofladen vorbei. Während wir die Wanderung im Hofcafé ausklingen lassen, schweifen unsere Gedanken noch einmal zu den Wisenten. Es wäre bedauerlich, wenn sie wieder von der Bildfläche verschwinden würden. Vielleicht hält das Buch von Eva Lindström eine tiefere Erkenntnis bereit, denn Freundschaft und Solidarität stehen in ihrer Erzählung hoch im Kurs, um auch in schwierigen Zeiten selbstbewusst, aber würdevoll miteinander umzugehen.

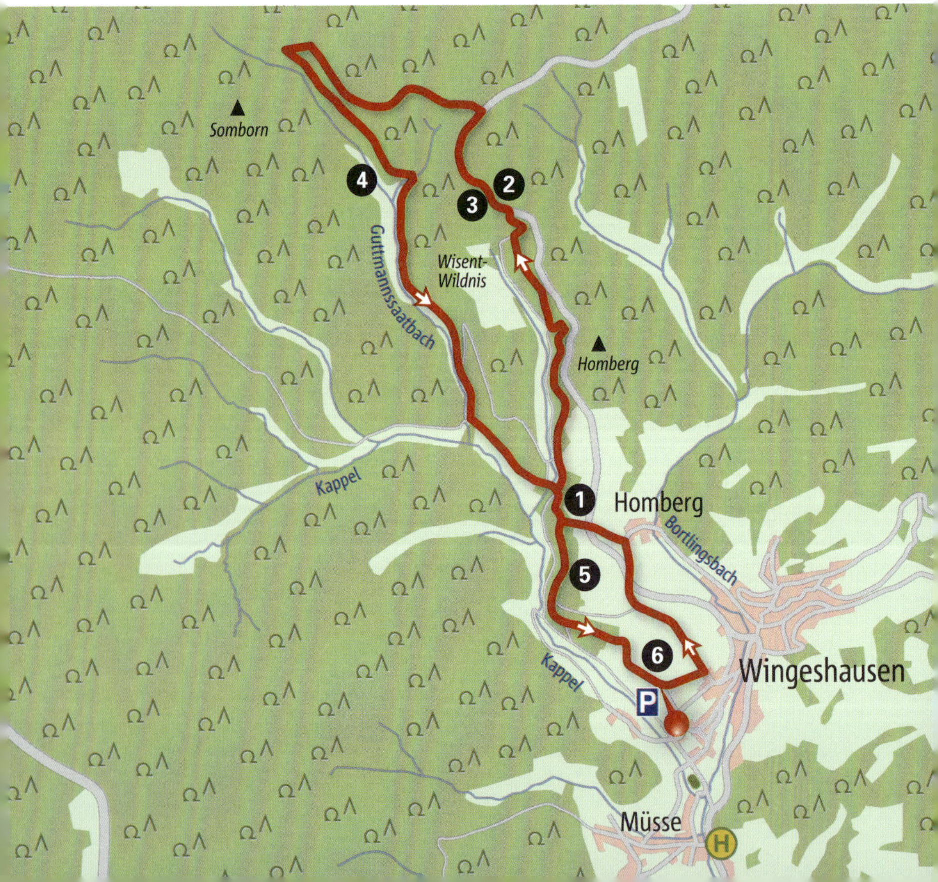

ALLES AUF EINEN BLICK

Entspannung 4/5
Abenteuer 5/5
Vielfalt 4/5

WIE & WANN

Schöne Waldwege und verwunschene Naturpfade wechseln sich ab. Kurzzeitig breite bzw. asphaltierte Abschnitte im Casimirstal bzw. oberhalb von Wingeshausen. Beste Jahreszeit zwischen April und Oktober. Auch bei Schnee reizvoll, wenn sich die Landschaft in ein Wintermärchen verwandelt.

HIN & WEG

Auto: Parkplatz Sonnenhof, An der Bracht 50, 57319 Bad Berleburg-Wingeshausen
ÖPNV: Haltestelle Kappler Mühle

ESSEN & ENTSPANNEN

2 **Wisent-Hütte,** Weidiger Weg 100, 57319 Bad Berleburg-Wingeshausen, Tel. (0 27 59) 9 46 98 60, www.wisenthuette.de

6 **Café & Restaurant Sonnenhof,** An der Bracht 50, 57319 Bad Berleburg-Wingeshausen, Tel. (01 70) 7 72 81 99, www.sonnenhof-cafe.de

ENTDECKEN & ERLEBEN

1 **Wisent-Pfad**

3 **Wisent-Wildnis,** WisentWildnis Wittgenstein gGmbH, Weidiger Weg 100, 57319 Bad Berleburg-Wingeshausen, Tel. (0 27 59) 2 67 99 80

4 **Guttmannssaatbachtal**

5 **Treppe aus Baumscheiben**

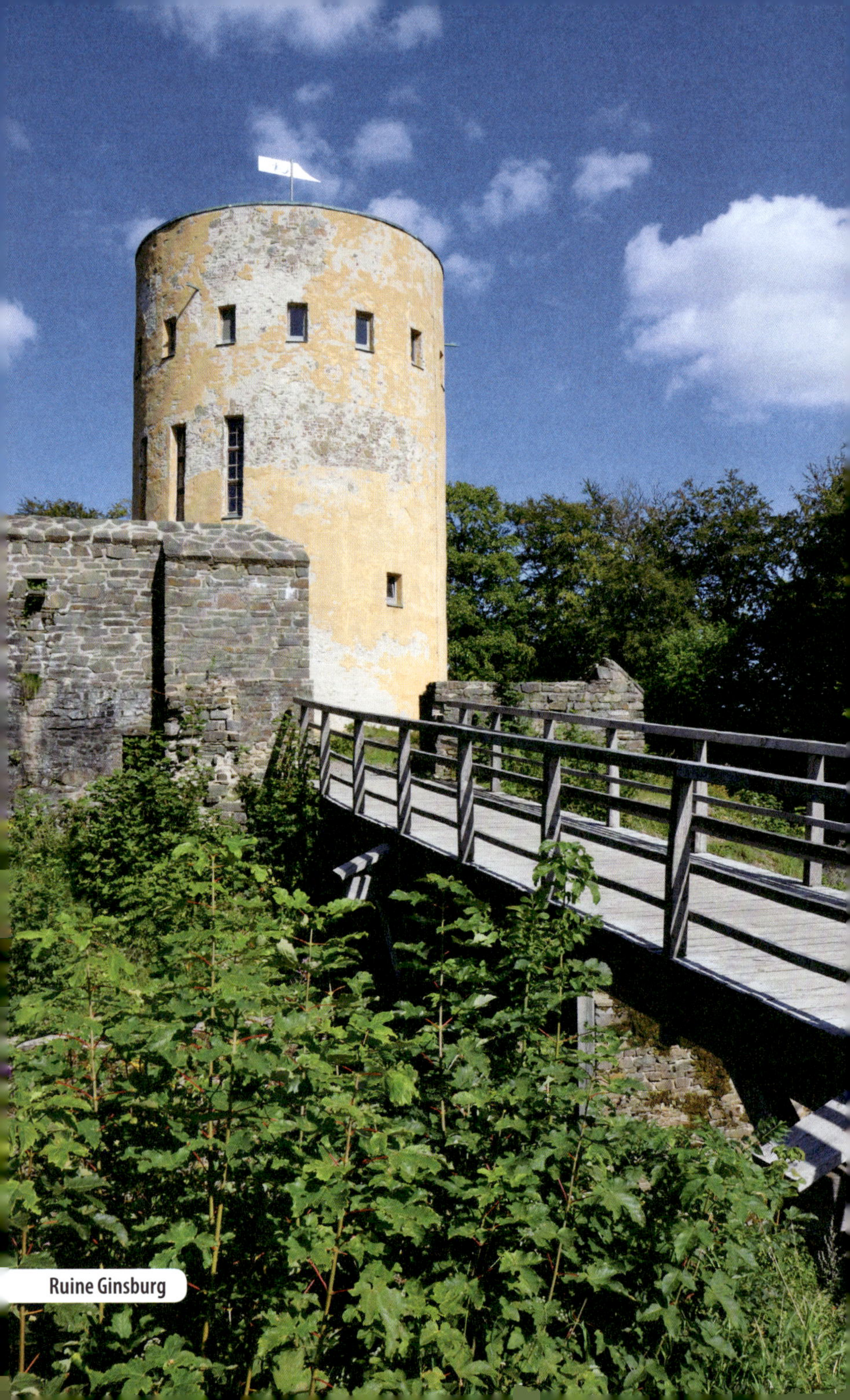

Ruine Ginsburg

Welt von oben

Zwischen Giller und Ginsburg

Die Ginsberger Heide ist ein Wanderhöhepunkt im Siegerland. Im wahrsten Sinne des Wortes ist das Gebiet zwischen Giller und Ginsburg ein höchster Punkt, denn es liegt auf dem Rothaarkamm, genauer gesagt auf der Wasserscheide zwischen Rhein und Weser. Hochmoorambiente, Aussichtsturm und Burgflair locken Geschichtsinteressierte ebenso wie Naturbegeisterte an. Und damit nicht genug: Immer an Pfingsten schlägt das Musik- und Theaterfestival KulturPur seine Zelte auf. Über 50.000 Menschen strömen jährlich zum Event des Kulturbüros des Kreises Siegen-Wittgenstein. Der oft trubelige Besuchermagnet bietet aber auch Augenblicke der Stille.

Wir starten unsere Tour der Gegensätze am Jugendwaldheim Gillerberg und folgen der Straße **Hof Ginsberg** am Sportplatz und am **Hotel-Restaurant Ginsberger Heide** vorbei, bis wir nach 350 Metern auf den **Rothaarsteig (R)** treffen. Auf dem asphaltierten Sträßchen wandern wir geradeaus am **❶ Backes,** einem traditionellen Siegerländer Backhaus, vorbei. Er liegt idyllisch an einem kleinen Teich. Kurz darauf bewundern wir das stattliche Forsthaus, das im Fachwerkstil errichtet ist, und erreichen dann die **❷ Rangerstation mit dem Naturerlebniskarussell.** Um uns auf die Natur einzustimmen, gibt es viele Mitmachaktionen wie eine Duftstation, ein Tierspurenquiz oder das Nistkastenratespiel. Außerdem können wir den Barfußpfad bewältigen oder auf einer hölzernen Schaukel im Rothaarbank-Design hin- und herschwingen.

*Früher diente der **Backes** als gemeinschaftlicher Backofen, der mit Reisig und Holz befeuert wurde. Nachdem die Glut entfernt war, wurden die Brotlaibe hineingeschoben. Noch heute veranstalten viele Dörfer im Siegerland Backes-Tage.*

Kilometer: 11
Höhenmeter: 320
Stunden: 4
RUNDWEG

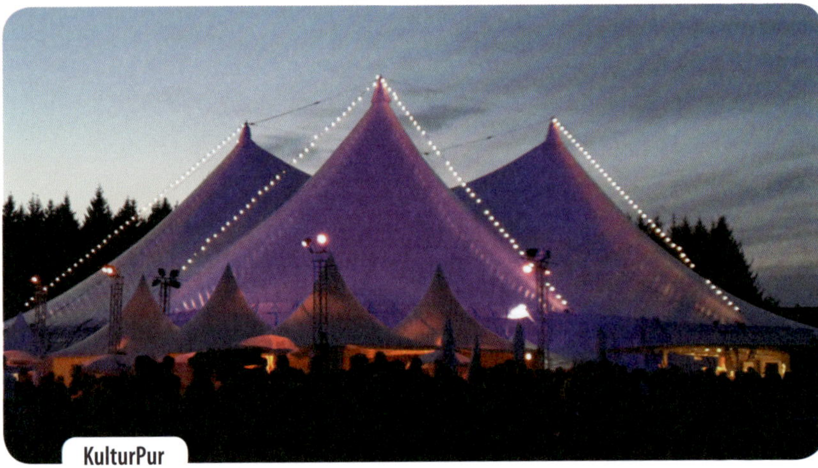

KulturPur

__KulturPur__ bietet ein Programm für die ganze Familie: Tagsüber wird das Publikum vor allem von Tanz- und Akrobatikgruppen verzaubert, abends begeistern internationale Musikstars mit ihren Auftritten in der spektakulär beleuchteten Zelttheaterkulisse.

Nach dieser spielerischen Auszeit halten wir uns mit **A3/A6 und Rechteck** auf dem Höhenweg, der an einer Sitzgruppe und einer Hütte vorbeiführt, geradeaus. Nach 350 Metern leiten uns die Zeichen links auf einen grasbewachsenen Pfad, der durch offenes Gelände bis zu einem Forstweg bergab führt, den wir leicht versetzt überqueren, um weiter talwärts zu wandern. 100 Meter später bleiben wir rechts und kommen hinab an den Wehbach. Sobald wir einen kleinen Weiher passiert haben, nehmen wir an der folgenden Kreuzung den rechten Weg in Richtung Altenteich **(A3/Rechteck).** Dieser verläuft am Saum des malerischen **3 Wehbachtals,** das zum Naturschutzgebiet Rothaarkamm und Wiesentäler zählt.

Durch die von Weidenbüschen geprägte Aue plätschert der kleine Mittelgebirgsbach in unzähligen Schleifen seinem Ziel, der Mündung in die nahe Eder, entgegen. Wir folgen ihm ganz gemächlich auf seiner Reise, denn wir nehmen uns Zeit, aufmerksam zu lauschen und zu schauen: wie die Vögel zwitschern und ob vielleicht ein Specht hämmert, wie farbenfroh die Blätter an den Bäumen oder die Blüten am Wegrand sind, wie unvergleichlich ein Bach dahinfließen kann – gurgelnd, glucksend oder gluckernd. Wir staunen immer wieder aufs Neue über die Schönheiten der Natur und genießen in diesem wildromantischen Talkessel stille Momente.

Nach 1,7 Kilometern mündet der Talweg in ein Forststräßchen. Auf der gegenüberliegenden Seite versteckt sich zwischen den Bäumen eine Hütte am Ufer eines Fischteichs. Bevor wir unsere Wanderung talaus fortsetzen, machen wir einen kleinen Abstecher zu einem idyllischen Pausenplatz. Dazu überqueren wir den breiten Weg und folgen der Markierung **A3** schräg links auf unscheinbarem Pfad zu einem Holzsteg, der über den **Wehbach** führt. Die Sonnenstrahlen durchbrechen die Baumkronen und tauchen dieses verwunschene Fleckchen Erde in ein besonderes Licht. Moos und Farn überwuchern Steine und den Waldboden. Ein wahrer Naturglücksort für uns! Wir lösen den Blick vom glitzernden Bachlauf

Für die Seele

Eine pulsierende und gleichzeitig stille Reise auf den vielfältigen Spuren von Geschichte, Kultur und Natur.

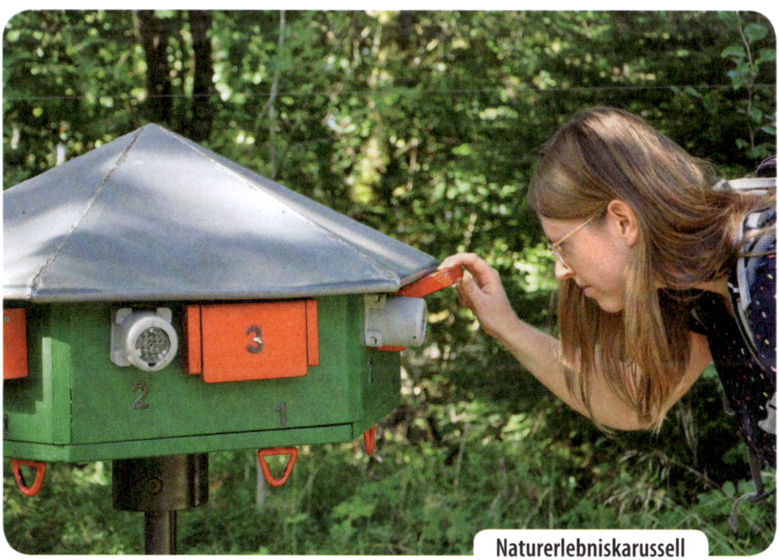

Naturerlebniskarussell

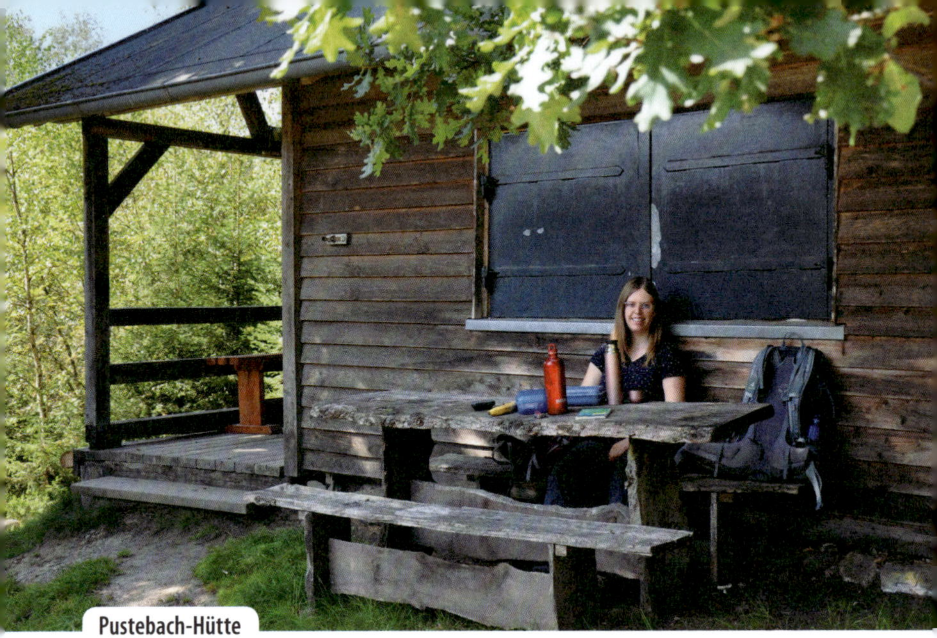

Pustebach-Hütte

Wer den perfekten ***Weihnachtsbaum*** *erblickt, muss unbedingt im Dezember wiederkommen. Familie Münker bietet im Advent eine Selbstschlage-Aktion an. Das Motto: selbst aussuchen und fällen. Ein Erlebnis für die ganze Familie. Mit Glühwein- und Punschverkauf.*

und lassen uns von der Spur immer geradeaus, zuletzt kurz steil aufwärts, zur 4 **Pustebach-Hütte** leiten. An der Tischgruppe nehmen wir Platz, öffnen unseren Rucksack und packen eine Brotzeit aus.

Über die Brücke gehen wir wieder zurück bis zum Forstweg, setzen die Wanderung linker Hand in Richtung Altenteich für 600 Meter fort **(Rechteck)** und erreichen eine Verzweigung, an der Schilder auf die im Winter gespurten Skilanglaufloipen hinweisen. Wir wählen den in einem 90-Grad-Winkel rechts aufwärtsführenden geschotterten Weg, der zunächst eine Linkskurve und dann eine scharfe Rechtskurve nimmt. Kurze Zwischenanstiege und ebene Passagen wechseln sich nun auf dem vor uns liegenden Höhenrücken, auf dem wir für 2 Kilometer immer geradeaus unterwegs sind, ab. Es öffnen sich Rückblicke ins Edertal und Aussichten zum Rothaarkamm mit dem Sender Ederturm auf der Obersten Henn. Sobald wir auf das Wanderzeichen **A7** treffen, verlassen wir den breiten Weg und folgen der Markierung schräg links. Kurz darauf erreichen wir Weihnachtsbaum-Plantagen, an denen wir auf den **Rothaarsteig (R)**, der uns bis zum Ende der Wanderung begleiten wird, kommen.

An den Hängen des 653 Meter hohen Pfaffenhains führt der Weg hinunter an den Lift des Skivereins Lützel. Von der in Umbau befindlichen Liftschänke und Bergstation aus genießen wir die wunderbare **5 Aussicht auf die Ginsberger Heide.** Das Naturschutzgebiet wirkt von hier oben wie ein Miniatur-Wunderland: Auf einer teilweise vermoorten Hochfläche haben sich Heidekraut und Wollgras ausgebreitet. Die Quellbäche werden flankiert von Weidenbüschen und Hochstaudenfluren. Stellenweise gibt es auch Moorwald aus Karpatenbirken. Borstgrasrasen und Magerrasen wachsen in den trockeneren Randbereichen des Grünlandes. Nicht nur wir erfreuen uns an der malerischen Kulisse, auch Rotmilan, Schwarzspecht oder Schwarzstorch fühlen sich wohl und gehen auf Nahrungssuche.

Wir überqueren die **Gillerbergstraße,** passieren den Wanderparkplatz und schreiten durch das Wanderportal Rothaarsteig. Schon bald darauf stehen wir am 15 Meter hohen **6 Gillerbergturm,** der bereits 1892 errichtet worden ist. Aber keine Sorge, eine Restaurierung

Ginsberger Heide

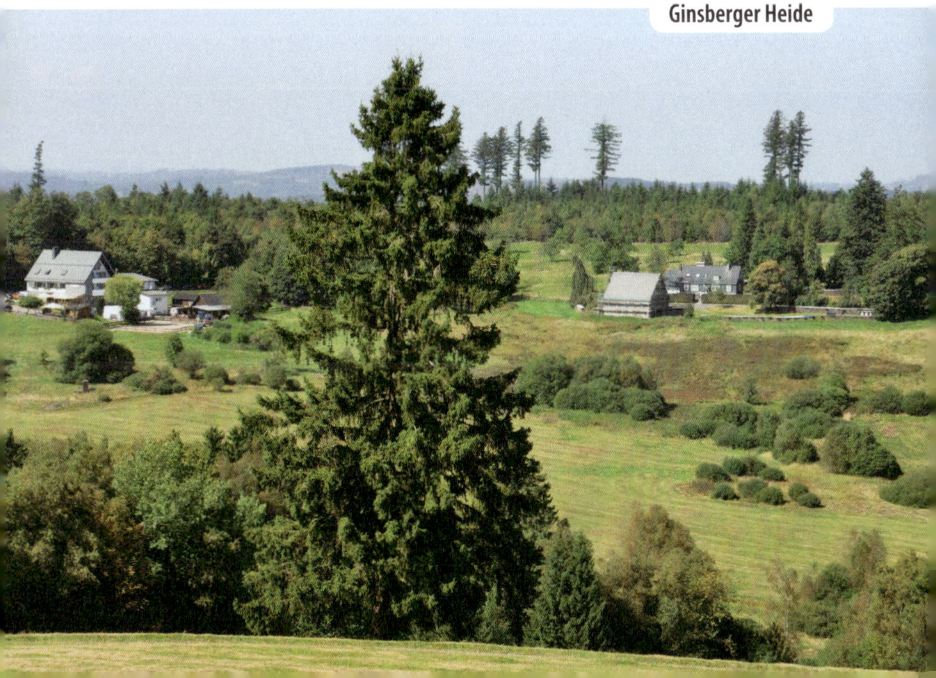

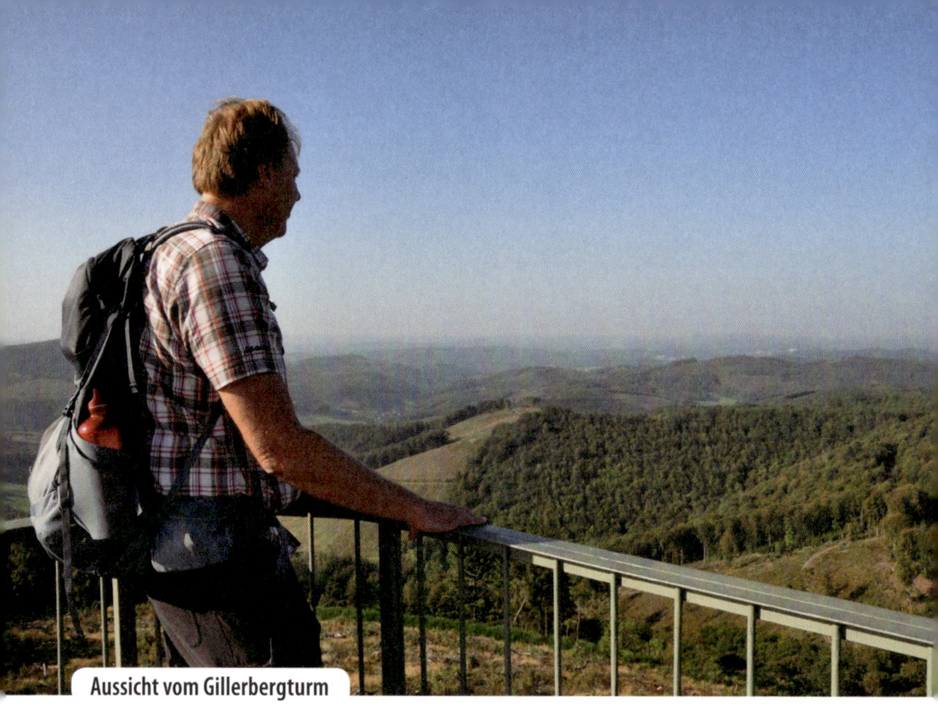

Aussicht vom Gillerbergturm

im Jahr 2014 macht das Vergnügen für Schwindelfreie sicher. Wer den Aufstieg auf die Stahlkonstruktion wagt, wird mit grandioser Rundumsicht belohnt. Eine Tafel hilft uns beim Einordnen naher und ferner Ziele. Unter uns rattert die Rothaarbahn. Sie hat den Charakter einer Gebirgsbahn, die zwischen den Hilchenbacher Ortsteilen Vormwald und Lützel auf einer Streckenlänge von 10 Kilometern mithilfe von großen Kurven und drei Tunneln einen Höhenunterschied von 180 Metern überwindet. Noch deutlicher dringt ihr Tuten zu uns hinauf. Kein Wunder, passiert der Zug doch zahlreiche unbeschrankte Bahnübergänge.

Wir gehen einige Schritte auf dem Weg zurück und halten uns dann sofort links bergab. Nach 20 Metern dürfen wir den Abzweig des Rothaarsteigs auf einen wurzelreichen und steinigen Pfad nach rechts nicht verpassen. Dieser führt uns zur Straße, der wir kurz folgen, um sie vor der Rechtskurve auf dem geradeaus abwärtsführenden **Schlossbergweg (R, A1, X)** wieder zu verlassen. Wir kommen zur **7 Köhlerhütte,** die frei zugänglich ist und ohne Voranmeldung als Grillplatz genutzt werden kann, und erreichen schon bald eine Verzweigung, an der wir den linken, breiten Weg hinauf zur 8 **Ruine Ginsburg** wählen. 1255 wurde sie unter dem Namen „novum castrum" erstmals urkundlich erwähnt. Im Jahr 1568 plante Wilhelm I. von Oranien-Nassau hier einen Feldzug gegen die Spanier zur Befreiung der Niederlande. Heute ist das gelbe Bauwerk, das seinerzeit in eine nach wie vor sichtbare Wallanlage keltischen Ursprungs hineingebaut wurde, ein Ort der Lebensfreude – ob turmeigenes Trauzimmer, außerschulischer Unterrichtsraum oder atemberaubende Aussichtsplattform. Also nichts wie rüber über die Holzbrücke und rein ins ritterliche Abenteuer! Unzählige Stufen führen auf die Spitze des Burgturms. Tief unter uns liegt Hilchenbach, gegenüber entdecken wir einen Teil der Breitenbachtalsperre. Unser Blick schweift über das Südsauerländer, Siegerländer und Westfälische Bergland. Bei klarem Wetter reicht die Sicht bis ins Siebengebirge und zur 103 Kilometer entfernten Hohen Acht in der Eifel. Abschließend belohnen wir uns in der 9 **Ginsburgschänke** mit einer herzhaften

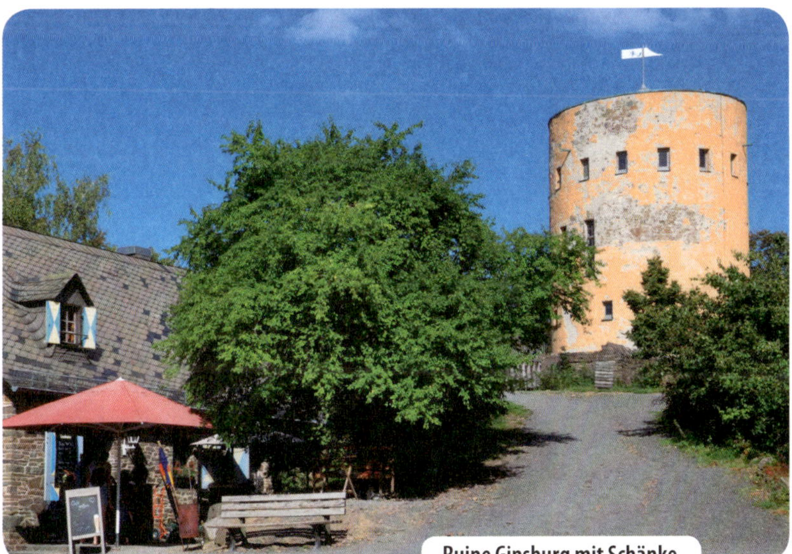

Ruine Ginsburg mit Schänke

oder süßen Spezialität – entweder im historisch-rustikalen Ambiente oder im gastlichen Biergarten.

Auf bekannter Strecke wandern wir zurück bis zur Gabelung, an der wir den zweiten links abbiegenden Weg nehmen. Er führt aufwärts in einen natürlichen Wildniswald. Das Totholz abgestorbener Äste und Stämme ist eine wichtige Lebensgrundlage für Insekten und Pilze, die an die Alters- und Zerfallsphasen von Bäumen gebunden sind. Für 500 Meter wandern wir durch diesen Urwald, um dann rechts abzubiegen. Der kurze steile Anstieg bringt uns auf den Teerweg zum Backes. Wir halten uns rechts und kommen am **10 Hotel Restaurant Ginsberger Heide** mit hervorragender regionaler Küche vorbei zurück zum Parkplatz.

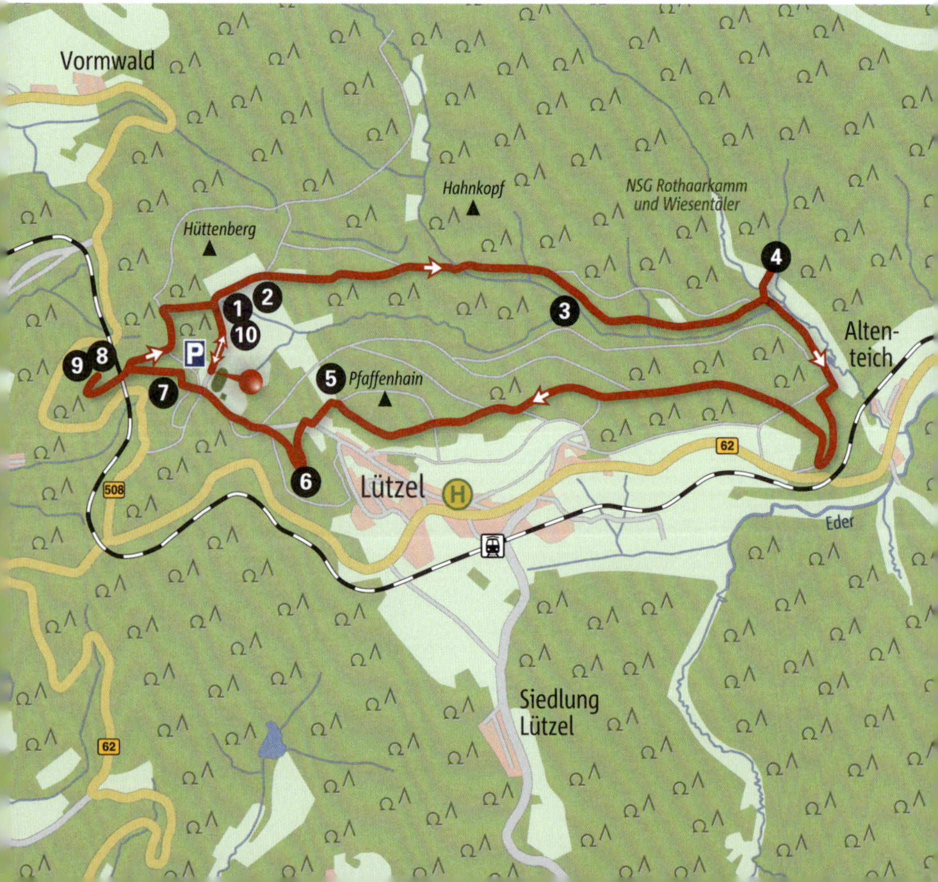

ALLES AUF EINEN BLICK

Entspannung ●●●●○
Abenteuer ●●●●●
Vielfalt ●●●●○

WIE & WANN

Wald- und Forstwege, gelegentlich schmale Naturpfade. Beste Jahreszeit zwischen April und Oktober. Im Winter bei Betrieb der Skilanglaufloipe nicht möglich.

HIN & WEG

Auto: Parkplatz Jugendwaldheim/Sportplatz, Hof Ginsberg 3, 57271 Hilchenbach-Lützel
ÖPNV: Haltestelle Lützel Oberdorf oder Bahnhaltestelle Lützel

ESSEN & ENTSPANNEN

9 **Ginsburgschänke,** Schlossberg 1, 57271 Hilchenbach-Lützel, Tel. (0 27 33) 2 86 51 88

10 **Hotel Restaurant Ginsberger Heide,** Hof Ginsberg 2, 57271 Hilchenbach-Lützel, Tel. (0 27 33) 32 24, www.hotel-ginsberger-heide.de

ENTDECKEN & ERLEBEN

1 **Siegerländer Backes**
2 **Rangerstation/Naturerlebniskarussell**
3 **Wehbachtal**
4 **Pustebach-Hütte**
5 **Aussichtspunkt Ginsberger Heide**
6 **Gillerbergturm**
7 **Köhlerhütte**
8 **Ruine Ginsburg**

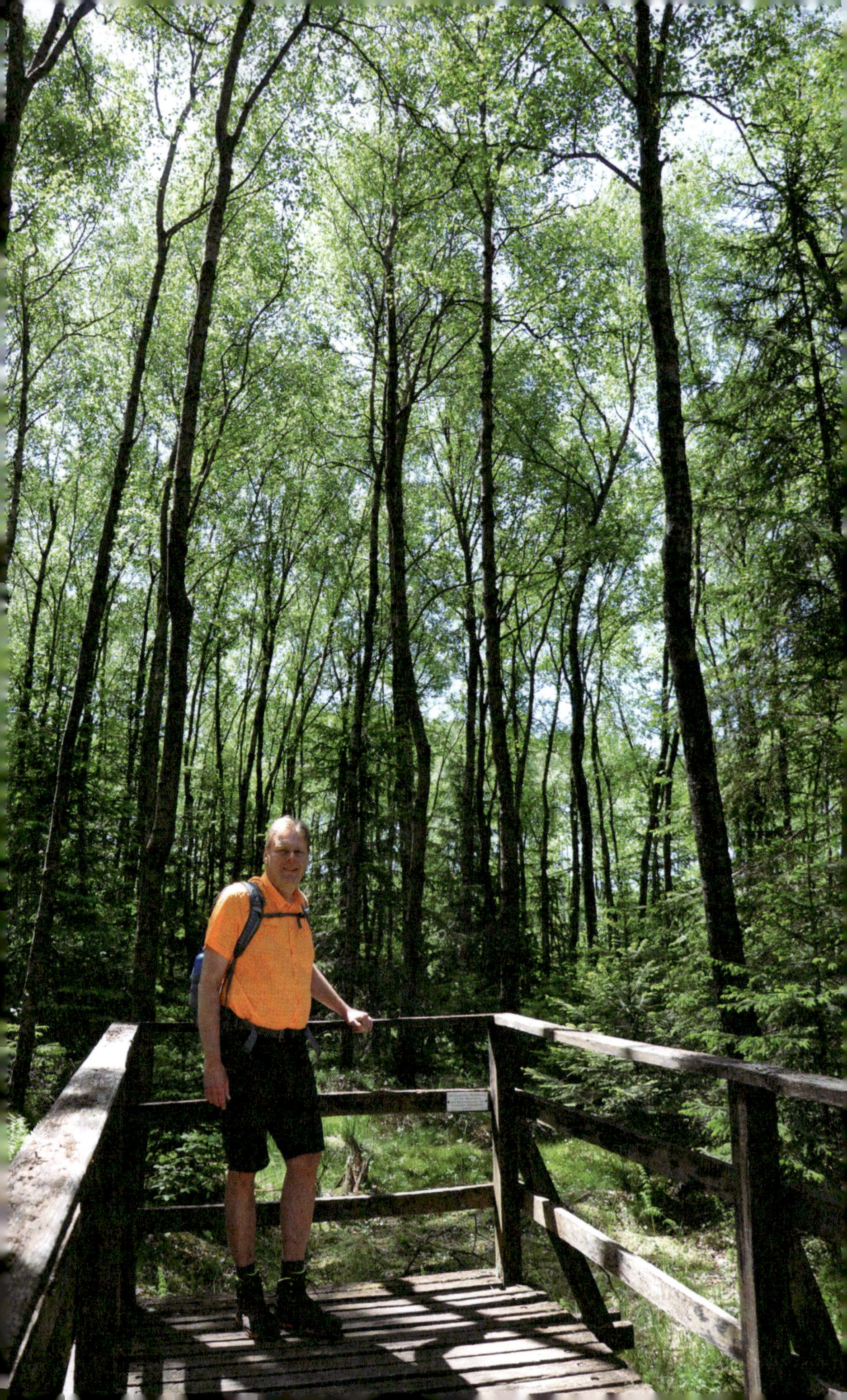

Idyllische Waldtankstelle

Von Benfe zur Ederquelle

Das **Naturschutzgebiet Rothaarkamm und Wiesentäler** vereint zwei Elemente, die prägend sind für die Landschaft in Siegen-Wittgenstein: Wälder und Wiesen. Im südöstlichen Zipfel des 280 Hektar großen Landschaftsparks kommen wir ihnen so nahe wie an kaum einer anderen Stelle. Im Wald tanken wir unseren persönlichen Akku wieder auf und beim Streifzug durch die Wiesen finden wir zu uns selbst.

Wir starten die Wanderung am Parkplatz an der L 720. Auf dem nach rechts, an der gelb-blauen Schranke vorbeiführenden Weg **(A3)** überqueren wir das Flüsschen **Benfe** und erreichen einen winzigen Steinbruch mit Schutzhütte. Eine Tafel informiert ausführlich über die Moorwiesen im Benfetal. Schnell wird klar, dass uns gleich ein großartiges Naturkino geboten wird. Wir halten uns rechts und wählen nach 20 Metern an der Gabelung den rechten Weg. Wir sind unterwegs auf der Route **Wanderhöhepunkte rechts und links des Rothaarsteigs,** erkennbar an der geschwungenen Linie im Kreis, und zusätzlich geben uns die Zeichen **A1+A3, L, Raute 2** Orientierung. Zwischen den Fichten blitzt die Benfe auf und wir beobachten, wie sie erst fast geräuschlos, kurze Zeit später intensiv rauschend auf ihrem Weg zur Eder an uns vorbeifließt.

Echtes Mädesüß, Sumpfvergissmeinnicht, Breitblättriges Knabenkraut, Sumpf-Blutauge und Sumpfveilchen sorgen für Vielfalt im ***Benfetal****, das attraktiver Lebensraum des Wiesenpiepers ist. Flatterbinse, Waldsimse und Seggen-Arten runden die Gräserflora ab.*

Kilometer: 8,4
Höhenmeter: 158
Stunden: 3
RUNDWEG

Wir gelangen an ein großes Holztor, das uns den Eintritt in eine andere Welt gewährt: Kinovorhang auf, Naturschauspiel an. Nur wenige Augenblicke trennen uns noch vom Picknickplatz Im Grund, an dem sich wie auf

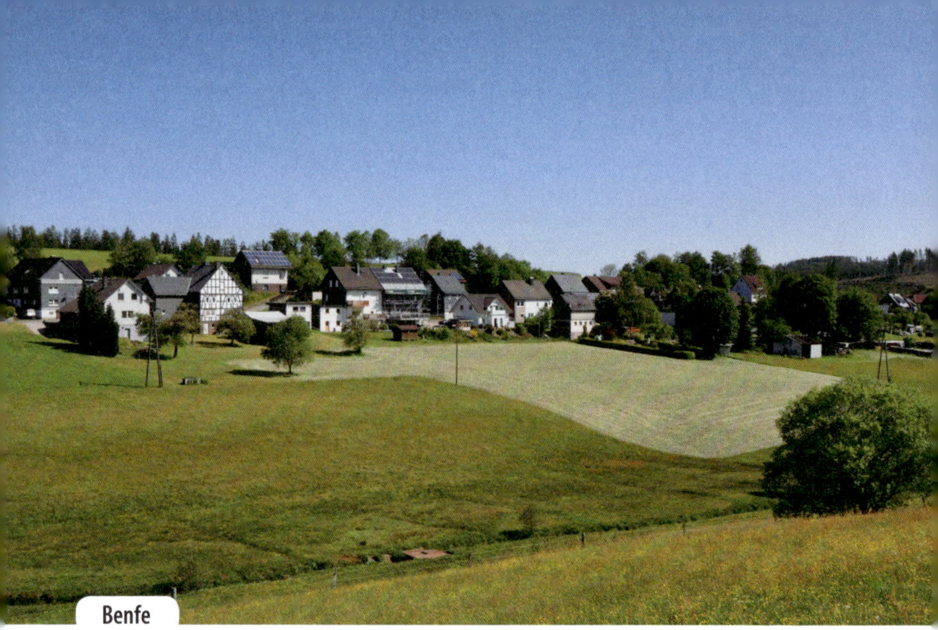

Benfe

einer riesigen Bühne das **1 Benfetal** als malerisches Paradies vor uns öffnet. Als Grundton dominiert kräftiges Grün, dazwischen leuchten gelbe, weiße und rosa Tupfen auf. Die rostroten Spitzen des Pfeifengrases verleihen der Szenerie, die wie eine überdimensionale Farbpalette wirkt, einen besonderen Schimmer. Es ist nicht nur die bunte Vielfalt, die uns fasziniert, sondern auch die Fülle an Blütenformen. Schmunzeln müssen wir über das Wollgras, das aussieht, als hätte jemand flauschige Watteböllchen an die Halme geklebt. Mit seinen länglichen, feingliedrigen rosa Blüten präsentiert sich der Schlangenknöterich von seiner ästhetischen Seite.

Bei dem Picknickplatz entdecken aufmerksame Wanderer in der Talmulde eine dünne Metallstange mit Wetterstation. Und das nicht ohne Grund: **2 Benfe,** das mit seinem unverwechselbaren Charakter als Straßendorf auf einem Hochplateau liegt, ist für seine eisigen Temperaturen in den Nächten bekannt. Selbst in Sommermonaten wurden schon minus 3,3 Grad Celsius gemessen.

Der Teerweg führt halb links durch die Wiesen bis zum Wegweiser „Oberhalb Benfebach", an dem

*Im Jahr 2020 war es in **Benfe** rund um die Eisheiligen mit -7,8 Grad Celsius sogar kälter als auf der Zugspitze. Anhand der Messergebnisse der letzten Jahre ist es offiziell: Benfe ist das kälteste Tal in Nordwestdeutschland!*

wir auf den **Rothaarsteig (R)** treffen. Der roten Markierung, die uns bis zur Ederquelle begleitet, folgen wir bergab zur **Dorfstraße.** Hier wenden wir uns am überdachten Picknickplatz vorbei nach links, um sofort schräg rechts in die Straße **Waldheim** abzubiegen. Hinter dem Haus Nr. 11, dem letzten auf der linken Straßenseite, hat Familie Idem im April 2023 den in eine Holzhütte integrierten ③ **Getränkekühlschrank** aufgestellt. Bepflanzte Blumenkästen, alte Wagenräder und ein Willkommensschild verströmen eine Wohlfühlatmosphäre. Nach den ersten kühlen Schlucken schnappen wir uns das ausliegende Wandertagebuch, um unsere Tour einzutragen und einen neugierigen Blick auf die Unternehmungen anderer Wanderfans zu werfen.

Für die Seele

Das Wechselspiel von Wiesen und Wäldern ist traumhaft schön und Wellness für unsere Seele.

Das Angebot im ***Getränkekühlschrank*** *besteht aus Radler, alkoholfreiem Bier, Cola, Fanta, Wasser und Apfelschorle. Feste Preise für die Getränke gibt es nicht. Für den erfrischenden Genuss legen wir gerne einige Geldmünzen in die Spendendose.*

Wir setzen unsere Wanderung bergwärts auf der **Kohlenstraße** fort. Eine Allee aus Haselnussbäumchen, Ahorn, Eichen und Buchen spendet beim Aufstieg angenehmen Schatten. An deren Ende könnten wir schon wieder schwach werden und eine Pause einlegen, denn

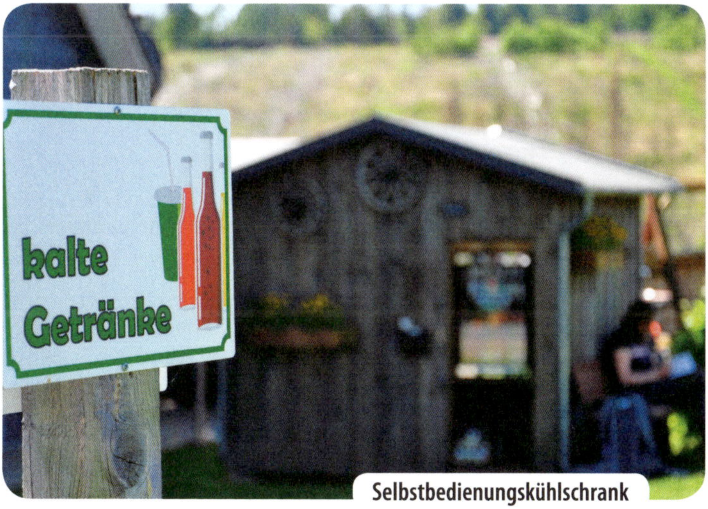

Selbstbedienungskühlschrank

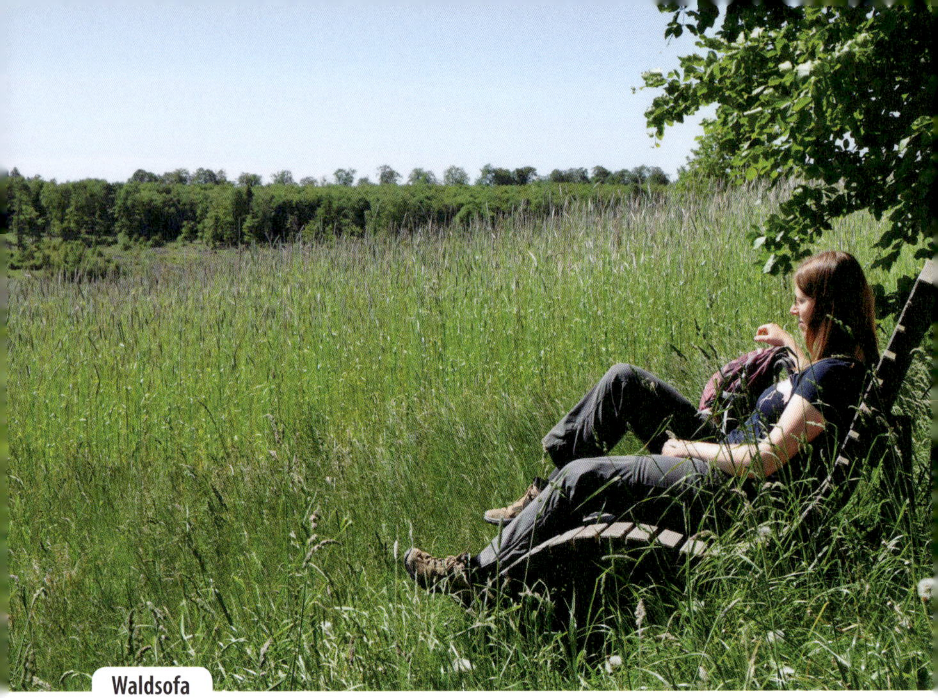

Waldsofa

*Auf der **Kohlenstraße** transportierten Pferde einst mit Holzkohle beladene Karren vom Wittgensteiner Land ins Siegerland. Bis zu 6000 Wagenladungen des Brennstoffs, der zum Befeuern der Wind- und Hochöfen nötig war, wurden jährlich hergestellt.*

ein einladendes ④ **Waldsofa** inmitten von sich sachte im Wind wiegenden Gräsern bietet einen herrlichen Ort zum Entspannen. Wir können einfach nicht widerstehen: einmal kurz Platz nehmen, Beine hochlegen, Aussicht genießen und weiter gehts.

Vorbei an einer Schutzhütte und einem Wildgatter wandern wir auf dem Forstweg hinein in einen Laubwald. Eine wunderbare Stille umgibt uns. Nichts ist zu hören außer dem tiefen Rauschen der Blätter in den hohen Baumkronen. Wir gehen immer geradeaus bis zum Rastplatz mit Wegweiser und Informationstafel zur Kohlenstraße, wo wir uns links halten. Nach 80 Metern biegen wir rechts auf den Pfad ein, der bis zur ⑤ **Ederquelle** und einer romantisch gelegenen Vesperinsel führt. Nach der Quelle müssen wir tatsächlich suchen, denn sie macht keineswegs mit Tosen auf sich aufmerksam, nein, sie ist ganz unscheinbar. Es handelt sich um eine Hangschuttquelle, bei der sich das Wasser seinen Weg durch Gesteinsschichten bahnen muss, bevor es austritt. Kaum zu glauben, dass dieses sumpfige Rinnsal ganze 140 Kilometer zurücklegt, um südlich von Kassel in die Fulda zu münden. Die Wanderzeichen leiten an einem quellnahen Niedermoor mit lichtem Birkenbruchwald, der in Nordrhein-Westfalen nur noch auf weniger als 1 Prozent der Landesfläche zu finden ist, vorbei. Die Bäume sind nicht sehr stabil und brechen daher leicht. Eine in den Wald hineinführende 6 **Holzplattform** ermöglicht es, diesem seltenen Naturschatz ganz nahezukommen. Rissige Birkenrinden, weiche Moosteppiche und hellgrüne Rippenfarne prägen die Landschaft rund um den Ursprung der Eder.

Von der Aussichtsplattform kommend setzen wir unsere Tour nach links fort. Die ansteigende Pfadspur trifft auf einen Weg, an dem wir den Rothaarsteig verlassen und rechts abbiegen. Kurze Zeit später gelangen wir wieder zum bekannten Rastplatz mit Wegweiser und halten uns scharf links auf den geradlinigen Forstweg **(Raute 2).** Vor uns liegt der 161 Meter hohe **Sendeturm Ederkopf** des WDR, der mit seiner markanten Haarnadelform auf dem Berg **Oberste Henn** thront. An der Kreuzung biegen wir in Höhe der Bank rechts ab. Der Weg führt an einer rot-grauen Schranke vorbei und wir betreten eine für den Rothaarkamm typische 7 **Fichtenwaldhochebene.** Hier oben heißt es stehen bleiben, Augen schließen und Lebensenergie auftanken: Wir atmen den aromatischen Duft der Nadelbäume ein, lassen den Wind

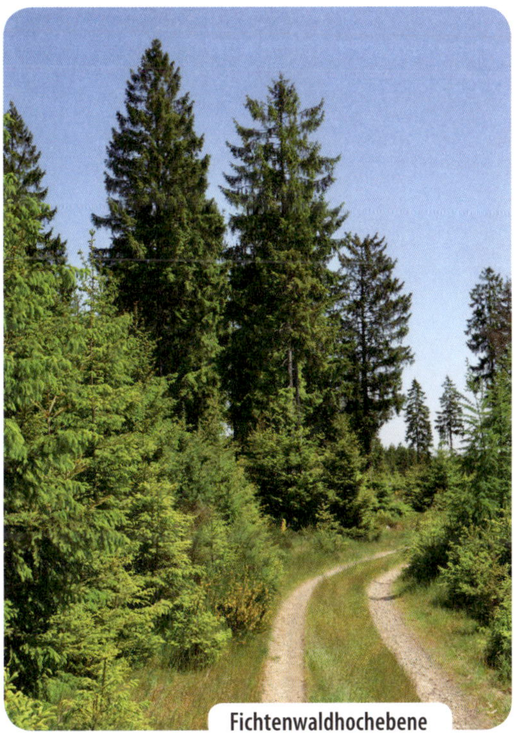

Fichtenwaldhochebene

durch unsere Haare wehen und genießen die Wärme der Sonne. An dieser Waldtankstelle können wir die Naturkräfte intensiv spüren und den Alltagsstress vergessen. Gestärkt passieren wir leuchtend gelb blühende Ginsterheiden, bis wir an der nächsten Abzweigung bei einer frei stehenden Eiche und einem Ansitz den rechten Weg wählen. Ihm folgen wir über die Höhe immer geradeaus bis zur Einmündung in einen Forstweg, auf dem wir für 80 Meter nach rechts gehen, um an der folgenden Kreuzung links abzubiegen. Der Weg **(A3)** führt uns hinunter ins Tal und vorbei an einem Fischteich zur **L 720.** Hier gehen wir geradeaus weiter, überqueren am Ende des Bürgersteigs die Straße und gelangen zurück zum Parkplatz.

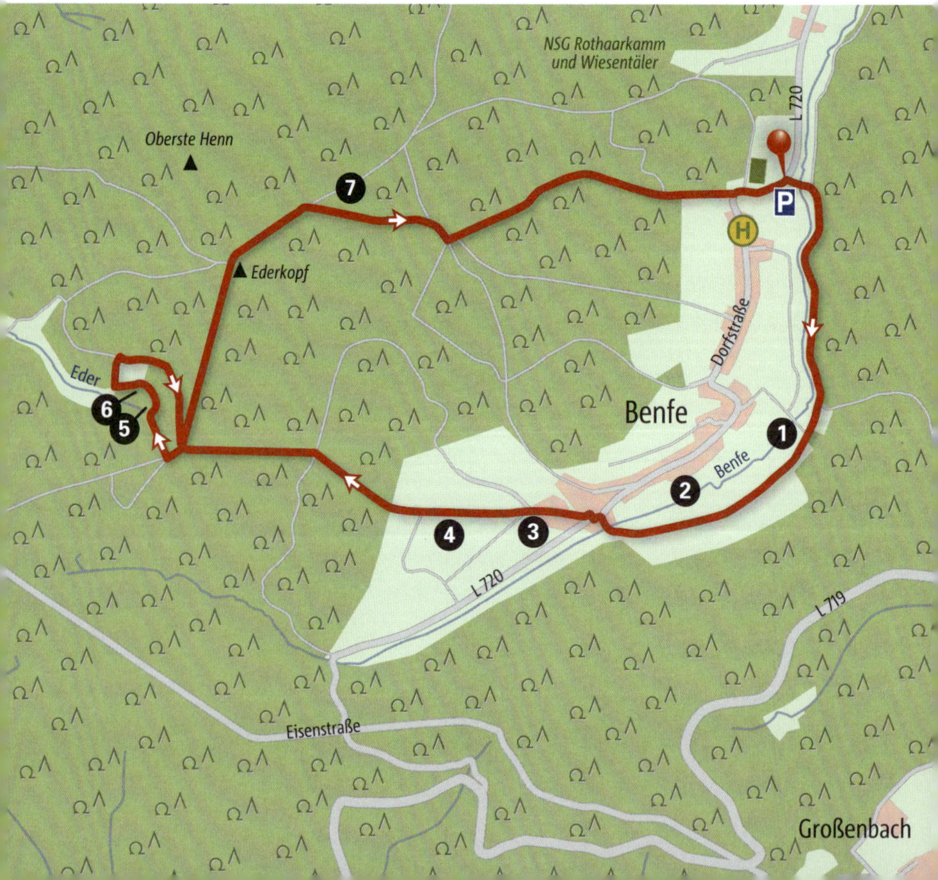

ALLES AUF EINEN BLICK

Entspannung

Abenteuer

Vielfalt

WIE & WANN

Wald- und Forstwege, verwunschene Pfade, asphaltierte Abschnitte im Bereich des Ortes Benfe. Empfehlenswert im Frühsommer, da dann die Wiesen mit Blumen übersät sind.

HIN & WEG

Auto: Parkplatz Dorfstraße/L 720, 57339 Erndtebrück-Benfe

ÖPNV: Haltestelle Benfe-Schützenhalle

ESSEN & ENTSPANNEN

3 **Getränkekühlschrank,** Waldheim 11, 57339 Erndtebrück-Benfe

ENTDECKEN & ERLEBEN

1 **Benfetal**

2 **Benfe**

4 **Waldsofa**

5 **Ederquelle**

6 **Holzplattform**

7 **Fichtenwaldhochebene**

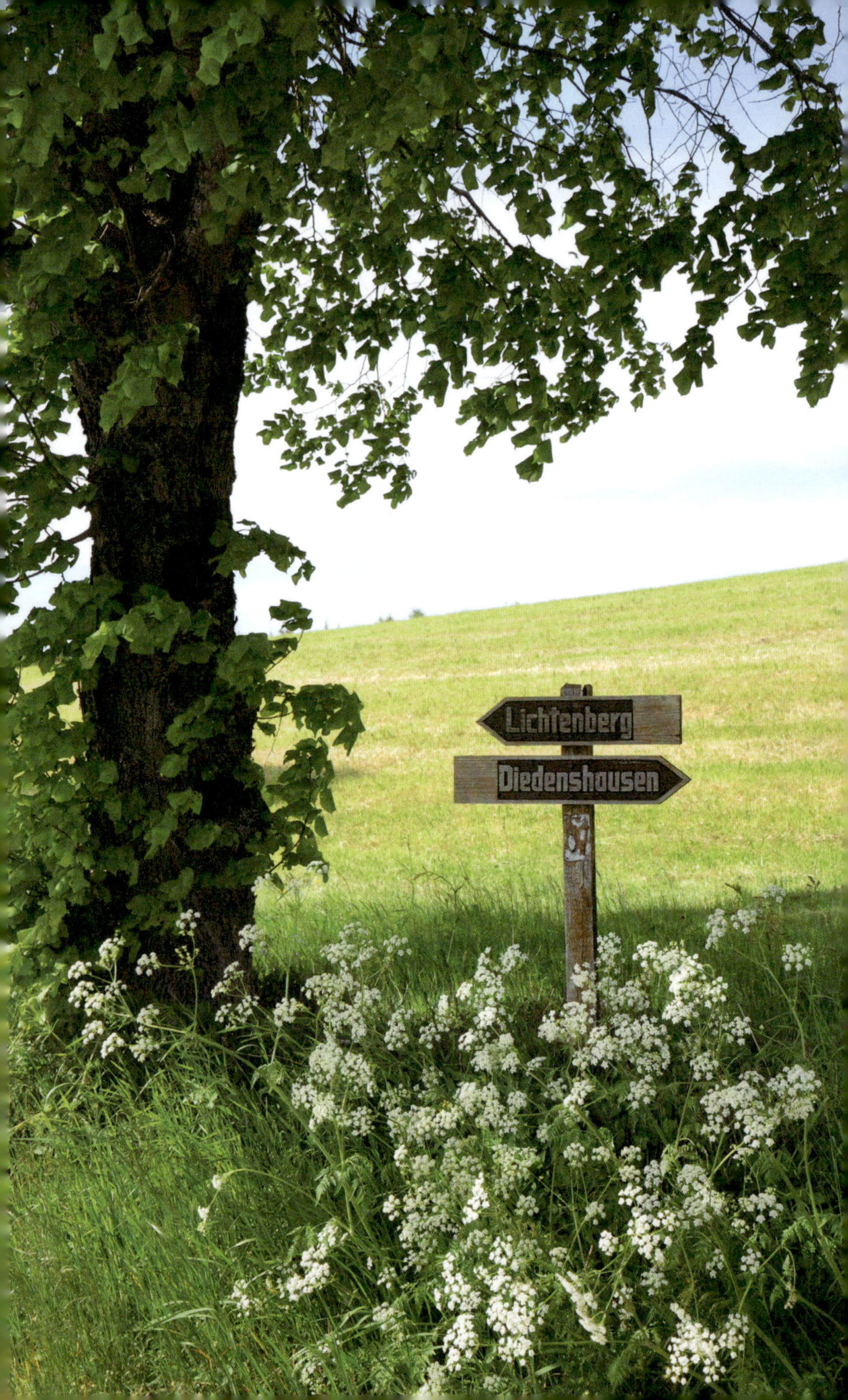
Lichtenberg
Diedenshausen

Wittgensteiner Schweiz

Rund um Christianseck

Wer voralpine landschaftliche Impressionen mag, für den sind die Wanderwege in Christianseck genau das Richtige. Traumhafte Aussichten, bezaubernde Wiesen und frühsommerlich grüne Laubwälder wechseln sich ab. Einzelne Bauernhöfe schmiegen sich malerisch an die sanften Hügel.

Wir beginnen die Wanderung am Parkplatz Struthbach unweit der Landstraße L 717 zwischen Bad Berleburg und Diedenshausen und folgen dem asphaltierten Weg **(C1)** leicht abwärts zum **1 Gehöft Struthbach 1.** Es handelt sich um einen imposanten Bauernhof, der von alten Laubbäumen umrahmt wird und inmitten einer weiten Wiesenlandschaft liegt. Ein schöner Blickfang gleich zu Beginn der Wanderung. Wir halten uns schräg rechts an der Wiese entlang und kommen hinein in ein Waldstück. Schon bald betreten wir wieder Weidegelände, lassen einen weiteren Hof links liegen und wandern bis zur **K 40,** die wir überqueren. Wenige Schritte nach links und ein Waldpfad **(A3, C1, Dach)** führt uns in ein Naturparadies. Junge Fichten säumen unsere Spur, die sich schon bald nach rechts wendet. Wir überqueren den beschaulichen **Struthbach,** um allmählich zu einem Forstweg aufzusteigen. Ihm folgen wir kurz nach links, um dann schräg rechts auf dem Wiesensaumweg weiterzuwandern. Er führt uns an den Hängen des 635 Meter hohen Bodens an einer frisch gemähten Wiese vorbei. Die Landwirte nutzen das sonnige Wetter, um den ersten Grasschnitt einzufahren. Überall auf den

Kilometer: 11,2
Höhenmeter: 364
Stunden: 4
RUNDWEG

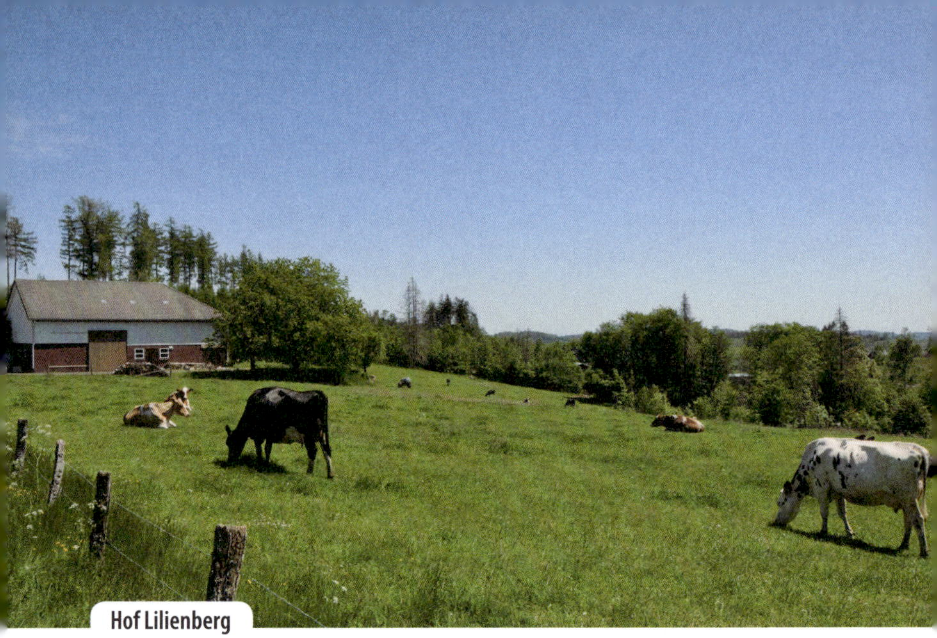

Hof Lilienberg

Wiesen warten die Heuballen auf den Transport in die Scheune.

Am Ende des Pfades treffen wir auf einen asphaltierten Weg, dem wir nach rechts aufwärts zum **2 Hof Lilienberg** folgen. Wir sind fasziniert von der aussichtsreichen Lage und genießen den Blick auf die Struthbachhöfe und zum **Teichenkopf.** Grasende Kühe beobachten jeden unserer Schritte. Wir verabschieden uns von dieser Ruheinsel und bleiben auf dem Teersträßchen, bis dieses hinter der Bergkuppe in der Nähe des Rettungspunktes SI462507 eine Rechtskurve beschreibt. An dieser Stelle nehmen wir den ersten Weg, der nach links abzweigt **(A2, A9)** und wandern hinab ins Tal.

Rechter Hand öffnet sich schon bald eine Waldlichtung, auf der wir mit ein bisschen Glück dem Wild beim Äsen zuschauen können. Sie ist übersät mit Sumpfdotterblumen und einzelne Obstbäume säumen ihren Rand. Kurz bevor wir den Talboden erreichen, schlendern wir an zwei Fischteichen vorbei, die zu Füßen des **Schweizerkopfes** liegen. Fortan begleiten uns die fröhlich plätschernde **Schwarzenau** und ein bezaubernder Auenwald, der das Ufer säumt. Er ist von

Erlen und Ulmen geprägt. Das frische grüne Laub spendet uns wohltuenden Schatten. Für einen kurzen Moment lichtet sich die dichte Uferbepflanzung und wir stehen im **3 Gründchen,** einer beschaulichen Weidefläche. Neugierig beäugen uns die Rinder zwischen Büschen und niedrigem Gehölz hindurch. Weiß blühende Bäume und leuchtend gelbe Blüten verleihen dieser kleinen Freifläche, die von der Sonne in ein stimmungsvolles Licht getaucht wird, ein besonderes Flair.

Für die Seele

Von Hof zu Hof wandern wir durch ein stilles Paradies und freuen uns über regionale Produkte.

An der T-Kreuzung halten wir uns rechts und treten wieder in den herrlichen Laubwald ein. Wir orientieren uns im weiteren Verlauf an der Markierung **A9.** Im breiter werdenden Tal halten wir uns am Straßenschild „Schlade" auf dem asphaltierten Weg links bergauf und erreichen das **4 Gehöft Schlade,** das mit seiner kombinierten Fachwerk- und Schieferfassade typisch für die Region ist. Kurz nach dem Hof biegen wir scharf links auf einen ebenen Waldweg ab, der uns in ein großes

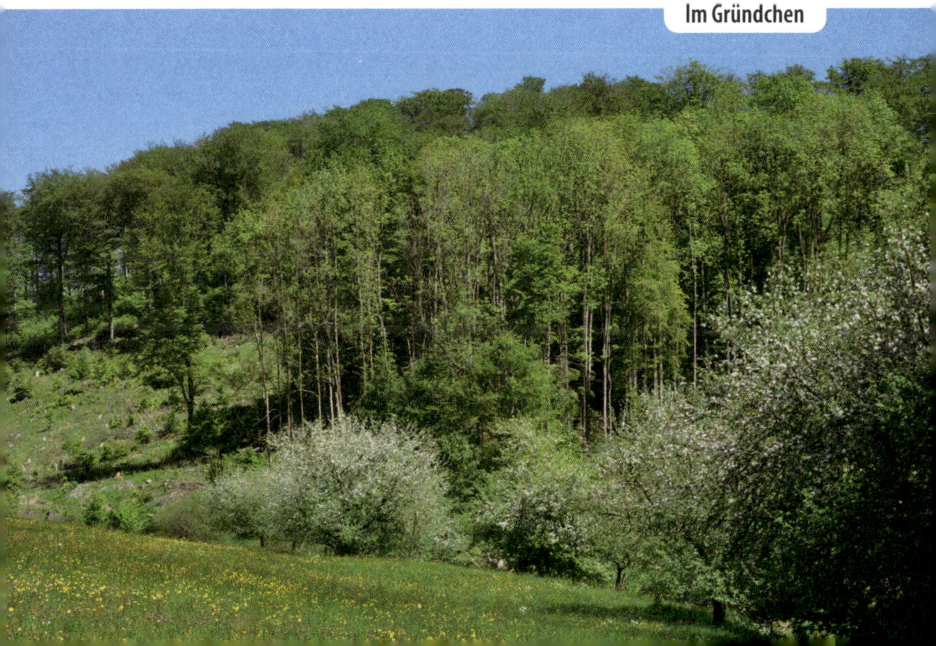

Im Gründchen

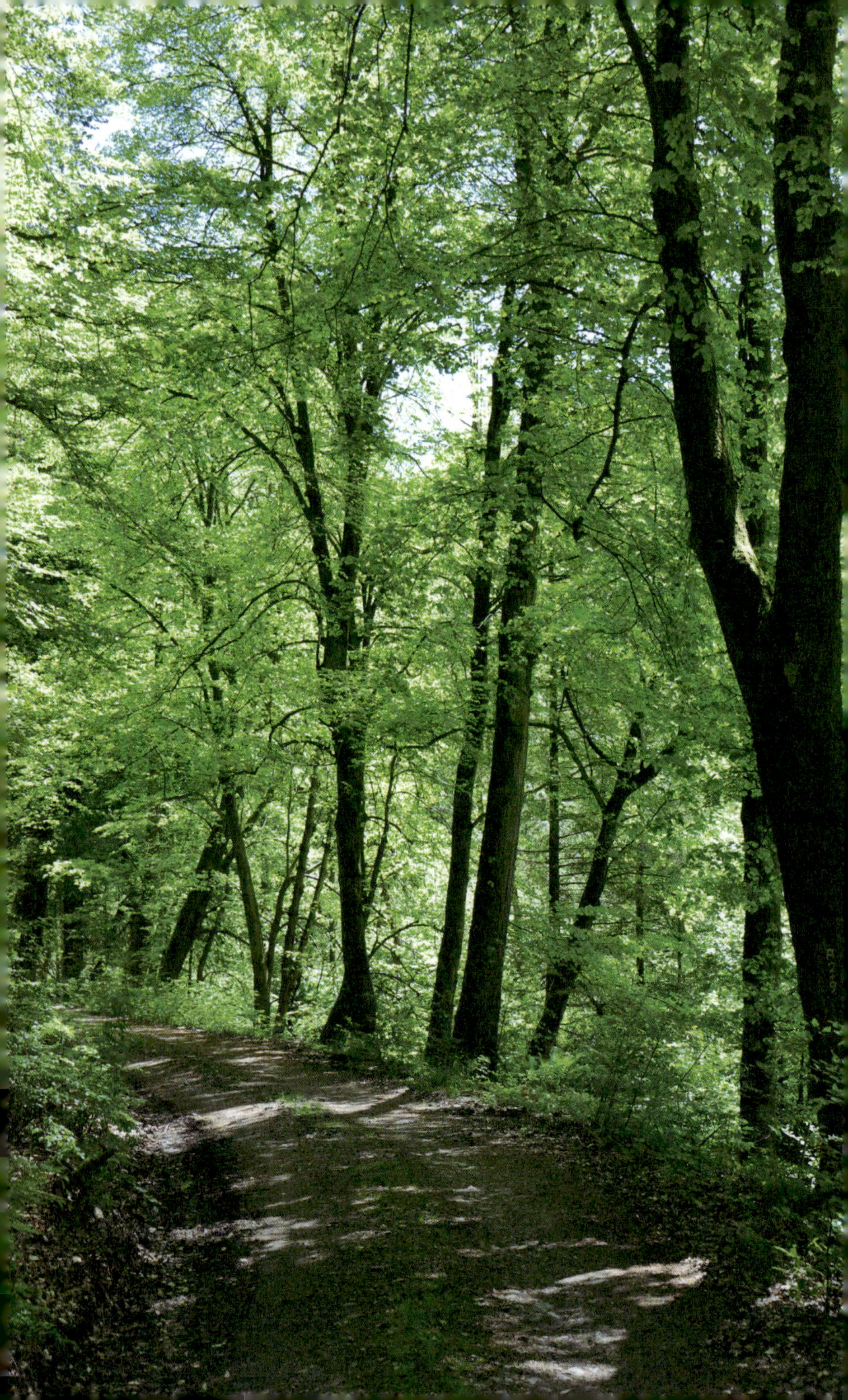

Buchenwaldgebiet hineinführt. Es erstreckt sich an den Hängen der Großen und Kleinen Bubenbracht und zeichnet sich dadurch aus, dass Baumbestände unterschiedlicher Altersklassen gemischt sind. Zu finden sind Hainsimsen-Buchenwälder genauso wie Zahnwurz-Buchenwald. Immer wieder gibt es auf dem Weg Aussichten: An den gegenüberliegenden, nahezu alpinen Hängen liegt der Hof Schladechrist und kurze Zeit später öffnet sich der Blick hinunter ins Gründchen, über dem der Lilienhof thront. Mit minimaler Steigung erreichen wir Christianseck, ein romantisches Kleinod, das den Mittelpunkt der Wittgensteiner Schweiz bildet.

Eine besondere Bedeutung hat der ***Buchenaltholzbestand****, der überall auf kleinen Inseln in dem Waldgebiet vorkommt. Gemeinsam mit dem Wiesental der Schwarzenau ist es ein Lebensraum für den Schwarzstorch. Auch Schwarzspecht und Hohltaube brüten hier.*

Beim Erreichen des Teersträßchens lädt uns eine hölzerne (5) **Schaukelbank** zur Rast ein. „Mach mal Pause“, heißt es auf einem Schild, das zum Platznehmen animiert. Gegen eine Spende können wir Getränke aus einer Kühlbox entnehmen. Diese Chance lassen wir uns nicht entgehen. Doch noch etwas fasziniert uns an diesem herrlichen Fleckchen Erde: Hier befindet sich

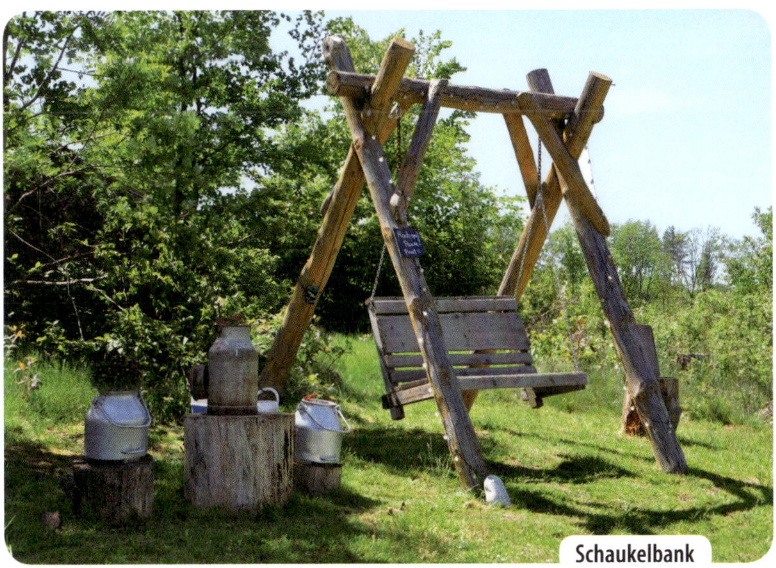

Schaukelbank

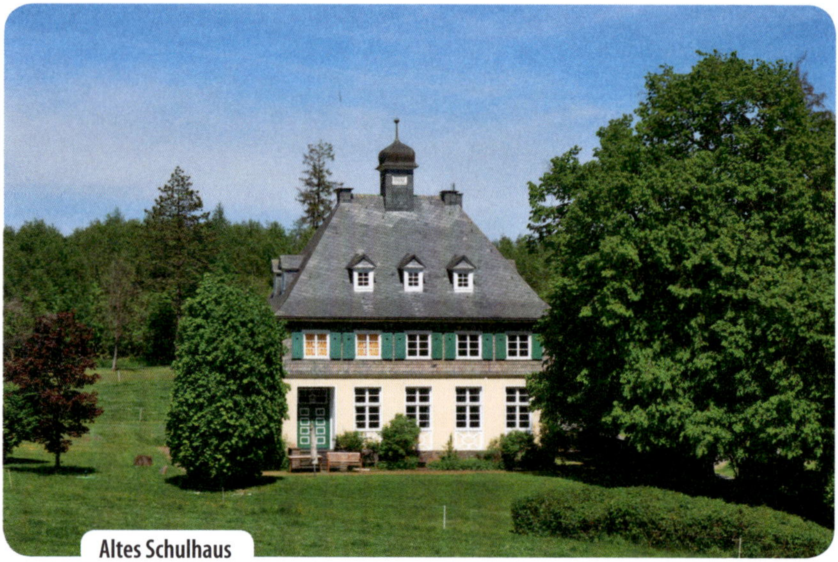

Altes Schulhaus

das 6 **Alte Schulhaus von Christianseck.** Schon im Jahr 1831 wurde die Schulgemeinde gegründet. Zunächst fand der Unterricht in der Wohnung der Witwe Wahl auf dem Lilienberg statt. Später wurden dort ein Klassenzimmer und eine Lehrerwohnung eingerichtet, nachdem die Schulgemeinde den ehemaligen Pächterhof vom fürstlichen Hause Sayn Wittgenstein Hohenstein erworben hatte. Aufgrund von Platzmangel errichtete 1924 die Bauernschaft im Hand- und Spanndienst die (neue) alte Schule von Christianseck, in der die Kinder bis ins Jahr 1966 unterrichtet wurden. Ganz in der Nähe steht eine **Kapelle.**

Wir halten uns auf der Straße rechts und laufen dann links in einem Bogen bis zur ehemaligen Schule. Hier leiten uns die Markierungen **A9, C1 und E3** nach rechts, führen auf dem Teerweg an zwei Bauernhäusern vorbei und durch Weideflächen abwärts bis zur Kreisstraße im Mennerbachtal. Auf der **K 40** gehen wir 300 Meter nach links, um vor der Kurve rechts durch das Gelände des 7 **Hofes Kohl** hindurchzuwandern.

*Auf dem **Hof Kohl** gibt es Wildwurst und Honig aus eigener Herstellung für alle, die regionale Produkte lieben. Hier können wir einfach an der Tür klingeln und einkaufen. So ist der Landgenuss auch in den eigenen vier Wänden beim Abendbrot garantiert.*

Rund um den Hof gibt es Gehege für Rehe und Ziegen, Esel grasen auf der Wiese und zwei Fischteiche runden das Bild ab.

Oberhalb des Gehöfts folgen wir dem asphaltierten Weg **(A6)** rechts bergauf und stehen schnell wieder hoch über dem Mennerbachtal. Nach ca. 300 Metern wählen wir links den geschotterten Weg. Er verläuft zunächst ohne nennenswerte Höhenunterschiede, steigt aber nach der Gabelung, an der wir uns links halten, an. Unsere Wanderroute wird gesäumt von jungen Fichten, Lärchen, Birken, Ebereschen und Haselnusssträuchern, die diesem Abschnitt den Charme von Vielfalt und Frische geben. Schon bald öffnet sich der Blick über ausgedehnte Wiesen zum 8 **Hof Teiche,** der als Pension Wittgensteiner Schweiz bekannt ist. Für Fans hausgemachter Nudeln lohnt sich ein Abstecher, um ihren Rucksack mit Teigwaren à la Wittgenstein zu füllen.

Am Waldrand treffen wir auf einen Teerweg **(A6, A7),** dem wir aussichtsreich nach links folgen. Der haarnadeldünne hessische Sendeturm auf der **Sackpfeife** ist

Seit rund 30 Jahren stellt Familie Feige auf dem ***Hof Teiche*** *Nudeln mit Hartweizengrieß, Eiern, einer Prise Salz und Wasser her. Angeboten werden die Teigwaren auch aus Dinkel- oder Vollkornmehl. Für Farbe sorgen Tomatenmark, Paprika und Spinatpulver.*

Weitblick bei Hof Teiche

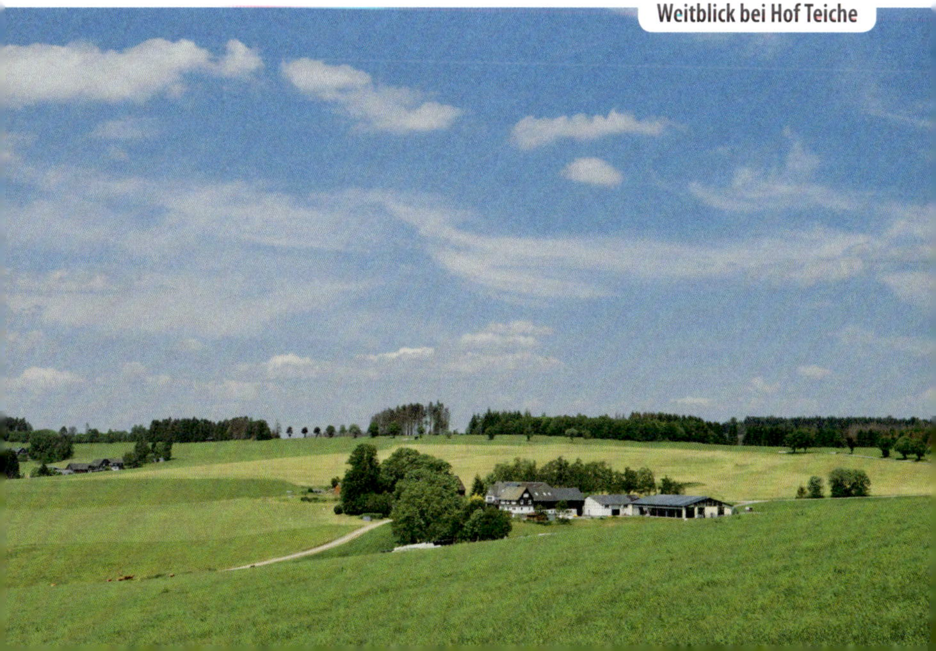

am Horizont gut zu erkennen. Doch unsere Blicke müssen nicht in die Ferne schweifen, denn die faszinierende Landschaft der Wittgensteiner Schweiz mit ihren Höfen und Weiden sowie den sanften Hügeln, durch die unsere Wanderung führte, ist zum Greifen nahe. Vorbei am Wanderparkplatz Teiche und der Skihütte bringt uns unser Weg **(A7)** auf dem Höhenrücken immer geradeaus zurück zum Parkplatz Struthbach.

Wer Appetit und während der Wanderung eine Einkehrmöglichkeit vermisst hat, kann 1 Kilometer vom Start-/Endpunkt entfernt den **9 Landgasthof Laibach** besuchen. Inmitten wunderschöner Natur gelegen, gibt es hier frisch zubereitete gutbürgerliche Gerichte.

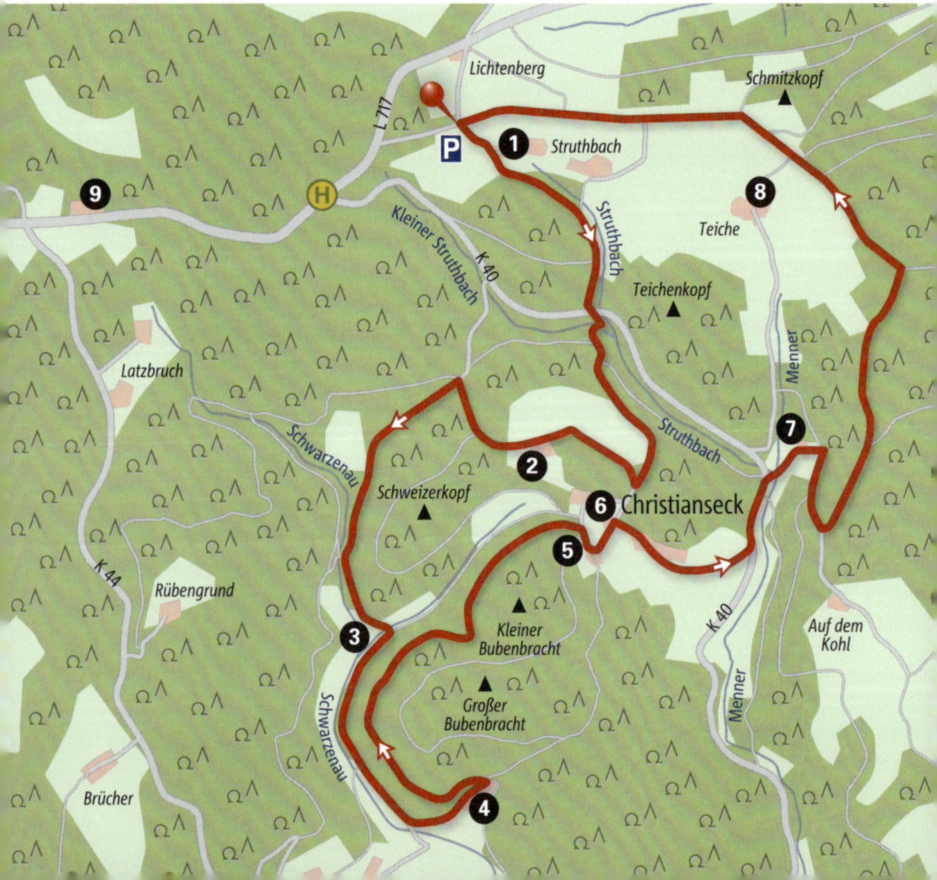

ALLES AUF EINEN BLICK

Entspannung 5/5
Abenteuer 1/5
Vielfalt 4/5

WIE & WANN

Es geht über Wiesenpfade, Feld- und Waldwege. Längere Streckenabschnitte im Bereich der Höfe sind asphaltiert. Besonders im Sommer versprüht die Landschaft Urlaubsfeeling.

HIN & WEG

Auto: Parkplatz Struthbach, 50 Meter von der L 717 entfernt, Teiche, 57319 Bad Berleburg
ÖPNV: Haltestelle Abzweig Christianseck

ESSEN & ENTSPANNEN

Direkt am Weg gibt es keine Einkehrmöglichkeit, bitte an Rucksackverpflegung denken.

9 **Landgasthof Restaurant Laibach,** Auf dem Laibach 1, 57319 Bad Berleburg, Tel. (0 27 51) 72 18, www.landgasthof-laibach.de

ENTDECKEN & ERLEBEN

1 **Gehöft Struthbach**
2 **Hof Lilienberg**
3 **Gründchen**
4 **Gehöft Schlade**
5 **Schaukelbank**
6 **Altes Schulhaus Christianseck**
7 **Hof Kohl**
8 **Hof Teiche**

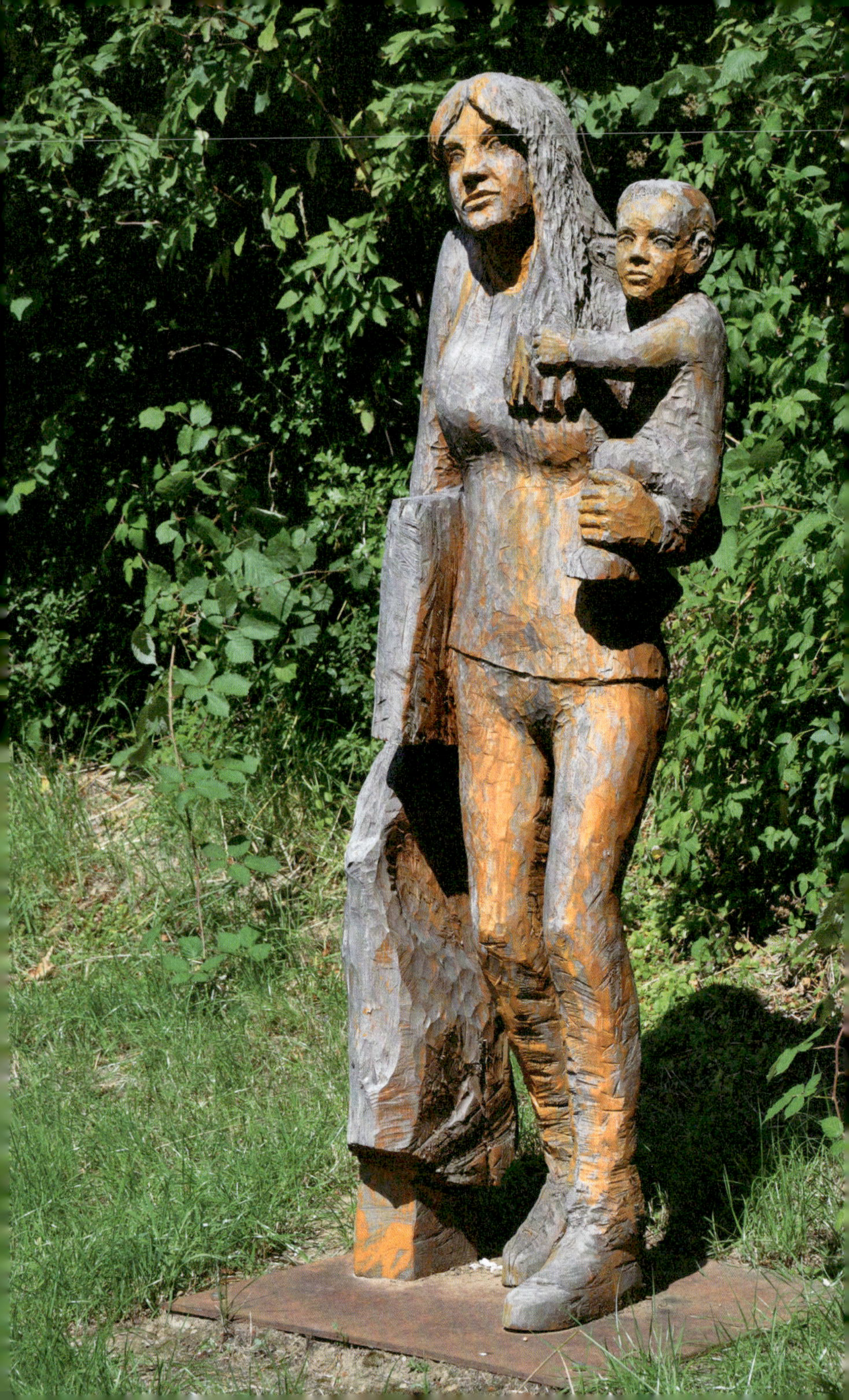

Kunst trifft Natur

KulturFlecken-Weg bei Freudenberg

Ein Museum in der Natur? Der Skulpturen-Weg macht es möglich! Er ist durch das Engagement des Vereins KulturFlecken Silberstern entstanden. Dieser fördert seit 20 Jahren Kunst und Kultur in Freudenberg und konnte regionale und überregional bekannte Künstler für die Gestaltung der kreativen Objekte gewinnen. 16 Werke der Kunst und Literatur reihen sich wie Perlen an einer Schnur entlang der Wanderroute auf. Die Markierung **Silberner Stern auf rotem Grund** begleitet uns nahezu die gesamte Wegstrecke.

Vom Parkplatz P4 halten wir uns in Richtung des Friedhofs und folgen der nach rechts führenden **Euelsbruchstraße.** Kurz danach wandern wir links die **Friedenshortstraße** bergauf und betrachten auf der Hälfte des Straßenverlaufs die Skulptur mit dem Namen „Junge Frau mit Kind". Am höchsten Punkt liegt der **1 Friedenshort,** ein Diakonissenhaus mit Jugendhilfeeinrichtung. Den Westgiebel des Mutterhauses ziert seit 1957 ein Sgraffito mit dem Motiv des Guten Hirten. Es wurde vom Siegener Maler Theo Meyer-Lippe entworfen. Für etwa 50 Meter folgen wir der Teerstraße in Richtung Mausbach und biegen nach rechts auf den Wanderparkplatz ab.

Kilometer: 6,5
Höhenmeter: 190
Stunden: 2,5
RUNDWEG

Der geradeaus verlaufende Weg bringt uns nach wenigen Schritten in einen herrlichen Buchenhochwald, der für einen Großteil der Wanderung die Kulisse bildet. Zwischen Blättern und Ästen, aber auch an Wegkreuzungen können kunstinteressierte Wanderer gespannt Ausschau nach weiteren Exponaten halten. Jedes der 16 Kunstobjekte hat einen

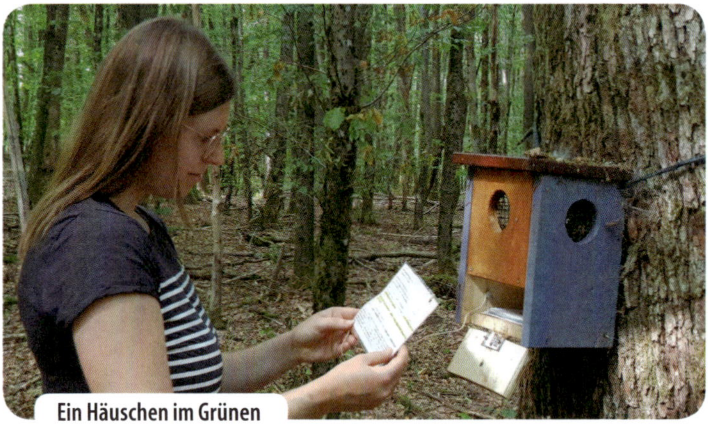

Ein Häuschen im Grünen

Namen, der auf einer Tafel ablesbar ist. Auf dieser finden sich außerdem zwei QR-Codes, die zu audiovisuellen Informationen über Objekt und Künstler führen.

An der Kreuzung, die zahlreiche bunte Vogelhäuschen schmücken, halten wir kurz an und werfen einen Blick in das Innere der Kästen. Wir stellen erfreut fest, dass diese mit Kurzgeschichten, Texten und Gedichten im Postkartenformat gefüllt sind. Sie laden zu einem kurzen Lesestopp ein und dürfen sogar mit nach Hause genommen werden. Der Künstler der Station „Ein Häuschen im Grünen" sorgt regelmäßig für Lesenachschub. Nachdem wir auf unsere literarischen Kosten gekommen sind, setzen wir die Wanderung geradeaus fort.

Kurze Zeit später überqueren wir die **L 562,** um durch den **2 Seelbachs- und Eulenbruchwald** weiterzuwandern. Dieser großflächige geschlossene Buchenwaldkomplex wird häufig von Eichen durchsetzt und steht unter Naturschutz. Gut ein Viertel der Fläche ist als Wildnisgebiet des Landes NRW ausgewiesen. Mit etwas Glück ist das Klopfen eines Spechts beim Höhlenbau zu hören, denn mehrere Spechtarten, wie beispielsweise der sehr seltene Mittelspecht, sind hier heimisch. Der Waldweg endet am Wanderparkplatz

*Der Zugang ins Siegerland wurde durch zwei Bollwerke, drei Schanzen und fünf Sperrwälle mit Schlagbäumen gesichert. Die 1467 erstmals urkundlich erwähnte **Wallanlage** stammt in Teilen vermutlich aus germanischer oder keltischer Zeit.*

Alte Schanze, der an der **K 21** und unmittelbar am Ortseingang von Hohenhain liegt. Hier befindet sich die Hohenhainer Schanze, die einen Teil der alten kulturhistorisch wertvollen Siegener Landhecke bzw. Landwehr bildet. Eine Tafel informiert über die größtenteils erhaltene und gut erkennbare Schanzanlage. Hier befand sich früher ein Kontrollposten an der bedeutenden mittelalterlichen Landstraße zwischen Siegen und Köln, die an dieser Stelle die Nassau-Siegener Landhecke durchquerte.

Für die Seele

Die bunte Mischung machts: Buchenwald, Fachwerkkulisse und Skulpturen berühren unser Herz.

Nun können wir uns entscheiden, ob wir die Route für eine Einkehr im ❸ **Café-Restaurant Alte Schanze** für einen Moment verlassen, indem wir der Straße für 200 Meter nach links in Richtung Hohenhain folgen. Ansonsten gehen wir vom Parkplatz weiter mit dem vertrauten Stern-Wanderzeichen nach rechts für 70 Meter entlang der Landstraße, bevor wir links auf einen Naturpfad abbiegen, der nur kurz steil hinauf und dann bergab führt. Über eine Kreuzung wandern wir geradeaus hinweg und folgen dem breiter werdenden ❹ **Hohlweg** talwärts, wo weitere Skulpturen auf uns warten.

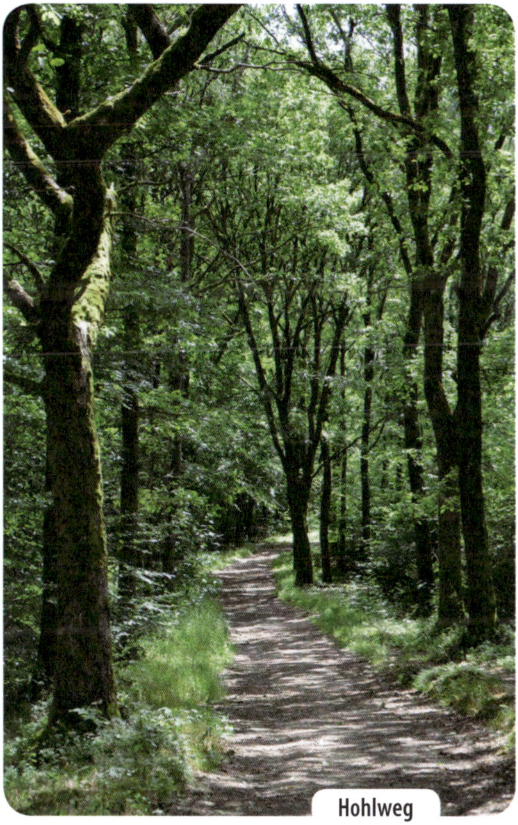

Hohlweg

Der geradlinige Waldweg geht im Verlauf in ein Teersträßchen über und bietet einen schönen ❺ **Aus-**

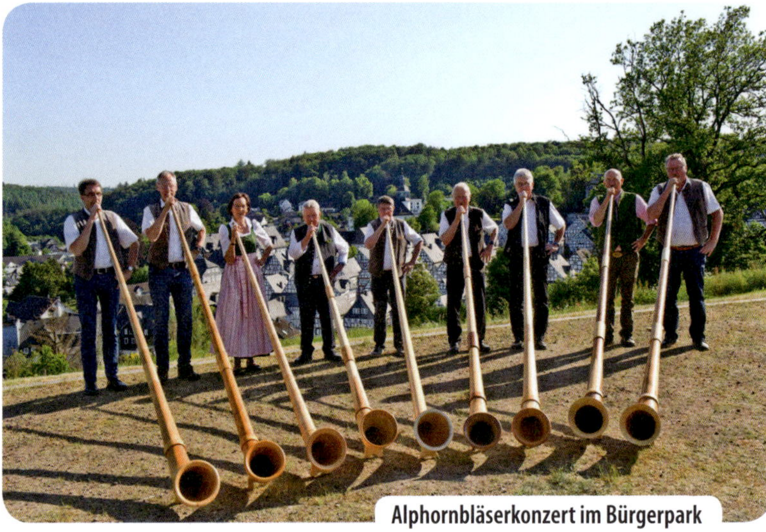

Alphornbläserkonzert im Bürgerpark

*Der **Bürgerpark** wird durch das Erfahrungsfeld der Sinne bereichert. Die Stationen „Die rotierende Scheibe", „Der Summstein", „Das Oktoskop" und „Das Tastmodell" nach Hugo Kükelhaus aktivieren unseren Seh-, Hör- und Tastsinn.*

*Nach dem Brand im Jahr 1540 wurde **Freudenberg** wieder aufgebaut. Dabei entstand das noch heute vorherrschende charakteristische Straßenschema mit den zur Straße gerichteten Giebeln, das auch beim Wiederaufbau nach dem Feuer von 1666 berücksichtigt wurde.*

blick auf Büschergrund und ins Gambachtal. Vorbei an Pferdekoppeln erreichen wir die Straße **Seelbachsecke,** der wir bis zum **Gambachsweg** folgen. Schräg links orientieren wir uns an dem Wegzeichen, das uns in den 2021 eröffneten 6 **Bürgerpark** führt. Die Grünanlage diente zuvor jahrzehntelang als Kurpark und wurde aufwendig modernisiert.

Auf dem Plateau hoch über Freudenberg laden breite Wege zum Flanieren und zahlreiche Sitzgelegenheiten zum Entspannen ein. Es gibt außerdem ein Sportkabinett und einen Spielplatz. Mit ein bisschen Glück spielt in der Konzertmuschel eine Band, deren Musik wir für einen Augenblick genießen können. Wenige Meter weiter befindet sich das 7 **Café Stadtblick,** wo Kaffee und Kuchen oder herzhafte Snacks auf uns warten. Vom Foto-Hotspot vor der Tür haben wir einen grandiosen 8 **Panoramablick auf den Alten Flecken,** ein einzigartiges Fachwerkensemble, das **Freudenberg** weit über seine Grenzen hinaus bekannt gemacht hat.

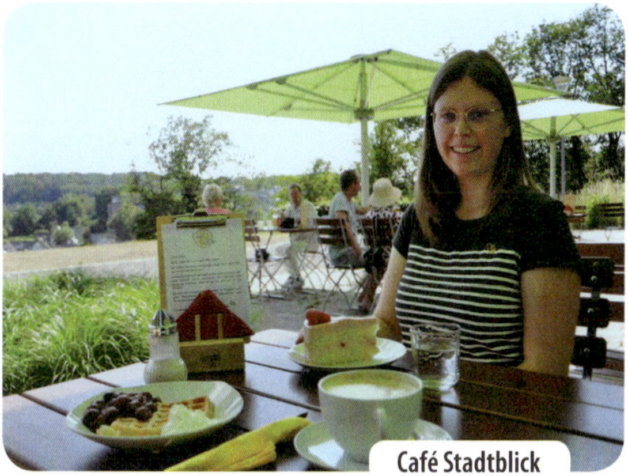
Café Stadtblick

Über eine Treppenanlage steigen wir hinab in die sehenswerte **9 Altstadt,** die eines der wenigen Beispiele einer planmäßig realisierten und einheitlich in Fachwerk errichteten Stadt des 17. Jahrhunderts ist. Bis heute hat sie eine originale Bausubstanz vorzuweisen. Die **Kölner Straße** führt uns mitten hinein in die pittoresken Fachwerkgassen. Auf Höhe des kleinen Einrichtungsladens „So wohn ich" mit integriertem Café biegen wir nach links in die **Unterstraße** ein. Am Ende der Straße halten wir uns bergauf, bis rechts die **Mittelstraße** abzweigt. Dieser folgen wir bis zum Ende, gehen dann aufwärts und

Panoramablick auf den Alten Flecken
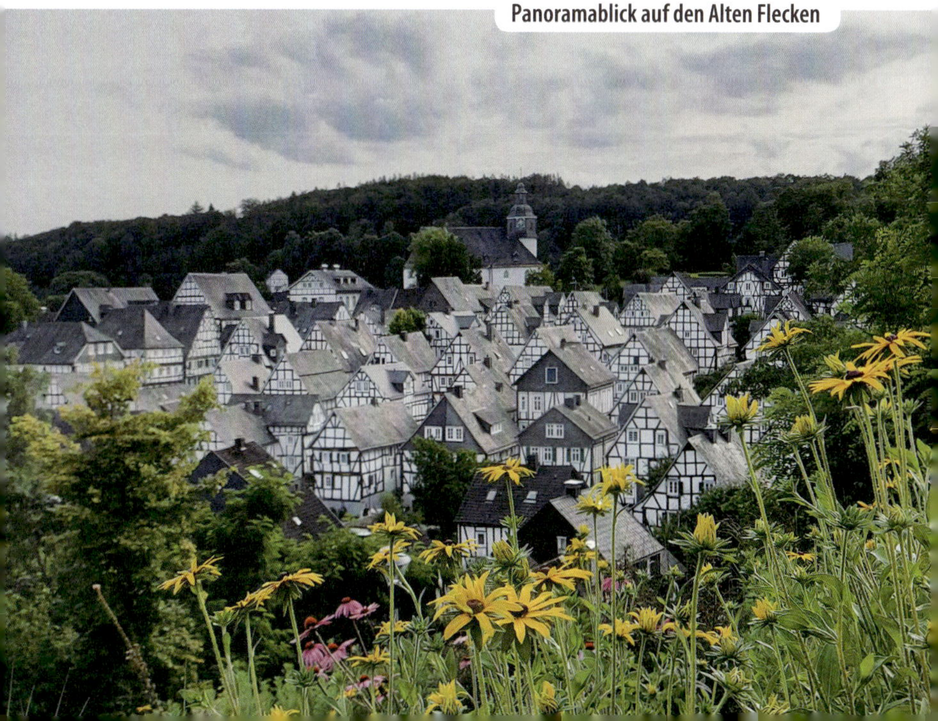

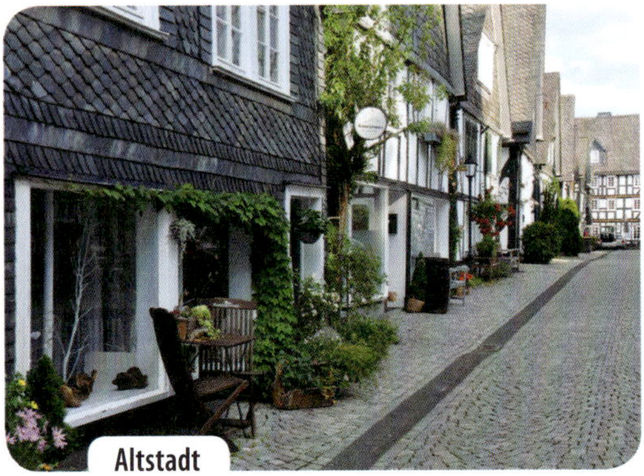

Altstadt

links durch die **Marktstraße** weiter. Wir sind fasziniert von den gut erhaltenen Fachwerkhäusern, vor deren Kulisse es viele Einkehrmöglichkeiten gibt.

Unmittelbar nach der Einmündung in die **Oranienstraße** überqueren wir in Höhe des Hotels zur Altstadt die **Krottorfer Straße** und folgen der Straße **Hinter der Kirche,** die uns zurück zum Parkplatz führt.

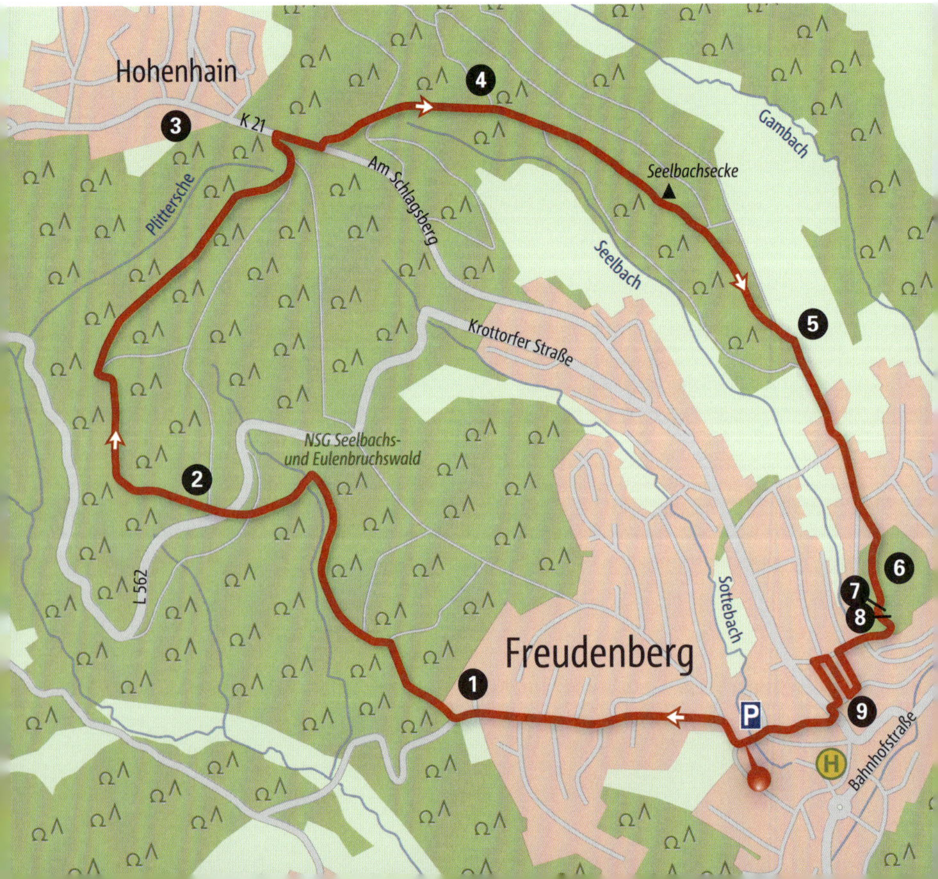

ALLES AUF EINEN BLICK

Entspannung
Abenteuer
Vielfalt

WIE & WANN

Schöne Waldwege, gepflasterte Wege durch Bürgerpark und Altstadt. Der KulturFlecken-Weg ist ganzjährig ein Erlebnis. Besonders im Frühsommer und Herbst wegen des frisch grünen oder farbenfrohen Buchenwaldes empfehlenswert.

HIN & WEG

Auto: Parkplatz 4, Hinterm Schloss 1, 57258 Freudenberg
ÖPNV: Haltestelle Mórer Platz

ESSEN & ENTSPANNEN

3 **Café Restaurant Alte Schanze,** Hohenhainerstraße 13, 57258 Freudenberg-Hohenhain, Tel. (0 27 34) 88 44, www.alte-schanze.de

7 **Café Stadtblick,** Am Schieferacker 100, 57258 Freudenberg, Tel. (0 27 34) 4 23 81 25, www.cafestadtblick.de

Weitere gute Einkehrmöglichkeiten in der Altstadt.

ENTDECKEN & ERLEBEN

1 **Diakonissenhaus Friedenshort**
2 **Seelbachs- und Eulenbruchwald**
4 **Hohlweg**
5 **Ausblick auf Büschergrund und ins Gambachtal**
6 **Bürgerpark**
8 **Panoramablick Alter Flecken**
9 **Altstadt von Freudenberg**

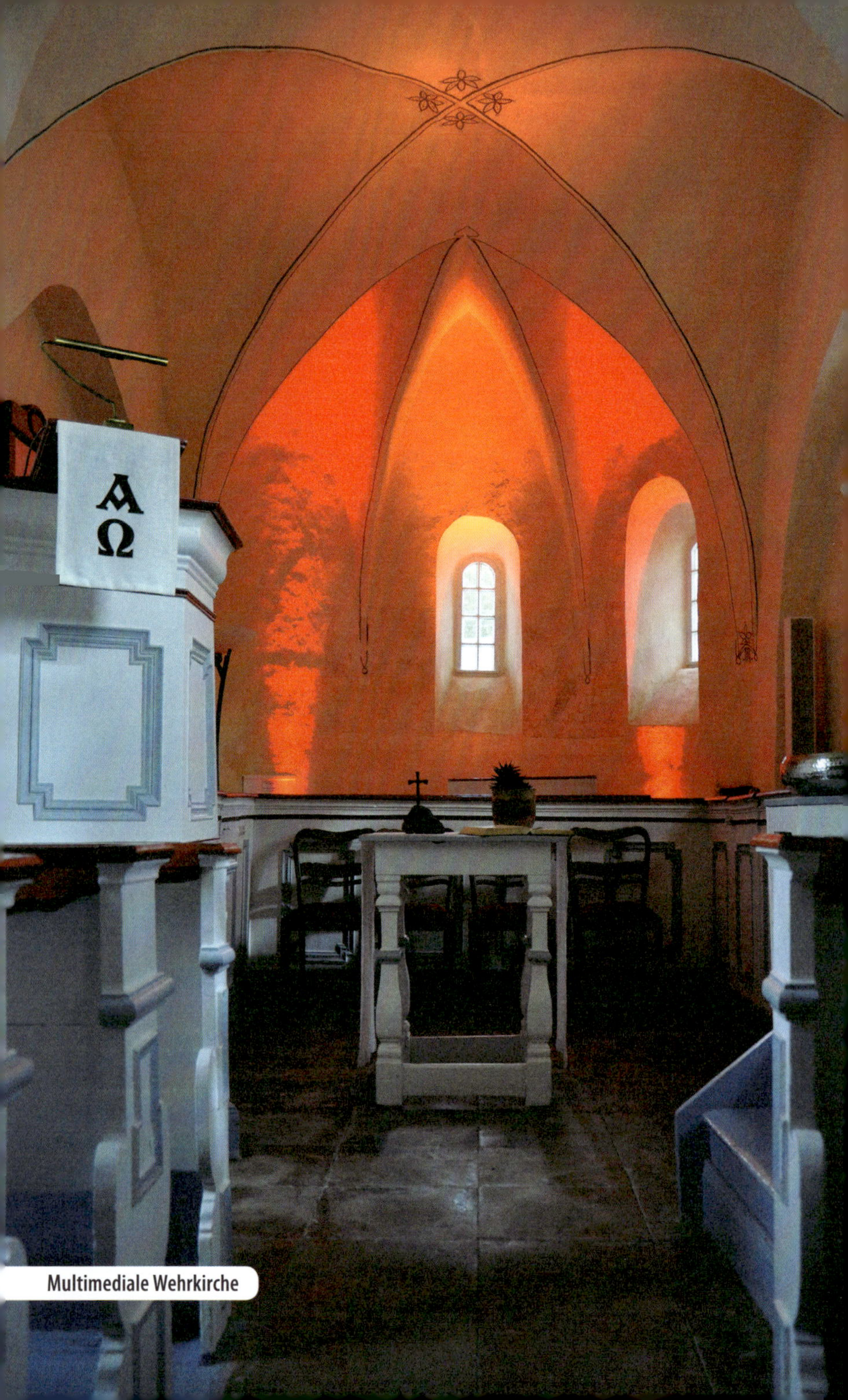

Multimediale Wehrkirche

Besinnliche Momente

Von Wahlbach nach Würgendorf

Es sind die besinnlichen Augenblicke, die diese Wanderung zu einem unverwechselbaren Erlebnis machen. Wenn wir unser Herz öffnen, erleben wir Momente der Stille und Natur von ihrer großartigsten Seite. Das Schönste ist, wenn wir auf diesem Weg spüren, zur richtigen Zeit am richtigen Ort zu sein. Besinnliche Momente entstehen einfach so, wir müssen sie nur geschehen lassen.

Unsere Wanderung startet am Bahnhof Wahlbach. Wir folgen der **Bergstraße** für 20 Meter bergab und biegen mit dem gelben **Rothaarsteigzubringer (R) und D5** rechts ab. Ein kleiner Weg führt zwischen Gärten hindurch zur **Triftstraße.** Wir halten uns links, kommen am griechischen **❶ Restaurant Mythos** vorbei und überqueren die **Freier-Grund-Straße.** Auf der **Gilsbacher Straße** bleiben wir für 100 Meter, bis wir zwischen den Häusern Nr. 4a und 6 auf einen Weg, der in einen sanften Wiesenpfad übergeht, einbiegen. Ländliches Flair umgibt uns: In einer Holzkiste werden frische Eier angeboten, die **Heller** rauscht tosend vorbei und die Obstbäume neigen ihre Äste unter dem Gewicht der fast reifen Äpfel.

Der Weg mündet in eine Sackgasse, die uns zum **Heisterner Weg** bringt. Ihm folgen wir nach links, bis wir am gutbürgerlichen **❷ Hotel Restaurant Bechtel** links die Straße **Hof Heistern** wählen. Rechts neben dem Haus Nr. 3 nehmen wir den Schotterweg ins Hellertal und gleich zu Beginn der Wiese lohnt es sich, den **❸ Lehrpfad Lernort Natur** anzusehen. In einem hübschen Gartenareal stehen Tafeln

Kilometer: 15,5

Höhenmeter: 486

Stunden: 5,5

STRECKE

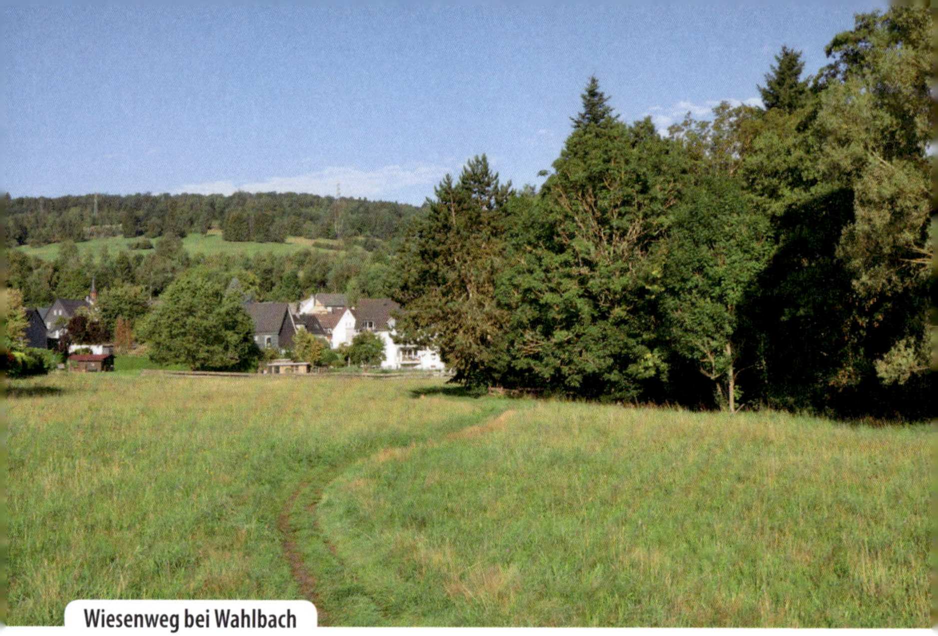

Wiesenweg bei Wahlbach

mit Informationen über Hase, Igel, Reh, Dachs und Co. Der überdachte Picknickplatz lädt zur Rast ein. Wir überqueren das Flüsschen und orientieren uns an der folgenden T-Kreuzung in den nach rechts führenden **Hellertalweg.** Auf diesem erleben wir unseren ersten besinnlichen Moment der Wanderung – die Faszination Naturvielfalt. Vor unseren Augen öffnet sich eine liebliche **4 Flussauenlandschaft.** Das Ufer der Heller, die an der Kalteiche entspringt und bei Betzdorf in die Sieg mündet, ist ein artenreiches Ökosystem. Wir entdecken Ulmen, Eschen und Weiden. Kräftig pink leuchtende Blüten prägen ebenso das Bild wie die Holundersträucher, die volle tiefschwarze Dolden tragen.

Nach 1 Kilometer endet der Talweg an einem Zugang zur Wiese, wo wir den aufwärts führenden Steig bis zur nächsten Kreuzung nehmen, an der wir uns rechts halten. Durch den Wald wandern wir weiter, bis wir unter uns die Heller und kurz darauf einen schräg rechts abzweigenden Pfad entdecken. Diesem folgen wir talwärts an den Fluss, wo wir mit der Markierung **B1** über eine Brücke ans andere Ufer und durch die Straße **Mühlenwäldchen** bis zur **Ewald-Sahm-Straße** gehen. Wir überqueren vorsichtig die Burbacher

Ortsumgehungsstraße sowie den dahinterliegenden Bahnübergang. Anschließend bringt uns die Straße **Rainchen (B2)** hinauf zur **5 Evangelischen Kirche.** Das schlichte Sakralgebäude steht auf dem Grauwackefelsen des Römerbergs. Die den Kirchhof umgebenden Befestigungsanlagen sind noch fast komplett erhalten. Vom Vorplatz der Kirche führt uns der gepflasterte Weg geradeaus in den romantischen Ortskern, das heimelige Wohnzimmer **Burbachs.** Hier erleben wir den zweiten besinnlichen Moment – die Faszination Dorfidylle. Hübsche Fachwerkhäuser zieren die **6 Gasse Römer.** Mit den grauen, schwarzen und roten Balken im Kontrast zu den strahlend weiß verputzten Wandflächen nehmen sie uns mit in eine märchenhafte Vergangenheit. Wir erreichen die Einmündung in die **Nassauische Straße.** Ein Abstecher auf der Jägerstraße für 50 Meter nach links führt zur **7 Alten Vogtei,** die den Schlusspol der historischen Dorfmitte Burbachs bildet. Das denkmalgeschützte Fachwerkgebäude ist datiert auf 1698.

Für die Seele

Außergewöhnliche Naturerlebnisse und meditatives Innehalten tun uns vom ersten Schritt an gut.

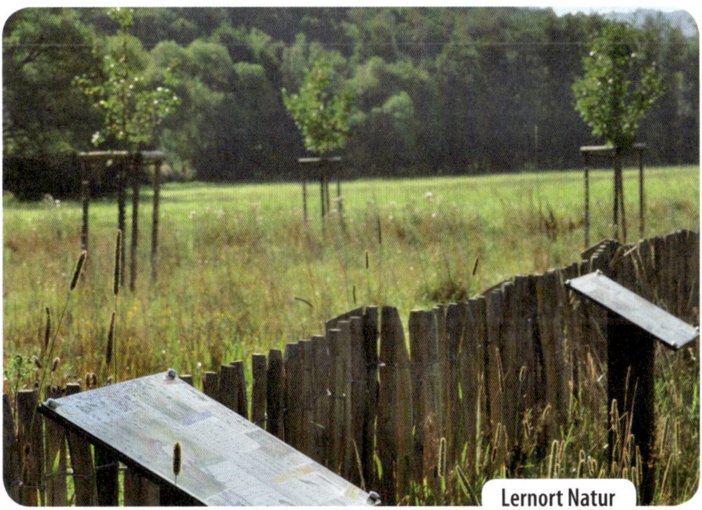

Lernort Natur

*Immer am letzten Augustwochenende findet das **Vogteifest** mit Kunsthandwerkermarkt statt. Zahlreiche Vereine bieten traditionelle Leckereien wie die Däggelsbläddze an. Auch ein Besuch der Schmiede ist lohnenswert.*

Unsere Route wendet sich am Ende der Gasse Römer jedoch nach rechts. Wir passieren im Kreisel das Konfirmandenhaus und halten uns auf der Straße **Gambach** bis zum **8** **Restaurant Pizzeria Picasso.** Kurz danach weist ein Holzwegweiser nach links in Richtung Freibad, an dem wir auf dem **Freibadweg** vorbei und mit dem Zeichen **B2** weiter durch die **Neumarkstraße** aufwärts bis zum Waldrand gehen. Schatten spendende Bäume und das Plätschern des Burbachs nehmen uns im **9** **Burbachtal** in Empfang. Je höher wir sanft aufwärts wandern, desto näher kommt unser Weg an das Bachufer heran. Wir erleben den dritten besinnlichen Moment – die Faszination Wasser. Im Spiel aus Licht und Schatten wird dem glasklaren Wasserlauf etwas Mystisches verliehen. Die Sonne lässt manche Steine bernsteinfarben schimmern, zartgrüner Farn legt sich wie eine schützende Hand über das Ufer. Darüber ragen hoch gewachsene Pappeln auf, die uns angesichts ihrer Größe ins Staunen versetzen. Am Wegrand befindet sich außerdem der felsige Eingang zur ehemaligen **10** **Grube Richard,** auf

Fachwerkhaus in der Gasse Römer

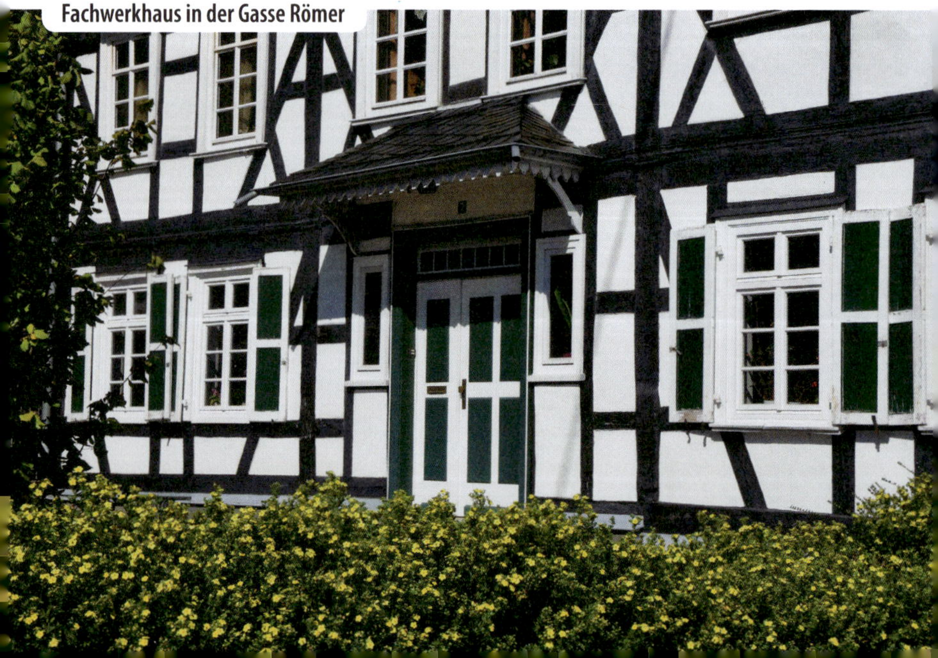

die wir durch den Grubenwagen aufmerksam werden.

An der T-Kreuzung halten wir uns rechts und nach 30 Metern bei der Einmündung in den breiten Forstweg erneut rechts. Wir passieren die Wasseraufbereitungsanlage und nach einer lang gezogenen Rechtskurve zeigt ein Pfahl, der oben hellgrün bemalt ist, den Eingang zum ⑪ **Naturschutzgebiet In der Gambach** an. Sobald wir linker Hand den grasbewachsenen, hangaufwärts führenden Pfad betreten, spüren wir Abenteuerlust und erleben den vierten besinnlichen Moment – die Faszination Wacholderheide. Wo am Anfang zunächst vereinzelt Besenheidesträucher auf dem Borstgrasrasen zu sehen sind, können wir uns wenig später über sattrosa strahlende Heideteppiche freuen. Dazwischen haben dic Preisel- und Heidelbeeren leuchtend rote und blaue Früchte angesetzt. In einem starken Kontrast dazu stehen bizarr anmutende Kiefern, aber auch die säulenförmigen Wacholderbüsche, die das Landschaftsbild prägen. Wir teilen dieses Naturjuwel mit Bienen und Schmetterlingsarten wie Dukatenfalter, Hornklee-Widderchen, Rundaugen-Mohrenfalter und Kleiner Ampfer-Feuerfalter, die vom Aussterben bedroht sind.

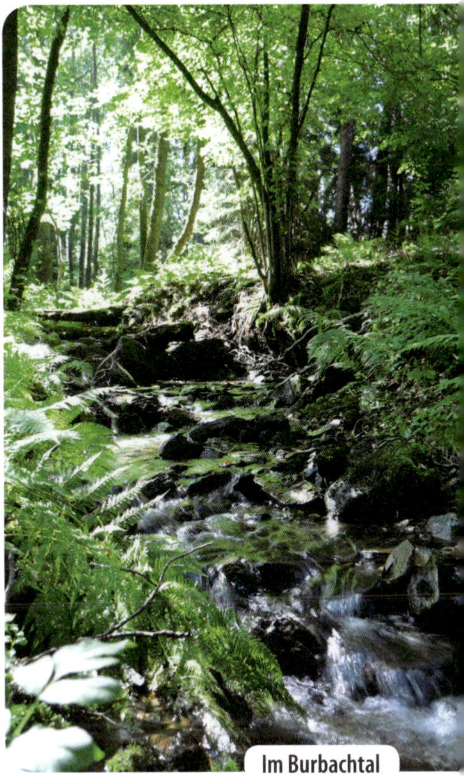

Im Burbachtal

Am Ende des Heidepfades gehen wir nach rechts und biegen kurz darauf in Höhe des Wanderparkplatzes scharf links auf einen Forstweg ab. Diesem folgen wir in einem großen Linksbogen und kurz bevor der Weg steiler wird, verlassen wir ihn nach links auf dem **Alten Sohlstättenweg.** Nach 100 Metern nehmen wir rechts den ansteigenden **Unteren Höhweg,** um nach

Zwei Tipps für den ***Heidepfad:*** *1. Wir empfehlen eine Pause auf der Bank inmitten der Wacholderheide, um in Ruhe die Schönheit der Natur zu genießen.*
2. Es ist ratsam, wasserdichte Wanderschuhe zu tragen, da das Gebiet teilweise sehr sumpfig ist.

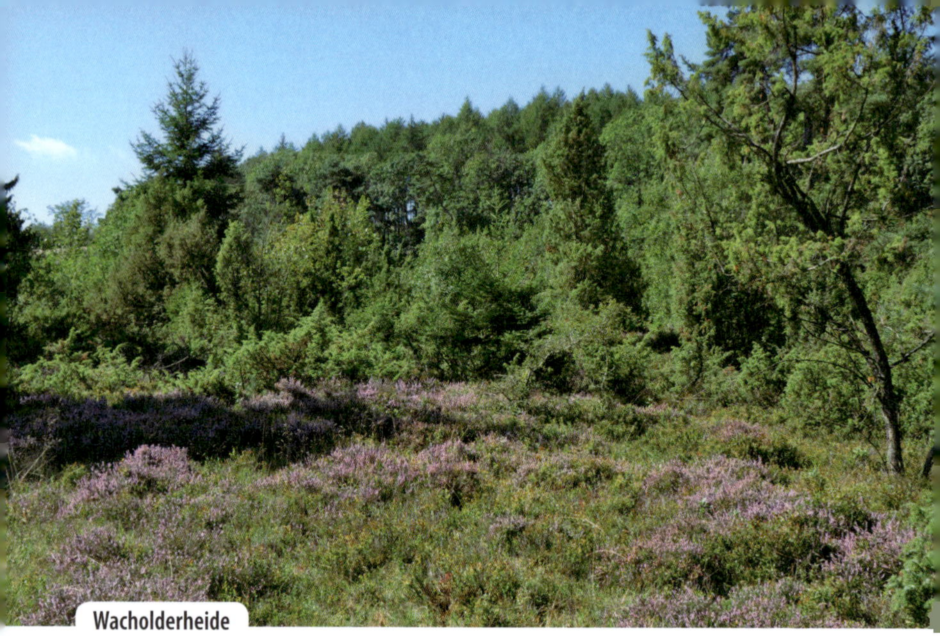

Wacholderheide

50 Metern links auf den **Gebückeweg** einzubiegen. Holzschilder helfen uns, die richtigen Wege zu finden. Schnell liegt die baumfreie Zone hinter uns und wir sind in einem wunderschönen Lärchenwald unterwegs. Wir bleiben so lange auf dem Weg, bis wir an der X-Kreuzung den schräg rechts diagonal abwärts führenden **Struthsweiherweg** wählen. An der nächsten Abzweigung halten wir uns geradeaus und bleiben auf der Höhe bis zu einer Linkskurve, in der ein Steig **(B2)** in den Wald führt und sanft den Hang hinunterleitet. Nach der Hochspannungsleitung führt die Spur in einen Waldweg. Hier müssen wir aufmerksam sein, denn der Pfad geht schräg rechts weiter bis zur **⑫ Rindsmauer,** einem felsigen Naturdenkmal. Danach treffen wir erneut auf den Waldweg und folgen diesem rechter Hand bis zur **Pommernstraße,** in die wir rechts einbiegen.

Diese geht nach 400 Metern in der Linkskurve in den abwärts führenden **Lohhainsweg** über, auf dem wir bis zur nächsten Abzweigung bleiben. Wir biegen rechts in die Straße **Germeshain** ab und schlagen direkt nach der Brücke links den Pfad durch den Wald ein. Er bringt uns hinauf zur geschotterten **Lessingstraße,**

Der Burbacher ***Lärchenwald*** *ist außergewöhnlich, denn das Verbreitungsgebiet dieser Baumart ist das Gebirge und ihre gesamte Fläche in Deutschland beträgt weniger als 3 Prozent. Im Winter verliert sie als einzige europäische Nadelbaumart ihre Nadeln.*

auf der wir nach links und dann immer geradeaus wandern, bis sie vor Haus Nr. 33 in die **Steinhardtstraße** einmündet. Nach 50 Metern bergab biegen wir rechts in die **Steinstraße** ein. Diese verlassen wir in einer leichten Linkskurve und gehen linker Hand entgegen der Fahrtrichtung in der Straße **Staudig** talwärts, um nach 100 Metern rechts den **Rosenweg** zu wählen. Ihm folgen wir zum Wendekreis und bleiben auf dem gepflasterten Fußweg, der uns in den Wendekreis der Sackgasse **Höhfeld** bringt. Nach 60 Metern biegen wir beim Schild Höhfeld 12-19 rechts ab, gehen leicht bergauf und nehmen in Höhe von Haus Nr. 16 den rechter Hand abzweigenden Pfad, der uns ins offene Wiesengelände führt.

An der nächsten Kreuzung treffen wir bei der Bank Nr. 4027 auf den **Rothaarsteigzugangsweg (R).** Außerdem hat sich hier ein Gartenfan seinen Traum verwirklicht: Hoch gewachsene Stangenbohnen, Maispflanzen und rankende Kürbispflanzen lassen erahnen, was in dem umzäunten riesigen ⑬ **Gemüsegarten** alles wächst. Wir folgen den gelben Zeichen hinauf zum

Gemüsegarten

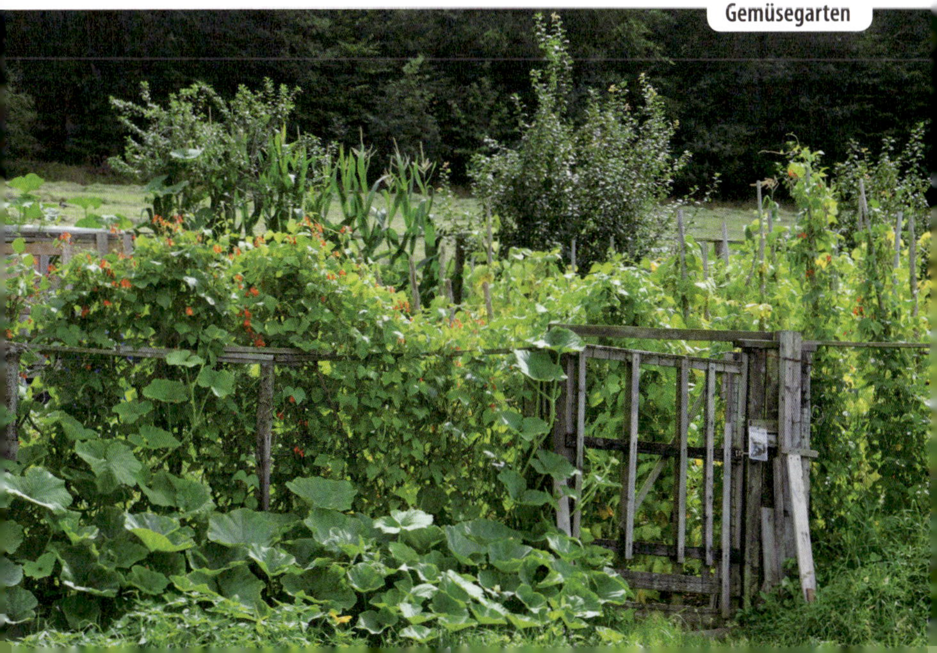

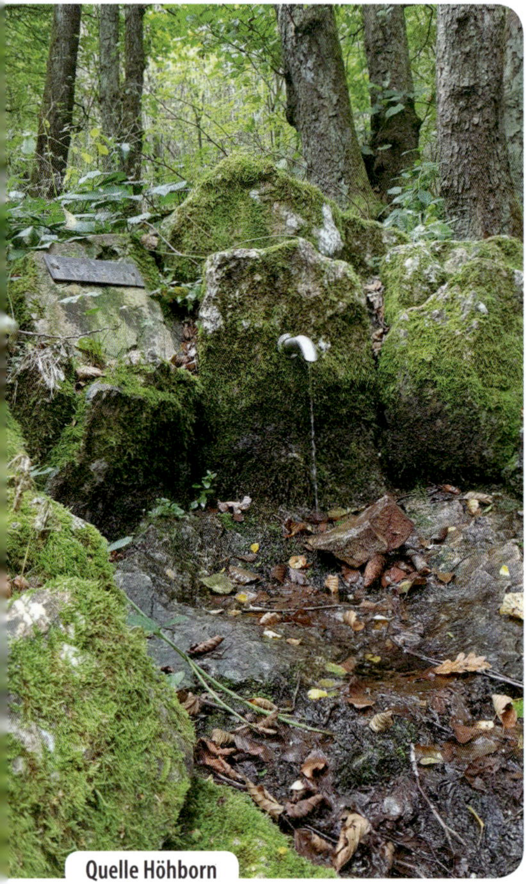
Quelle Höhborn

Waldrand, wo wir uns schräg links am **Holzhäuserweg** orientieren und aufwärtswandern, bis die Schatten spendenden Bäume Platz für Viehweiden machen. Auf dem sogenannten Hirtenweg haben früher die Bauern ihr Vieh zum Weidekamp, der heute mit seinem alpinen Hang als Skigebiet bekannt ist, getrieben. Sobald die linker Hand liegenden Wiesen enden, verlassen wir den bergwärts führenden Forstweg schräg links und halten uns auf dem bewaldeten Pfad aufwärts zur **Jedeiche**, an der wir oberhalb des Skilifts auf den Rothaarsteig treffen.

Wir überqueren den Wanderweg, um dem grasbewachsenen, ebenen Pfad zu folgen. Auf diesem Abschnitt erleben wir den fünften besinnlichen Moment – die Faszination Urwald. Die Äste der Bäume reichen bis auf den Boden. Kein Wunder, dass Blätter und Nadeln manchmal sanft über unsere Haut streichen. Mit jedem Schritt durch dieses Paradies werden wir gelassener und glücklicher, tauchen wir ein in eine andere Welt und tanken spürbar auf. Besonders beeindruckt uns eine Megafichte, deren Höhe ins Unermessliche reicht und deren imposante Verästelung wie ein filigranes Kunstwerk wirkt. Sobald sich der Wald lichtet, verläuft der Pfad schräg links durch aussichtsreiches Gelände. Wir kommen an einem Mast mit Mobilfunkantennen vorbei, halten uns danach geradeaus auf dem Waldweg, der leicht bergab führt. Nach 200 Metern erreichen wir eine Senke, an deren Anfang wir sofort links abbiegen auf eine zunächst unscheinbare Spur, die zwischen einer Fichte mit rund gebogenem Stamm und einer Salweide beginnt. Sie führt zur ⑭ **Quelle Höhborn** und verläuft durch einen wunderschönen, von alten Bäumen geprägten Wald bis zu einer Kreuzung. Wir gehen geradeaus steil bergab und erreichen Wiesen, durch die wir zunächst auf einem Pfad, später auf asphaltiertem Weg immer geradeaus wandern, bis wir uns schräg rechts in die Straße **Höhgarten** halten. Diese führt zur Bahnhaltestelle Würgendorf-Ort.

Bevor wir mit der Hellertalbahn zurück nach Wahlbach fahren, wartet noch ein Highlight auf uns. Deshalb gehen wir über **Höhgarten** und **Gartenstraße** weiter talwärts, überqueren die **Dillenburger Straße,** um danach der **Dorfstraße** zu folgen. Am Brunnen schwenkt die Straße nach links zur ⑮ **multimedialen Wehrkirche,** in der wir den sechsten besinnlichen Moment erleben – die Faszination Meditation. Wir sind

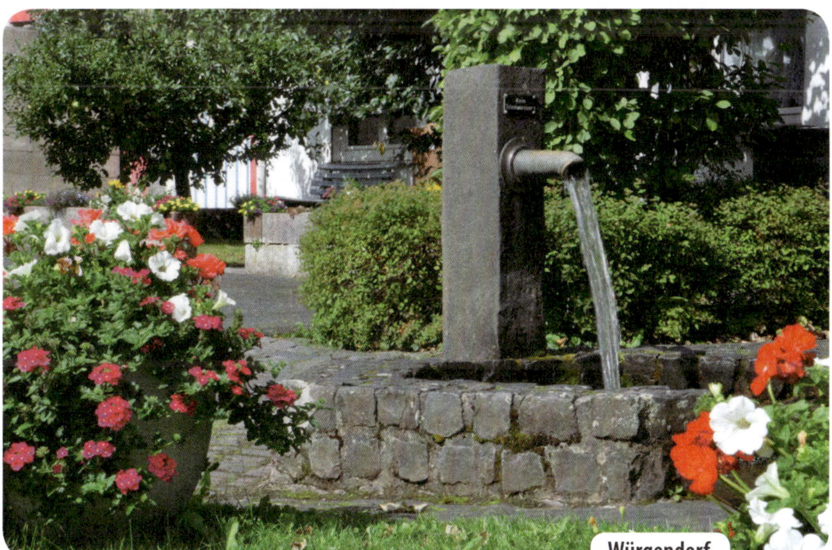

Würgendorf

Die spätromanische ***Wehrkirche*** *ist eines der ältesten Gotteshäuser in Südwestfalen. Nach fast 40 Jahren Leerstand wurde sie vom Heimatverein Würgendorf als Raum für Taufen, Hochzeiten, Kulturevents und Vorträge zu neuem Leben erweckt.*

eingeladen, die Atmosphäre der Kirche mit Musik, Farben und Gedanken persönlich zu gestalten. Horchen wir doch einmal in uns hinein: Sind wir fröhlich? Bedrückt uns etwas? Möchten wir Kraft schöpfen? Oder uns für etwas Schönes bedanken? Passend zu unseren Gefühlen können wir das Kircheninnere illuminieren. Wir lassen den Raum in einem behaglichen Rot-Orange-Ton erstrahlen und spüren, wie sich Wärme in uns ausbreitet und wohltuende Geborgenheit über uns legt. Wir können uns zurücklehnen, Andachten oder Liedern lauschen. Nach der langen Wanderung tut es gut, einen Moment der Stille zu finden und uns Zeit für uns zu nehmen – nur den letzten Zug zurück nach Wahlbach sollten wir nicht verpassen.

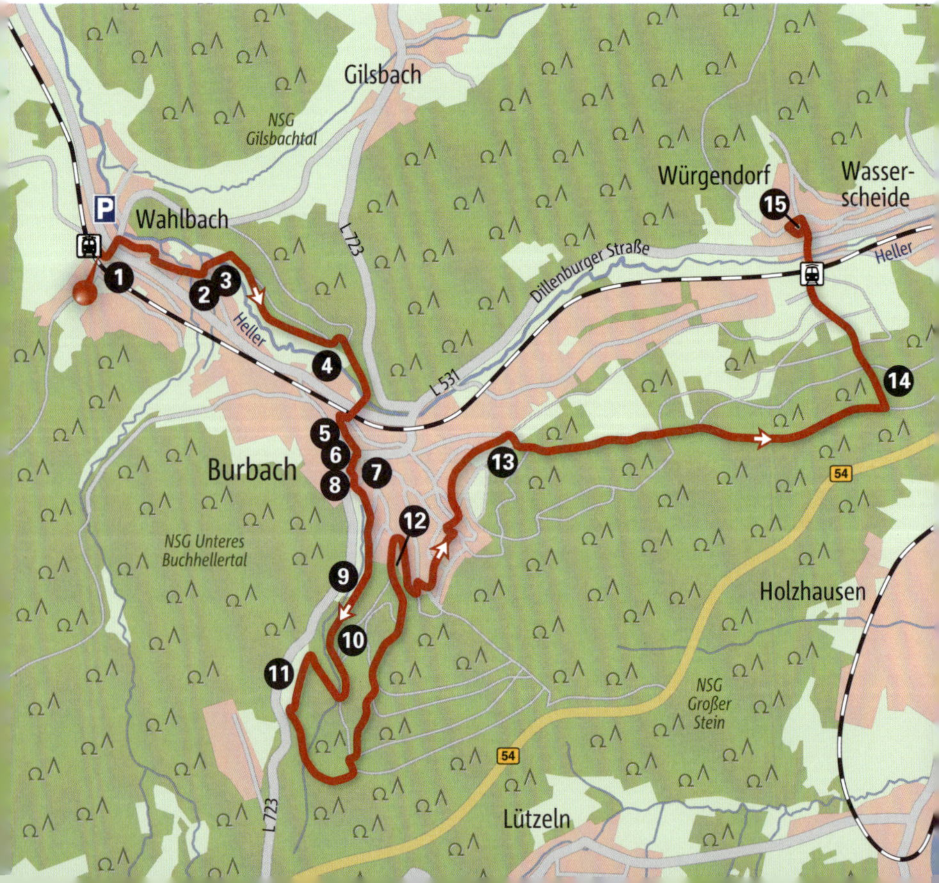

ALLES AUF EINEN BLICK

Entspannung 3/5
Abenteuer 4/5
Vielfalt 5/5

WIE & WANN

Die Wanderung verläuft auf naturnahen Pfaden, Wiesen- und Waldwegen. Kaum Forstwege. Im Bereich der Orte asphaltierte Abschnitte. Am schönsten im Frühjahr und zur Blütezeit der Wacholderheide im August/September.

HIN & WEG

Auto: Parkplatz am Vereinshaus der Evangelischen Gemeinschaft und des CVJM Wahlbach, Freier-Grund-Straße 93, 57299 Burbach-Wahlbach (Parken nur tagsüber und auf eigene Gefahr)
ÖPNV: Bahnhaltestelle Wahlbach; am Ziel: Bahnhaltestelle Würgendorf-Ort

ESSEN & ENTSPANNEN

1. **Restaurant Mythos,** Freier-Grund-Straße 73, 57299 Burbach-Wahlbach, Tel. (0 27 36) 5 79 04 91, www.mythos-wahlbach.com
2. **Hotel Restaurant Bechtel,** Heisterner Weg 49, 57299 Burbach-Wahlbach, Tel. (0 27 36) 4 17 95 23, www.hotel-restaurant-bechtel.de
8. **Restaurant Pizzeria Picasso,** Gambach 4, 57299 Burbach, Tel. (0 27 36) 4 17 93 77, www.picasso-burbach.de

ENTDECKEN & ERLEBEN

3. **Lehrpfad Lernort Natur**
4. **Flussauenlandschaft**
5. **Evangelische Kirche**
6. **Gasse Römer**
7. **Alte Vogtei**
9. **Burbachtal**
10. **Grube Richard**
11. **Naturschutzgebiet In der Gambach**
12. **Rindsmauer**
13. **Gemüsegarten**
14. **Quelle Höhborn**
15. **Multimediale Wehrkirche**

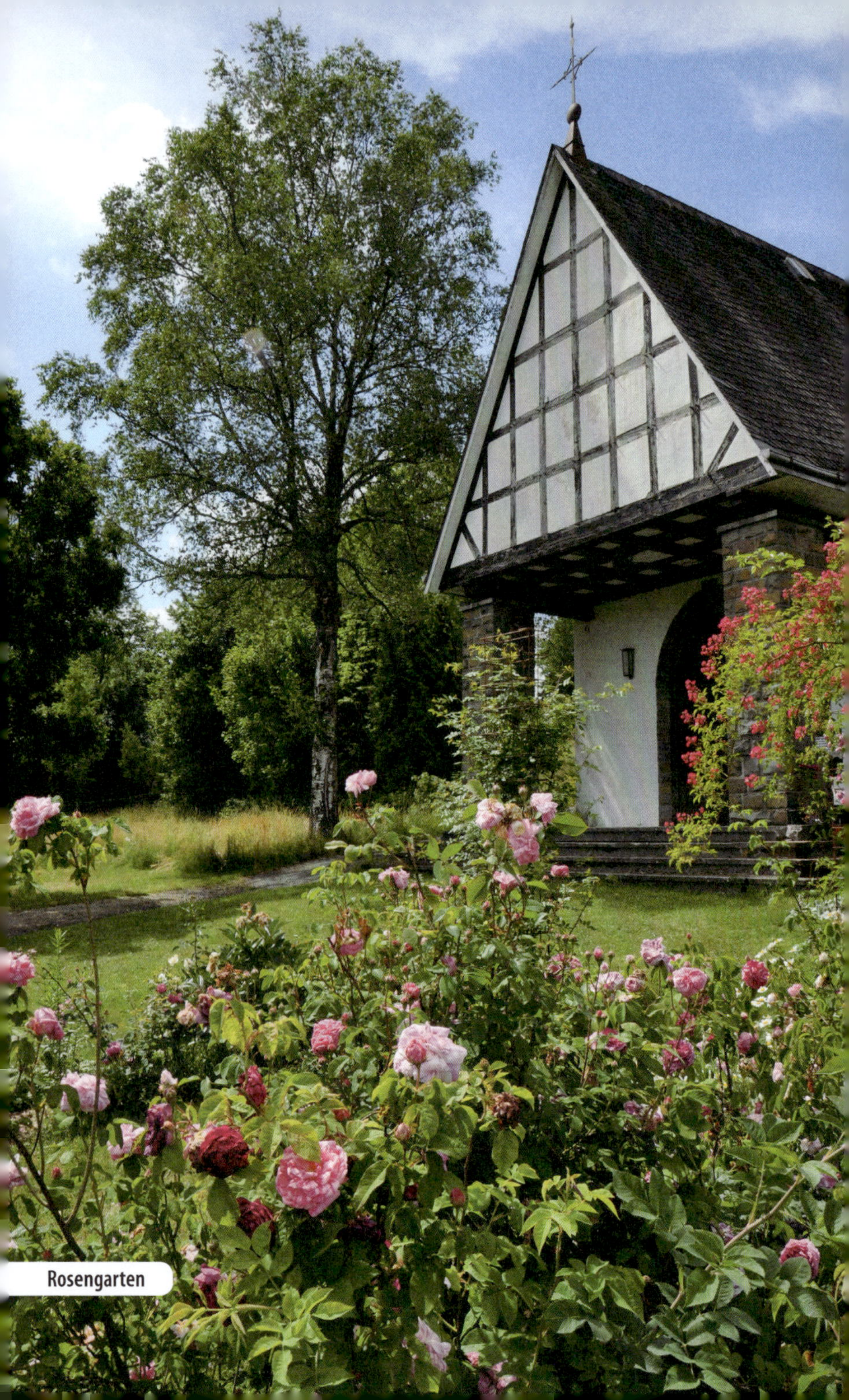

Rosengarten

Rosige Aussichten

Durchs idyllische Benfetal

Das Erlebnis Vielfalt beginnt mit dem ersten Schritt in eine grüne Oase. Gleich drei Wohlfühlorte schenken uns Glücksmomente für alle Sinne: Benfetal, Seebachweiher und Rosengarten sind auf diesem Weg der außergewöhnlichen Kontraste die Quellen, die unsere Seele für den Alltag stärken.

Wir verlassen den Park-and-Ride-Parkplatz nach rechts, um vor dem Bahnhofsgebäude den Zebrastreifen als Querungshilfe zu nutzen und danach die Metalltreppe in den tiefer gelegenen **Mühlenweg** hinunterzusteigen. Hier passieren wir das **Hotel Edermühle** mit dem ❶ **Restaurant Mühle Acht,** bis wir links auf der Fußgängerbrücke die Eder überqueren und ein kleines Einkaufszentrum sowie das ❷ **Eiscafé Dolomiti** erreichen. Der Zebrastreifen bringt uns sicher über die viel befahrene **Marburger Straße** und vor der Sparkasse halten wir uns links. Nach 100 Metern biegen wir rechts in die **Wabrichstraße,** die bergauf führt, ein. Zwischen den Häusern öffnen sich Blicke auf das malerische Schiefer- und Fachwerkensemble des Ortskerns, das von der Evangelischen Kirche, die 1911 in Dienst gestellt wurde, überragt wird.

*Das **Eiscafé Dolomiti** ist einen Besuch wert. Kenner sprechen vom besten Eis in Siegen-Wittgenstein. Eisliebhaber nehmen weite Anfahrten in Kauf, um bei Familie Fregona einzukehren. Eine süße Belohnung haben wir uns verdient – aber erst nach der Tour!*

Auf Höhe der **Ulrich-von-Hutten-Straße** und von Haus Nr. 34 folgen wir dem asphaltierten Sträßchen **Am Fuchsrain** schräg rechts und befinden uns auf dem **Wittgensteiner Mäanderweg,** der als Wanderhöhepunkt rechts und links des Rothaarsteigs mit einer geschwungenen Linie im Kreis markiert ist. An der Verzweigung unterhalb des Schießvereins Erndtebrück e.V. biegen wir rechts ab,

Kilometer: 14,3
Höhenmeter: 260
Stunden: 4,5
RUNDWEG

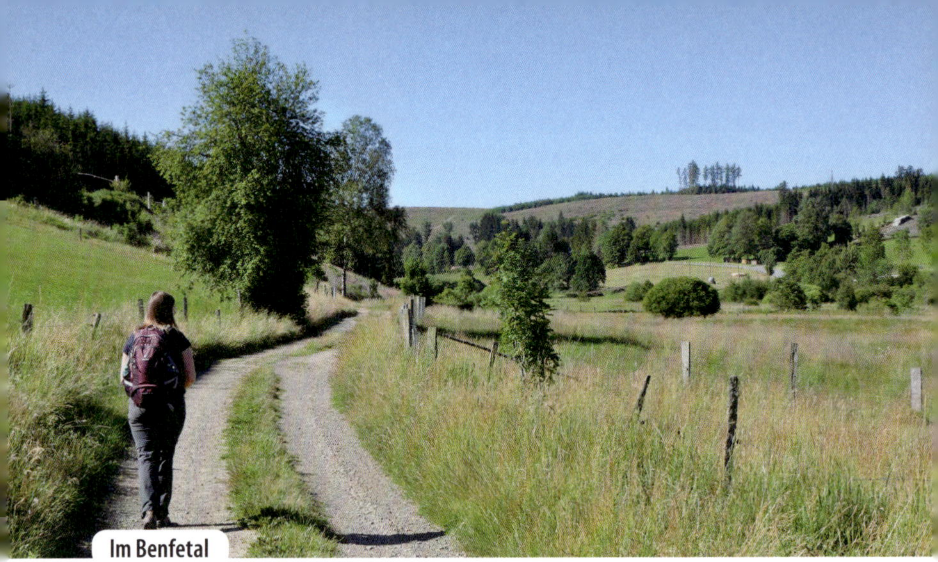

Im Benfetal

um nach 100 Metern an der Kreuzung geradeaus dem Weg ins ❸ **Benfetal** zu folgen. Es ist Teil des Naturschutzgebiets Rothaarkamm und Wiesentäler und bietet ein friedvolles Ambiente: Pinke Schmalblättrige Weidenröschen setzen farbliche Akzente und die Grillen zirpen ein nicht enden wollendes Konzert.

Der Mäanderweg schlägt einen wurzelreichen Pfad nach links ein. Immer dem sanften Plätschern des Wassers nach, gelangen wir an eine ❹ **Aussichtsplattform,** die einen ersten offenen Blick auf die **Benfe** ermöglicht. Wir beobachten, wie sich der glitzernde Bach anmutig und kurvenreich durch die Wiesen schlängelt. Nach einem waldreicheren Abschnitt freuen wir uns, wenn sich das Tal wieder weitet und uns das Flüsschen in nächster Nähe auf Schritt und Tritt begleitet. Die lebendige Frische der Benfe spendet uns neue Energie.

Sobald wir vis-a-vis der Unteren Siedlung von Ludwigseck stehen, führt der Weg in ein Miniatur-Seitental, das, von jungen Fichten umrahmt, spitzwinklig zuläuft. An der Kreuzung im Wald verläuft der Mäanderweg, zusätzlich mit **A2 und E** markiert, nach rechts. Die Schatten spendenden Fichten bieten an heißen Wandertagen angenehmen Sonnenschutz und idealen Lebensraum für Moose, von denen es allein in Nordrhein-Westfalen 450 verschiedene Arten gibt. Der Waldboden gleicht

Die ***Benfe*** *ist Lebensraum vieler Fischarten, weshalb der Graureiher und der scheue Schwarzstorch an ihrem Ufer oft auf Beute aus sind. Auch die Wasseramsel geht hier auf Fischfang. Sie ist der einzige Singvogel, der unter Wasser seine Nahrung sucht.*

einem flauschigen grünen Teppich – ein einzigartiges Tasterlebnis für unsere Hände, mit denen wir sanft darüberstreichen. Der Weg mündet in eine abwärts führende Forststraße, auf der wir eine blaue-gelbe Schranke sowie das Haus Nr. 17 passieren. Danach verlassen wir den Mäanderweg und folgen **A1 und E** nach rechts, überschreiten auf einer Brücke die Benfe und erreichen die **L720.** An der Landstraße halten wir uns für 100 Meter links, überqueren diese und wählen den rechten der beiden parallel verlaufenden Wege.

Für die Seele

Rosen schenken uns mit wunderschönem Blütenmeer und hinreißenden Düften einen Genuss für alle Sinne!

Dieser ist das Eingangstor in das pittoreske **5 Seebachtal** – ein absoluter Geheimtipp für Liebhaber unberührter Natur. Romantik und Ruhe einerseits, eine leuchtende Palette von Grüntönen andererseits sind die Faszination auf diesem Abschnitt der Tour. Das dominierende intensive Grün der Fichten, die sich am Saum des Tales drängen, steht in direktem Kontrast zum frischen Grün ihrer noch jungen Spitzen. Die hellgrünen Blätter der Birken heben sich sowohl von olivgrünen Weidenbüschen als auch vom

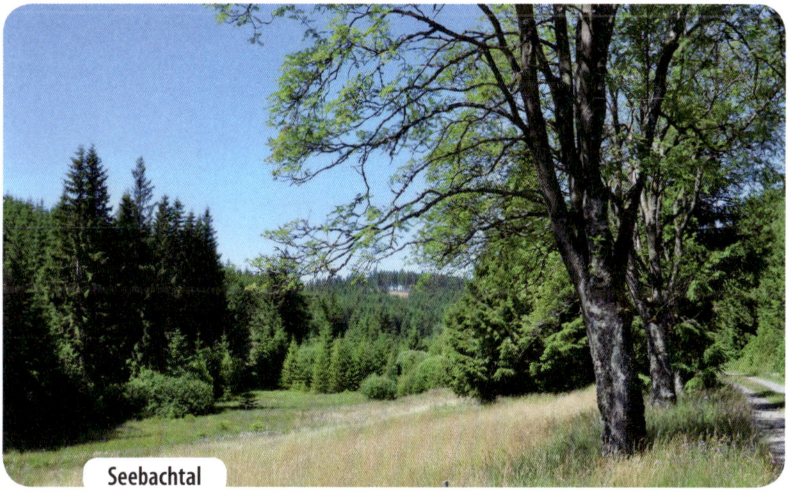

Seebachtal

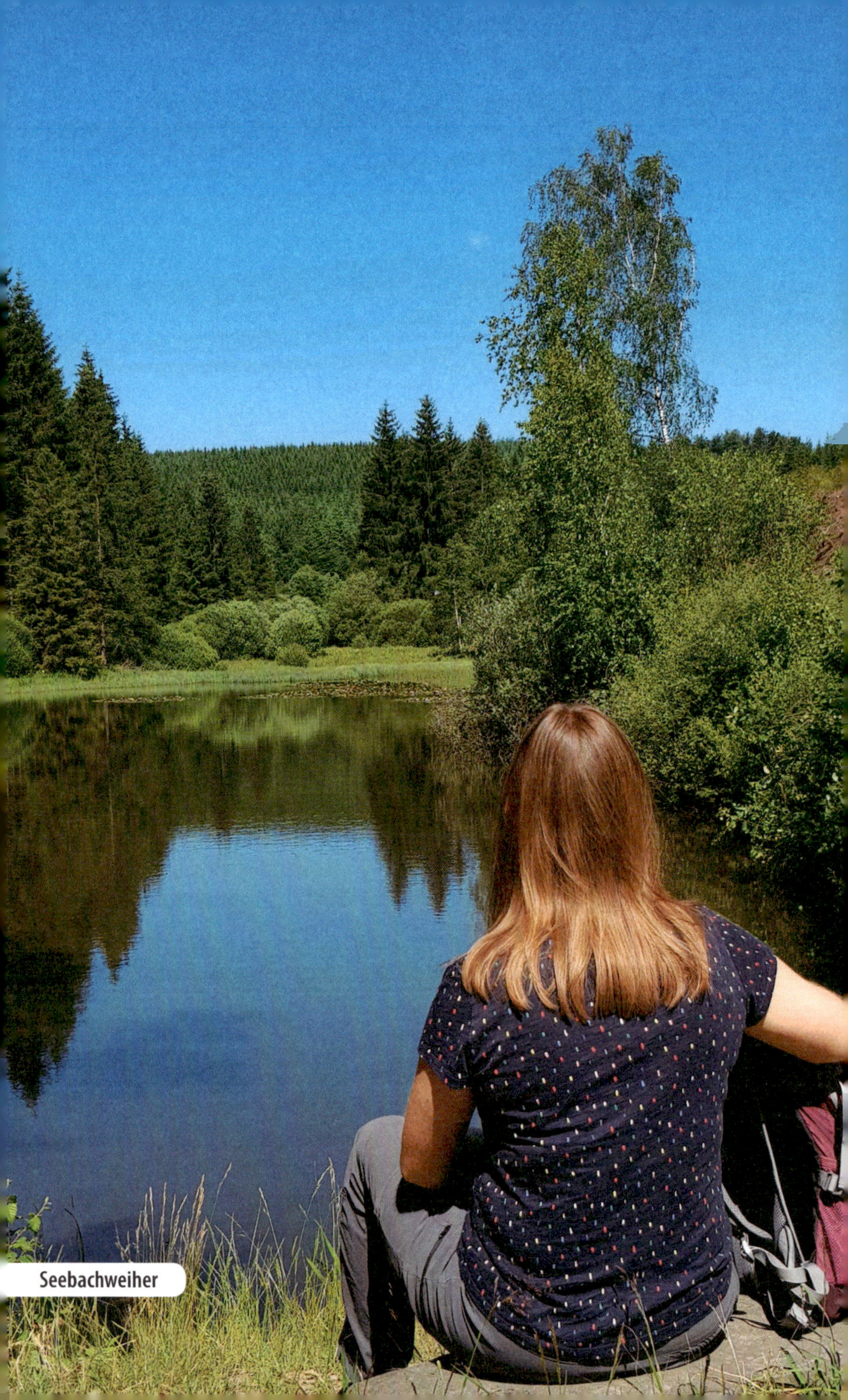

Seebachweiher

dunkelgrünen Heidekraut ab. Das zarte Grün der Gräser fügt sich harmonisch ein, wohingegen rötliche Blätter unerwartet eine andere Farbe ins Spiel bringen.

Schon bald hält das Tal eine Überraschung für uns bereit: den stillen 6 **Seebachweiher,** der mit Seerosen geschmückt ist. Die in der Sonne schimmernden rosa-weißen Blüten öffnen sich und auch unser Herz geht in dieser idyllischen Atmosphäre auf. Gerne nehmen wir am Ufer oder auf der nahe gelegenen Bank Platz, um die klare Spiegelung der Bäume im Wasser zu bewundern. Zwei weitere Weiher säumen den Weg, der zuletzt leicht ansteigend auf die Höhe führt.

Am Wegweiser Seebach II biegen wir scharf rechts ab und folgen dem **Rothaarsteigzugangsweg (R).** Schon bald umschließt uns dichter Fichtenwald. Kurz bevor sich die Bäume lichten, wählen wir an der Verzweigung den linker Hand verlaufenden **Höhweg.** Wenige Schritte trennen uns von einem beeindruckenden Szenenwechsel, dem 7 **180-Grad-Panoramablick.** Fingerhutverzierte Freiflächen eröffnen eine fantastische Aussicht ins Edertal, zum Riemen und Dreiherrenstein, den höchsten Erhebungen des Siegerlandes,

Der botanische Name der ***Seerose*** *lautet Nymphaea. Und tatsächlich existiert eine aus der griechischen Mythologie stammende Sage, nach der eine an gebrochenem Herzen gestorbene Nymphe von den Göttern als Seerose wiedererweckt wurde.*

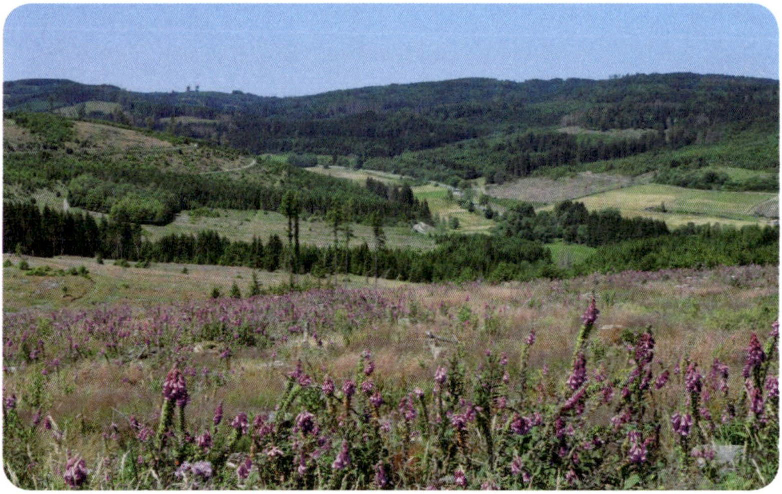

sowie in die Wittgensteiner Bergwelt. Der Höhweg endet an einer großen Kreuzung, wo wir uns an der Markierung **A1** orientieren und geradeaus, vorbei an einer kleinen Hütte, auf dem Teerweg durch Wiesen über den **8 Gickelsberg** wandern. Er bietet eine imposante Sicht auf Erndtebrück, das im 13. Jahrhundert noch Sitz eines Rittergeschlechts und später Zollstelle mit Marktrecht war, mit der Anbindung an das Eisenbahnnetz in 1888 aber kräftig gewachsen ist.

Der Weg beschreibt eine Linkskurve, die schließlich zur Straße **Steinseifen** führt. Dieser folgen wir nach rechts bis zur Bürgerbushaltestelle, an der wir in die Straße **Auf der Roll** abbiegen und bergab zur Grundschule Erndtebrück laufen. Auf der **Schulstraße** geht es für 20 Meter nach links, bevor wir rechts die steil abwärts führende **Pulverwaldstraße** nehmen. Im Tal angekommen, bleiben wir links, wählen bei Haus Nr. 33 die nach rechts verlaufende **Jahnstraße** bis zur **Siegener Straße/B 62.** Auf dieser laufen wir rechter Hand für 60 Meter bis zum Haus Nr. 27, um dann die Bundesstraße und die Bahngleise zu überqueren. Unmittelbar danach gehen wir links in die **Thüringerstraße** und

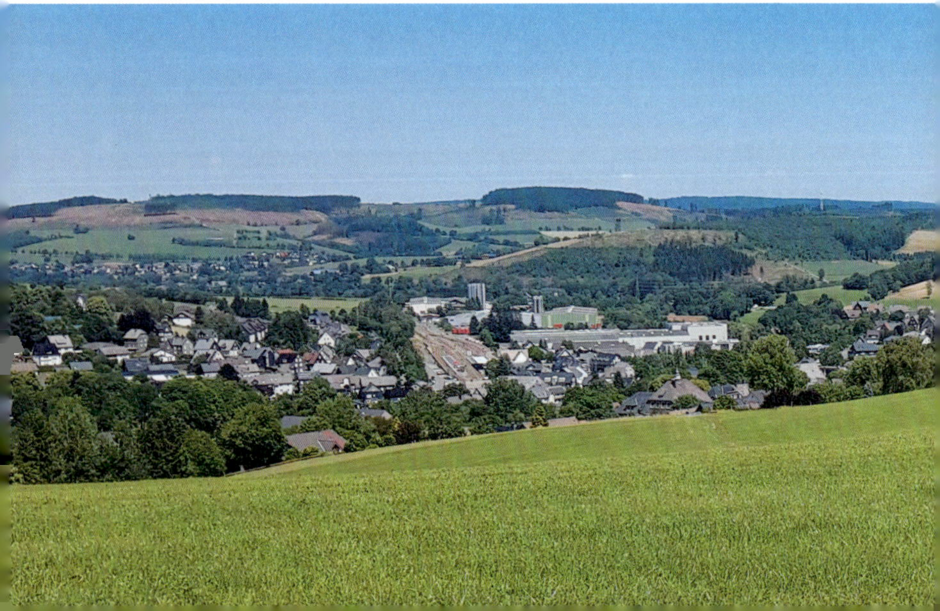

betreten kurz darauf durch den großen Einlass in der Buchenhecke den Alten Friedhof.

Die Fachwerkkapelle ist unser Ziel, denn dort wartet ein weiteres Highlight: der 9 **Rosengarten.** Wir nehmen uns viel Zeit, um an diesem einzigartigen und romantischen Ort die Seele baumeln zu lassen. Es gibt so viel zu entdecken und zu schnuppern. Besonders die zartgelben Rosen haben es uns mit ihrem unfassbar süßen und intensiven Duft angetan. Wir versenken unsere Nase tief im Blütenkelch und müssen dabei aufpassen, dass wir mit keiner Biene kollidieren, denn sie fühlen sich ebenfalls von dem lieblichen Aroma magisch angezogen. Und auch unsere Augen erleben ein Fest der Farben: Das Spektrum reicht von zartrosa über cremeweiß zu bordeauxrot; die Formen von kleinen geschlossenen Knospen über feinblättrige Zwergrosen bis zu üppigen, kugelrunden Blüten. Im Garten treffen wir auf Ellen Paulsen, Madame Sophie Fropppot, Frau Rudolf Schmidt und auch die Schöne aus Angeln lässt sich blicken. Nein, wir sind keinen Bekannten begegnet, sondern haben anhand der beschrifteten Schiefertafeln die Namen der Rosen kennengelernt.

Blick auf Erndtebrück

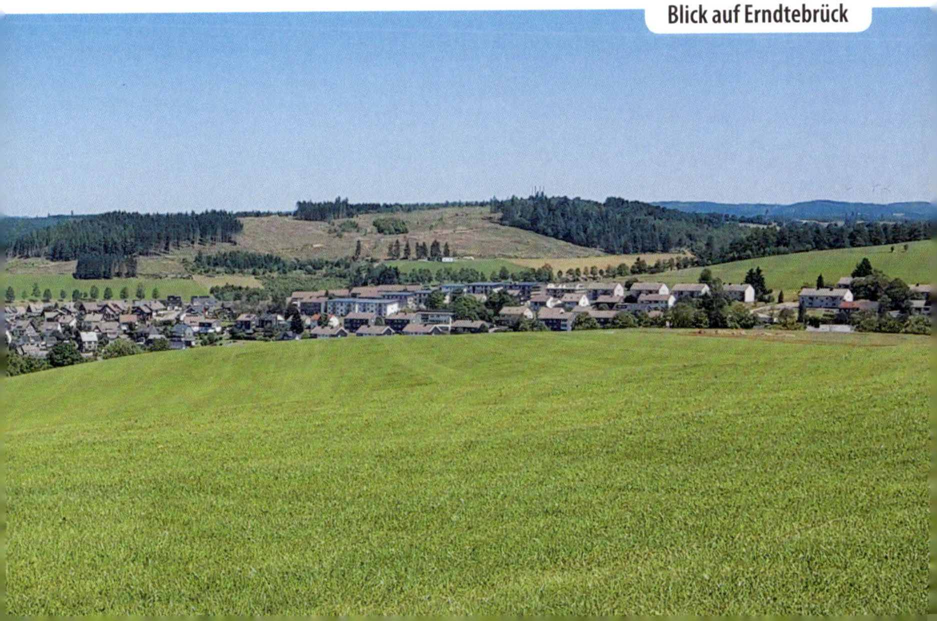

*Der **Rosengarten** ist ein privates Herzensprojekt zweier Naturfreundinnen. Er ist ein Paradies mit über 400 historischen, häufig auch sehr seltenen Rosenarten. In den Monaten Juni und Juli werden kostenlose Beratungen angeboten.*

Zwischendrin lädt eine Holzbank zum Verweilen ein – nur für einen Augenblick, bevor wir weiterwandern. Auf dem Schild heißt es passend: „Hier sitzen wir und haben's SCHÖN." Der Rosengarten ist wirklich ein besonderer Glücksort.

Wir verlassen den Friedhof oberhalb der Kapelle und gehen rechts durch die **Ederfeldstraße,** bis sie in die **Grimbachstraße,** der wir bergab bis zum Kreisel folgen, mündet. Hier nehmen wir scharf links für 30 Meter die **Hachenbergstraße** aufwärts, um hinter dem Laden Steffis Herzstück in die **Bahnhofstraße** abzubiegen. Diese führt uns bis zum Park-and-Ride-Parkplatz, dem Ausgangspunkt unserer Wanderung.

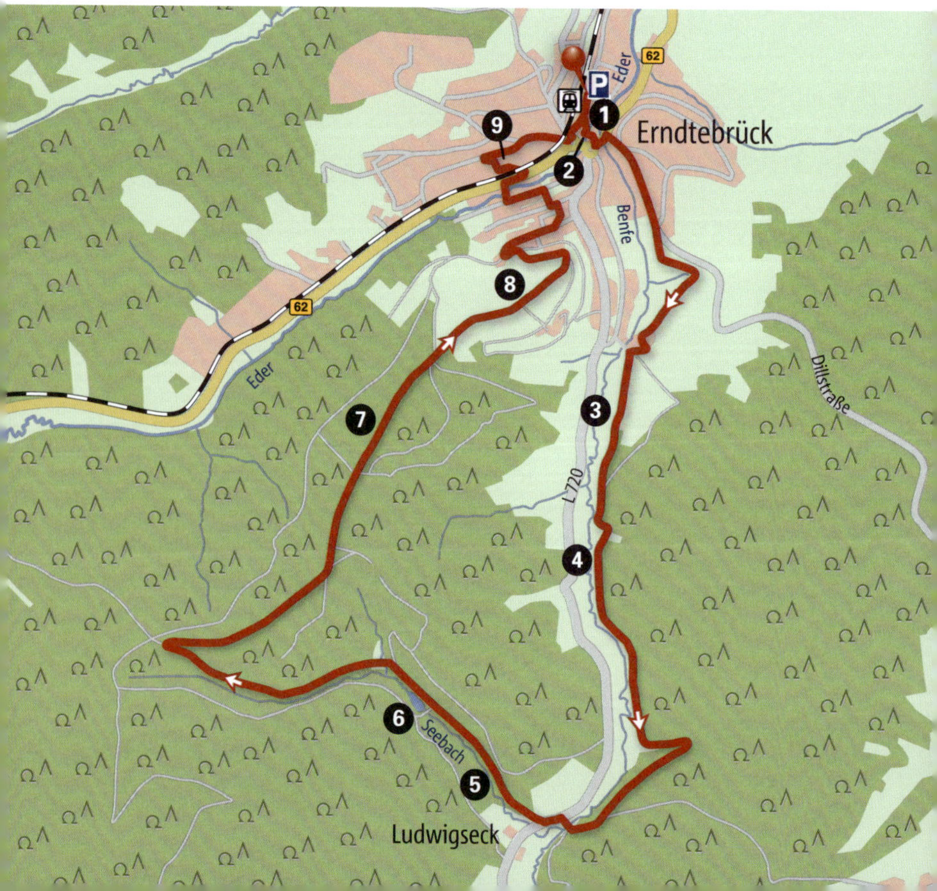

ALLES AUF EINEN BLICK

Entspannung ●●●●○
Abenteuer ●●○○○
Vielfalt ●●●●●

WIE & WANN

Wald-, Wiesen- und Forstwege, in Erndtebrück asphaltierte Wegabschnitte. Beste Jahreszeit April bis Oktober. Empfehlenswert im Juni und Juli, wenn die Rosen in voller Blüte stehen.

HIN & WEG

Auto: Park-and-Ride-Parkplatz, Bahnhof Erndtebrück, Bahnhofstraße 9, 57339 Erndtebrück
ÖPNV: Bahnhof Erndtebrück

ESSEN & ENTSPANNEN

1. **Restaurant Mühle Acht,** Mühlenweg 6–8, 57339 Erndtebrück, Tel. (0 27 53) 6 68 09 71, www.muehle-acht.de
2. **Eiscafé Dolomiti,** Marburger Straße 3, 57339 Erndtebrück, Tel. (0 27 53) 27 00

ENTDECKEN & ERLEBEN

3. Benfetal
4. Aussichtsplattform
5. Seebachtal
6. Seebachweiher
7. 180-Grad-Panoramablick
8. Gickelsberg
9. Rosengarten

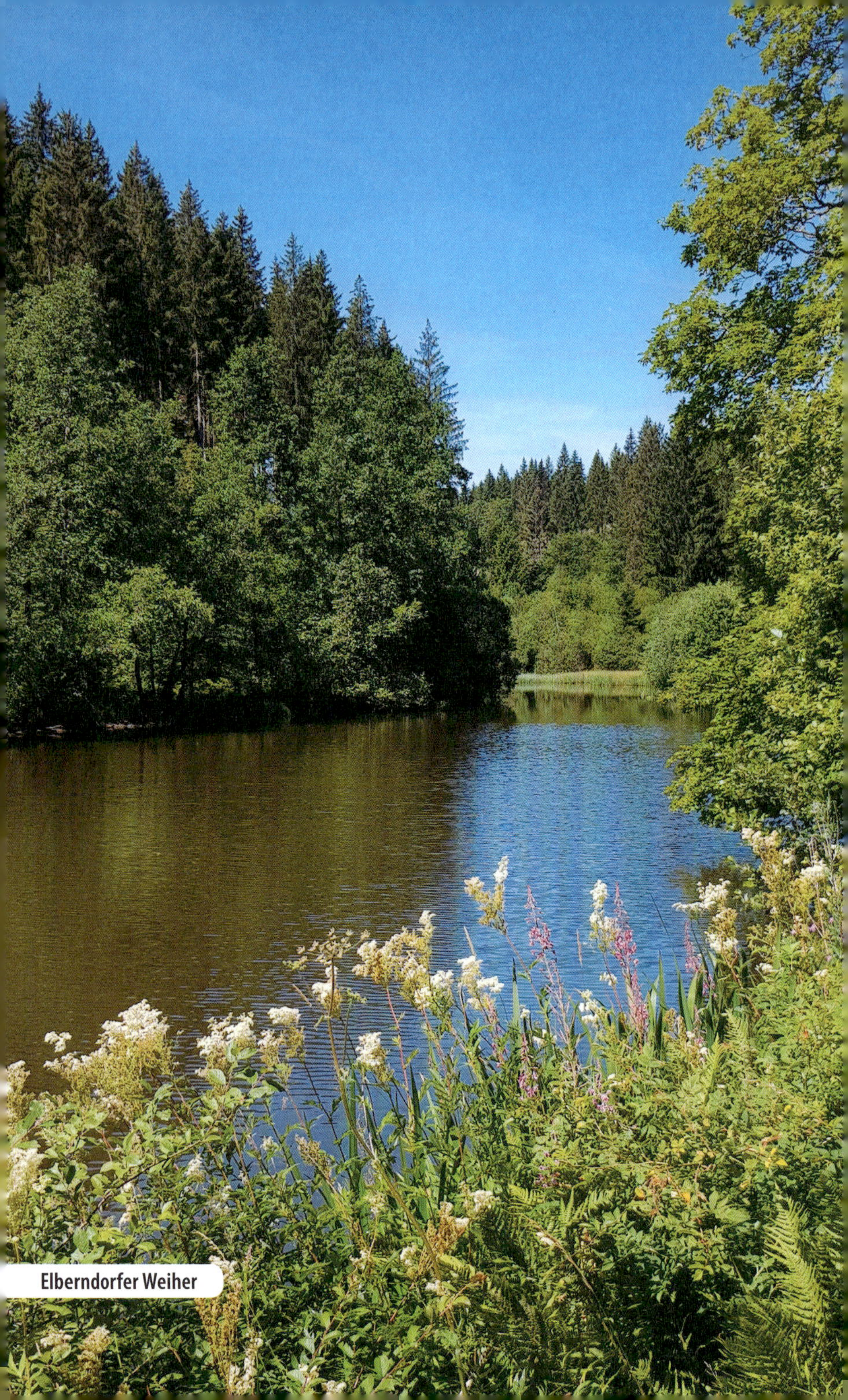

Elberndorfer Weiher

Im Naturparadies

Einzigartiges Elberndorftal

Das Elberndorfer Bachtal ist ein gutes Beispiel dafür, wie die Natur mit Unterstützung des Menschen nahezu verlorene Lebensräume zurückgewinnen kann. Bis vor wenigen Jahren dominierten Fichten das gesamte Tal, weil auch die sumpfigen Flächen mit dem schnell wachsenden Nadelholz bepflanzt worden waren. Inzwischen prägen wieder Moore, Sumpfwiesen, Borstgrasrasen und Buchen das Bild des einzigartigen Naturparadieses.

Auf einem breiten Forstweg am Parkplatz Oberndorfer Höhe startet unsere Wanderung. Wir folgen den Zeichen **A7, A8** und gelangen nach wenigen Schritten zur privaten **1 Kloses Hütte.** Hier verweilen wir einen Moment, um den liebevoll gestalteten Garten zu bewundern. Kurze Zeit später trifft beim Wegweiser Am Wollbeck der Rothaarsteig von rechts auf unseren Weg.

Wir halten uns dort und an der nächsten Kreuzung weiterhin geradeaus, bevor wir an der folgenden Wegverzweigung schräg rechts leicht bergab wandern **(A7, A8, Rothaarsteig).** In der sonnigen Hanglage haben sich die krautigen Sträucher der Waldheidelbeere ausgebreitet. Die blauen Vitaminbömbchen animieren uns zu einer gesunden Naschpause. Wir können sie natürlich auch sammeln, um nach der Wanderung zu Hause einen leckeren Blaubeerpfannkuchen zu backen.

In Höhe der Informationstafel Naturschutzgebiet Elberndorfer Bachtal treffen wir auf den noch jungen Bach, der unweit an den Hängen des 678 Meter hohen Riemens, der höchsten Erhebung des Siegerlandes, ent-

Rezept für 4 Eierkuchen:
100 g Mehl, je 1 Prise Backpulver und Salz, 2 Eier, je ⅛ Liter Milch und Mineralwasser vermischen. Etwas Teig in die mit Fett vorgeheizte Pfanne gießen. Anbacken, Heidelbeeren zugeben und mit etwas Teig überfüllen. Wenden und ausbacken.

Kilometer: 10,3
Höhenmeter: 213
Stunden: 3,5
RUNDWEG

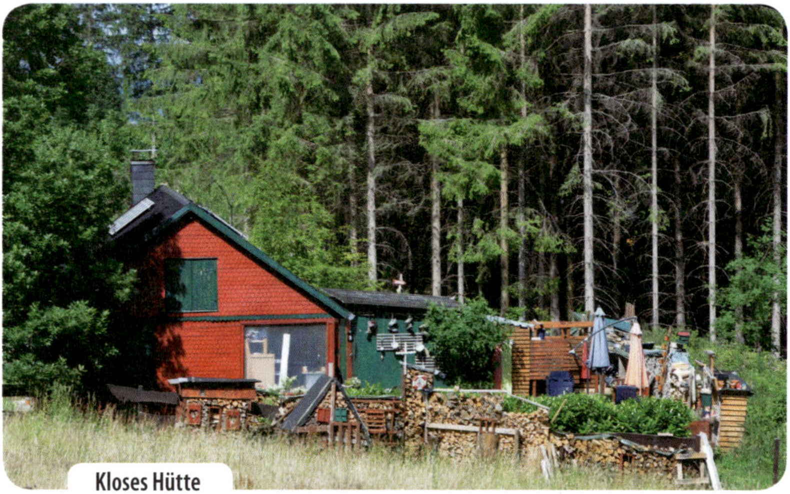

Kloses Hütte

*Fast wäre das **Elberndorfer Bachtal** dem Bau einer Talsperre zum Opfer gefallen: Als einer von zwei möglichen Standorten wurde das Tal einer Machbarkeitsstudie unterzogen. Im Sommer 2022 fiel der Entschluss: Dieses bezaubernde Fleckchen Erde bleibt.*

springt. Nachdem wir es über Steine oder mittels einer kleinen Brücke trockenen Fußes auf die andere Bachseite geschafft haben, erwartet uns ein steiler Anstieg. Jedoch nur für etwa 100 Meter, bis rechter Hand der Wanderweg **A8** abzweigt, der uns mitten hinein in das romantische **2 Elberndorfer Bachtal** führt.

Für 1,3 Kilometer folgen wir einem malerischen Waldpfad und genießen die Stille in dem von Fichten umgebenen Hochtal. Wanderer erleben zu jeder Jahreszeit eine herrliche Flora und Fauna. An einem warmen Sommertag begleiten uns zahlreiche bunte Schmetterlinge, die sich von der Blumenvielfalt am Wegrand magisch angezogen fühlen und von Blüte zu Blüte schweben. Wir treffen auf einen Forstweg und folgen diesem weiter talwärts. Das leise Plätschern des Baches begleitet uns dabei.

Der Talboden weitet sich allmählich und unser Weg geht in ein Teersträßchen über. Während die Markierung A8 nach rechts führt, halten wir uns hingegen leicht links und folgen dem mit einem Dreieck markierten Weg in Richtung Zinser Bachtal. Nachdem wir circa 20 Meter auf asphaltierter Strecke zurückgelegt haben, biegen wir schräg links auf einen Steig, der uns am Hang stetig bergauf bringt, ab. Unsere Lungen füllen sich mit frischer Luft und unter uns im Tal blitzt der Wasserspiegel des **Elberndorfer Teiches** auf. Mit etwas Glück können wir aus unmittelbarer Nähe Rehe beobachten, die unseren Weg kreuzen. An der nächsten Abzweigung halten wir uns rechts, wandern höhengleich durch Buchenwald und folgen kurz darauf dem zunächst leicht abwärts verlaufenden Weg. An der folgenden Y-Kreuzung wandern wir links auf dem Höhenweg weiter, bis er uns nach 600 Metern durch eine dicht bewachsene Waldschneise hinabführt. An der kommenden Kreuzung orientieren wir uns geradeaus bergab und erreichen kurze Zeit später wieder das Elberndorfer Bachtal, wo wir den Blick über die faszinierende Wiesenlandschaft schweifen lassen.

Für die Seele

Die abgeschiedene Natur lädt zum Krafttanken ein. Das Bachplätschern verleiht uns neue Lebensenergie.

Auf den weiten Wiesen entlang des Baches gedeihen zahlreiche Pflanzen: Blauer Eisenhut, Schmalblättriges und Scheidiges Wollgras oder das Sumpfveilchen

Elberndorfer Bachtal

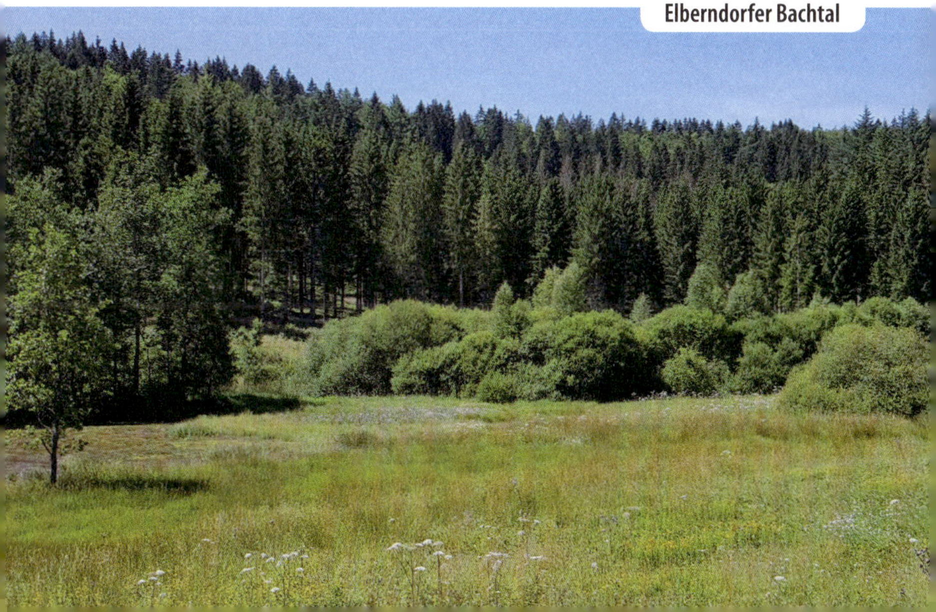

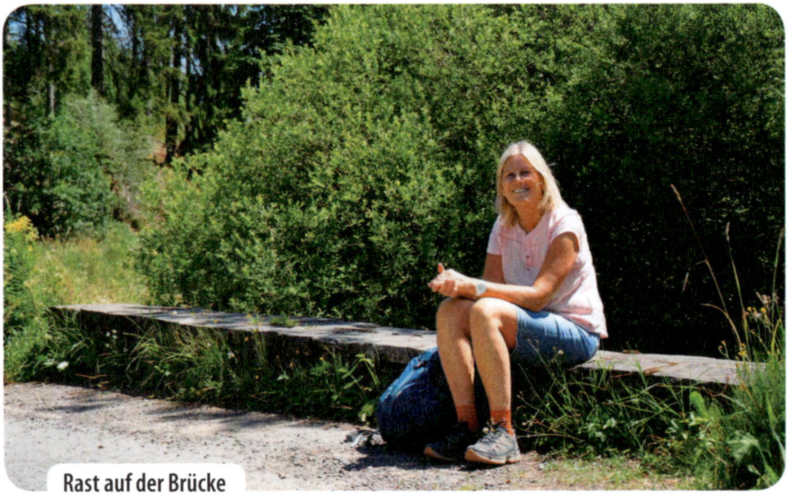
Rast auf der Brücke

finden im moorigen Gelände ideale Bedingungen vor. In den trockeneren Randbereichen des Tals wachsen Magerwiesen und Borstgrasrasen. Botanisch interessierte Wanderer entdecken hier an einigen Stellen sogar Arnika. Im Flüsschen selbst leben seltene Fischarten wie Groppe und Bachneunauge. An manchen Tagen lässt sich der Eisvogel am Ufer beobachten, wenn er auf Fischfang geht. Auch der Schwarzstorch fühlt sich in dem malerischen Bachtal heimisch.

Wir folgen dem Talweg nach rechts. Sobald wir auf asphaltierten Untergrund treffen, biegen wir links ab und überqueren den **Elberndorfbach.** Die Mauer der ③ **Brücke** nutzen wir als Sitzgelegenheit für eine kurze Trink- und Verschnaufpause. Wir genießen dabei die wärmenden Sonnenstrahlen, die uns ein Wohlgefühl schenken. Mit frischer Energie setzen wir unsere Wanderung fort, gehen kurz bergauf, halten uns vor der scharfen Kurve rechts und folgen dem Weg parallel zum Bach immer weiter geradeaus. Mit einer ausgeprägten Rechtskurve leitet er zurück auf den breiten Talweg, den wir zu Füßen eines kleinen Steinbruchs erreichen.

Wir wandern nach links, vorbei am Ufer eines **4 Weihers,** und kommen zu einer bekannten Kreuzung, die wir im ersten Teil der Wanderung schon passiert hatten. Der schmale Weiher ist eingebettet in die sanfte Tallandschaft. Er ist umgeben von dichten Wäldern. Das Ufer wird von einem bunten Blütenmeer und breiten Schilfteppichen gesäumt. Libellen surren über den glitzernden Wasserspiegel. Der Markierung **A8** und dem **Dreieck** folgen wir nach links in Richtung Ferndorfquelle. Nach ca. 20 Metern wählen wir an der Wegverzweigung den linken Weg und überqueren erneut einen kleinen Bachlauf, indem wir Steine als Trittplatten benutzen. Längere Zeit führt der Weg ansteigend wieder hinauf auf die Höhen des **Rothaarkamms,** auf dem größere Fichtenbestände einem Sturm zum Opfer gefallen sind. Durch das Werk des Borkenkäfers und die viel zu trockenen Sommermonate der vergangenen Jahre waren sie geschwächt.

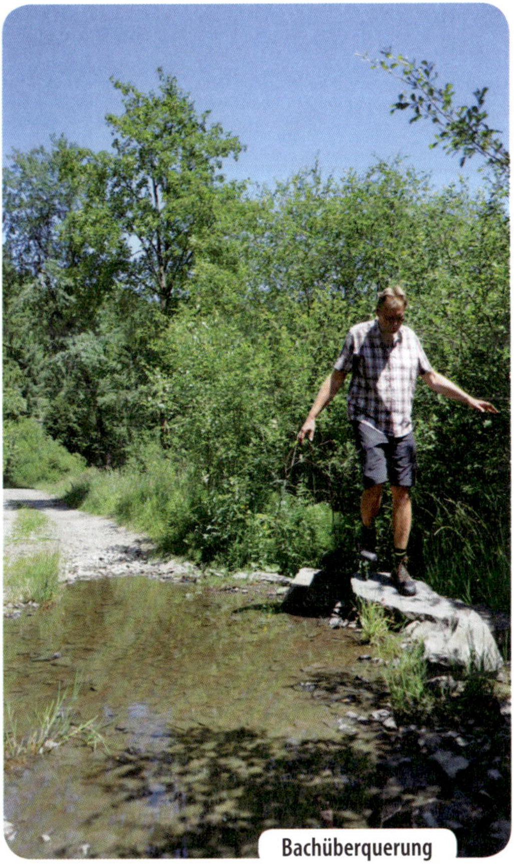
Bachüberquerung

Bevor wir am **Helberhauser Schlag,** einem großen Wegedreieck, auf die letzten Wandermeter zur Oberndorfer Höhe einbiegen, gehen wir zunächst auf asphaltiertem Weg einige Schritte geradeaus bergab. Rechter Hand führen Stufen hinunter zur **5 Ferndorfquelle,** die pünktlich zum Dorfjubiläum von Hilchenbach-Helberhausen im Frühjahr

Die nach einem Brand im Jahr 2018 neu eröffnete ***Rothaarhütte*** *begrüßt in gemütlichem Ambiente Wanderer und Radfahrer. Das Hüttenteam versorgt die Gäste mit Getränken, die mit frischem Quellwasser gekühlt wurden.*

2018 instand gesetzt wurde. Die Ferndorf entspringt unterhalb einer Bruchsteinmauer. Nach kühlender Erfrischung steigen wir die Steintreppe wieder hinauf, gehen ein kleines Stück zurück und biegen links ab **(A8, X10 und Rothaarsteig),** wo uns eine **6 Vesperinsel** zu einem Picknick einlädt.

An der kommenden Gabelung halten wir uns links und folgen dem Weg, bis wir auf eine markante Bank treffen. Dort biegen wir links auf einen schmalen Steig ab und gelangen zur nur an Wochenenden und Feiertagen geöffneten **7 Rothaarhütte,** die unmittelbar am Wanderparkplatz Oberndorfer Höhe, dem Ausgangspunkt unserer Wanderung, liegt.

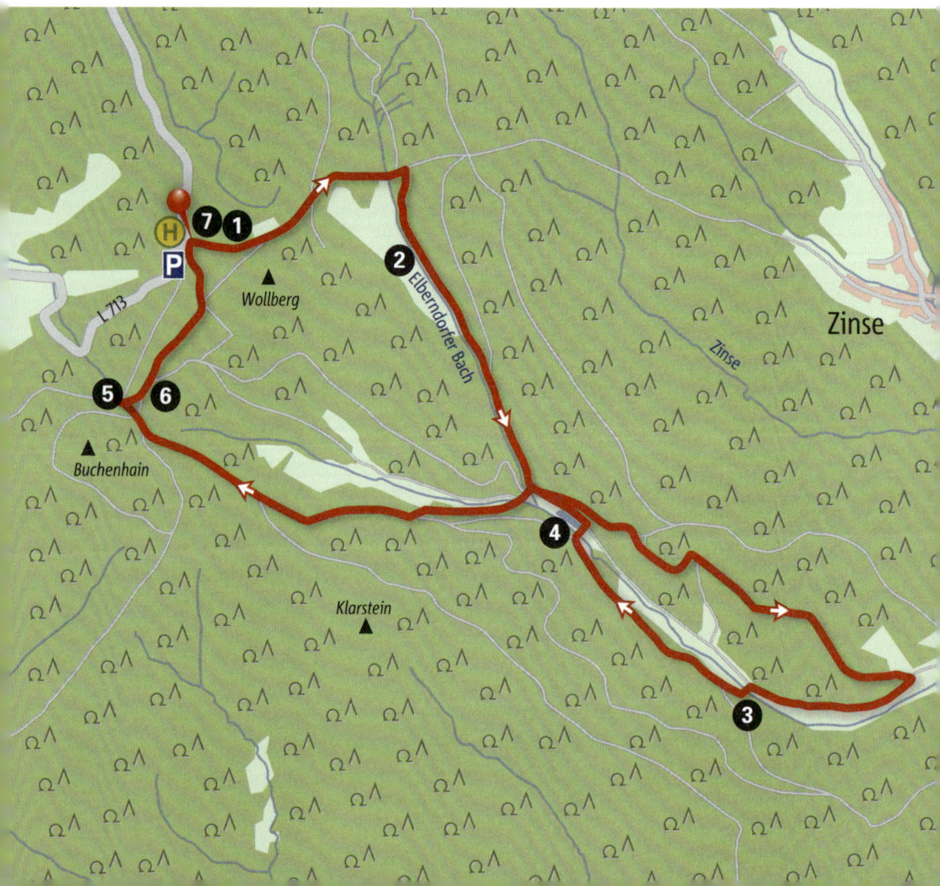

ALLES AUF EINEN BLICK

Entspannung 5/5
Abenteuer 2/5
Vielfalt 3/5

WIE & WANN

Wald- und Forstwege, kurzer asphaltierter Talweg. Ideal von Frühjahr bis Herbst. Besonders lohnenswert im Sommer, da dann viele Blumen blühen und zahlreiche Schmetterlinge am Wegrand zu entdecken sind.

HIN & WEG

Auto: Wanderparkplatz Oberndorfer Höhe an der L 713 zwischen 57271 Hilchenbach-Oberndorf und 57399 Kirchhundem-Heinsberg
ÖPNV: Haltestelle Oberndorfer Höhe, BürgerBus Hilchenbach e. V., Rufbusfahrt bei Bedarf und nach Voranmeldung, Tel. (01 51) 55 25 22 53

ESSEN & ENTSPANNEN

7 **Rothaarhütte,** direkt am Wanderparkplatz, Tel. (01 51) 15 25 97 46 (nur an Wochenenden und Feiertagen geöffnet)

ENTDECKEN & ERLEBEN

1 **Kloses Hütte**
2 **Elberndorfer Bachtal**
3 **Brücke**
4 **Weiher**
5 **Ferndorfquelle**
6 **Vesperinsel**

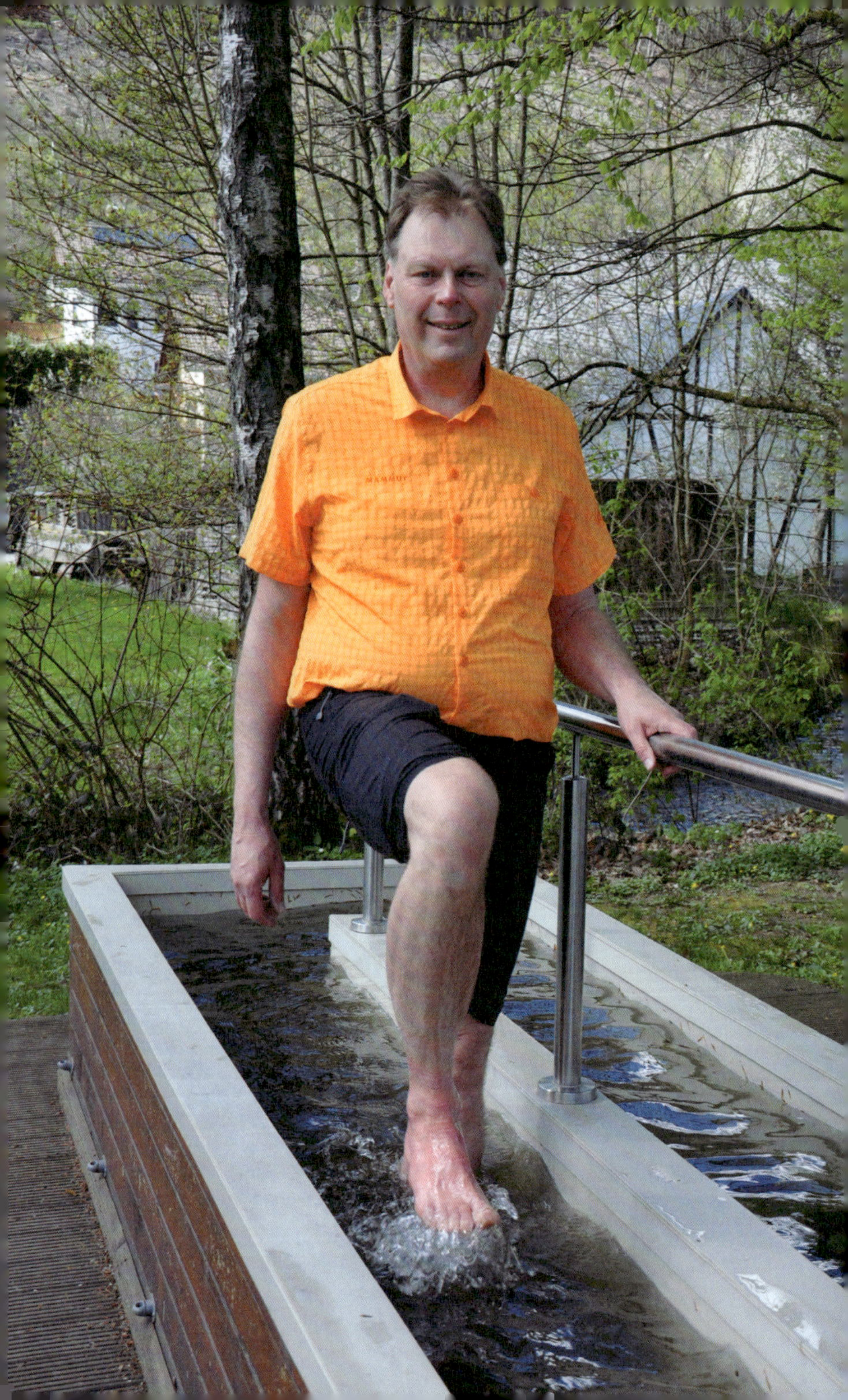

Kraft des Wassers

Im Tal der jungen Sieg bei Deuz

Auf den Höhen des Ederkopf-Lahnkopf-Rückens entspringt die Sieg, deren frisches Quellwasser nach einer Steilstufe an den Hängen des Rothaargebirges den ersten breiteren Talboden erreicht. Durch ihn wandern wir und erfahren dabei, dass uns Wasser Kraft, Energie und Kultur schenkt.

Deuz war einst eine wichtige Station an der Kleinbahnstrecke, die von Siegen-Weidenau ins Johannland bis nach Irmgarteichen-Werthenbach führte. Beim restaurierten **1 Alten Bahnhof** bewundern wir in einem Glaspavillon ein Modell des weltweit ersten Motor-Omnibusses, der 1895 seine Jungfernfahrt hatte. Wir verlassen den Parkplatz und biegen nach links in die **Albert-Irle-Straße** ein. An der Fußgängerampel nahe der Sparkasse wechseln wir die Straßenseite. Hinter der Wandertafel gehen wir rechts in die Straße **Hinterm Wasser** und folgen nach 70 Metern der Straße **An den Sträten** bis zum Ende, wo uns die Markierung **D** in den Wald leitet. Wenig später nehmen wir den schräg rechts abzweigenden Pfad **(G2).** Vor dem Schuppen halten wir uns kurz rechts und dann führt unser Wanderweg immer am oberen Saum der Wiesen entlang.

Es öffnet sich eine herrliche Aussicht ins obere Siegtal: Wir lassen unseren Blick über die saftig grünen Wiesen rund um **Grissenbach** schweifen und unten im Tal schlängelt sich die noch junge Sieg. Nach einer Linkskurve, in der wir einen kleinen Wasserlauf überqueren, schauen wir zurück auf Deuz. Unser Weg trifft auf die Straße **Hofgarten,** der

*Die bekannteste Anwendung Sebastian Kneipps ist das **Wassertreten**. Der Kältereiz an Füßen und Beinen hat eine geniale Wirkung: Durch das Zusammenziehen der Kapillaren wird die Durchblutung gefördert – gut für Kreislauf und Stoffwechsel.*

Kilometer: 11,4 (12,8)
Höhenmeter: 314 (370)
Stunden: 4 (4,5)
RUNDWEG

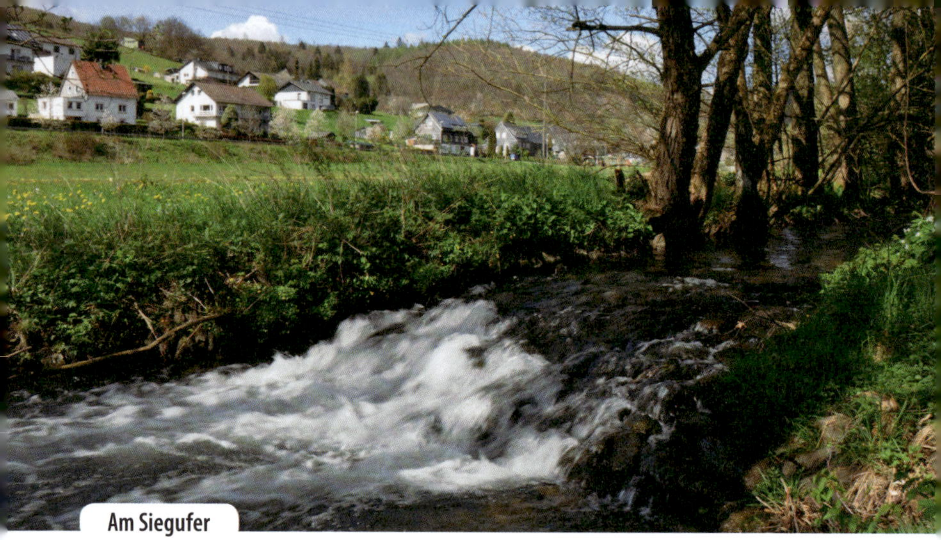

Am Siegufer

wir am Friedhof vorbei immer geradeaus bis zur Einmündung in die Straße **In der Hälsbach** folgen. Zunächst gehen wir 20 Meter nach rechts und dann links in die Straße **Am Steinacker,** um sofort schräg rechts den geschotterten Weg einzuschlagen. Nach Überwinden einer kurzen Steigung führt er an den Gärten der Häuser vorbei und im weiteren Verlauf durch Buchenwald.

*Fachwerkhäuser prägen das Ortsbild von **Nenkersdorf**. Das Haus Klöckener besticht durch einen original erhaltenen Siegerländer Hausflur, den Ern. Einmalig ist an einem anderen Objekt die Fassade im Hessischen Kratzputzstil aus dem Jahre 1779.*

Sobald sich die Bäume lichten, genießen wir einen schönen **2 Blick auf Nenkersdorf,** das von Wiesen und einem Grüngürtel aus Laubbäumen umgeben ist. An der T-Kreuzung halten wir uns links, wandern kurz danach erneut links und auf asphaltiertem Weg abwärts. Im Talboden laden zwei Bänke am rauschenden **Haardtbach** zu einer kleinen Pause ein. Mit den Markierungen **A1 und A3** wandern wir durch den **Fuhrweg** und die **Hellerstraße** hinein in den Ort. Das kräftige Sprudeln und Strömen der Sieg begleitet uns dabei.

Wir orientieren uns am Wegweiser zur Mühle und wählen den Pfad durch den Park. Die Dorfgemeinschaft hat im Herzen des Ortes ein kleines Idyll geschaffen. Gleich zu Beginn kommen wir an einem frei stehenden Glockenturm vorbei. 20 Kirschbäume sorgen für Leben im schön gestalteten Insektenhotel. Erfrischender Höhepunkt für müde Wanderbeine ist das **3 Wassertretbecken,** in dem wir im Storchengang nach Kneippscher Tradition neue Energie tanken. Der Barfußpfad wirkt wie eine kleine Fußreflexzonenmassage und belebt uns für die nächsten Schritte.

Für die Seele
Eine alte Wassermühle, leuchtende Sonnenblumen und gastliche Einkehr schenken uns besondere Erlebnisse.

Wir verlassen die Kneippanlage, wandern am Feuerlöschteich aufwärts und an einer Wiese entlang in den Wald **(A2, X).** Nach kurzer Zeit zweigt links ein steiler Steig mit dem Hinweisschild „Benutzen auf eigene Gefahr" zur **4 Nenkersdorfer Wassermühle** ab. Erbaut wurde sie 1240; sie ist die einzige Mühle im Kreis Siegen-Wittgenstein, die noch voll funktionsfähig ist. Das 5 Meter hohe Wasserrad treibt die Zahnräder und somit die Mühlsteine an, zwischen denen in 24 Stunden 2 Tonnen Getreide zu Mehl vermahlen werden können.

*Alljährlich wird am Pfingstmontag an der **Nenkersdorfer Mühle** der Deutsche Mühlentag gefeiert. Eine Besichtigung zeigt anschaulich die handwerkliche Tradition der Müllersfamilie. Für Essen und Trinken ist gesorgt.*

Angelockt von einem leuchtend gelben Blütenmeer gehen wir zur **Sieg-Lahn-Straße** und fühlen uns in den mediterranen Süden Europas versetzt, denn ein großes **5 Sonnenblumenfeld** zum Selbstpflücken liegt vor uns. Wir schlendern nach rechts und biegen vor dem Friedhof mit dem Balken als Markierung in den **Kirchfeldweg** ein. An der folgenden Kreuzung halten wir uns bergauf in den **Buchenweg,** bis wir hinter Haus

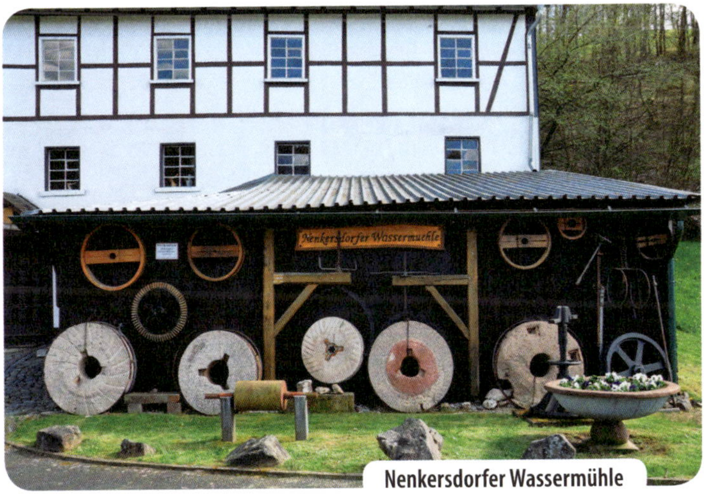

Nenkersdorfer Wassermühle

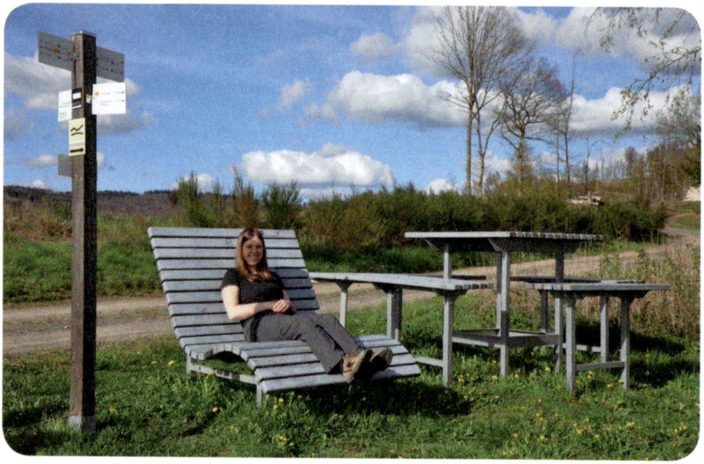

Nr. 33 links abbiegen, um dem asphaltierten Sträßchen weiter zu folgen. Kurze Zeit später treffen wir auf den **Rothaarsteigzugangsweg (R),** biegen scharf rechts ab und gelangen zum Wanderparkplatz Buchenweg am **6 Tor zum Rothaarsteig mit Grillhütte/Wandertreff.**

Mit dem **gelben Zeichen (R)** gewinnen wir an Höhe. Wir nehmen uns Zeit, atmen kräftig durch und genießen die herrliche Natur. Unsere Blicke schweifen hinunter ins Sehlbachtal und hinauf zum Rothaarkamm. An den beiden Verzweigungen bleiben wir jeweils links auf dem bergwärts führenden Weg, halten uns kurze Zeit später geradeaus und entdecken den linker Hand gelegenen Waldsportplatz der FSG Oberes Siegtal. An der nächsten Abzweigung wählen wir erneut den linken, ebener werdenden Weg und folgen ihm, bis wir am Ende einer Wiese eine sonnenverwöhnte **7 Vesperinsel** und eine geschwungene Rothaarsteigbank erreichen. Von dem massiven Holzunterstand aus sehen wir zwischen den Lärchen hindurch den Wasserspiegel des Vorstaubeckens der Obernautalsperre glitzern. Wir orientieren uns mit den Zeichen **D1 und R** nach links und gehen auf dem breiten Wanderweg an der Waldwiese entlang. An der Kreuzung in Höhe der privaten

Hütte und der Bank Nr. 6516 können wir einen lohnenswerten Abstecher zur 8 **Aussicht Obernautalsperre** machen. Dazu folgen wir für 700 Meter dem Rothaarsteigzubringer.

Ansonsten gehen wir an der Kreuzung geradeaus **(D1)** und kommen auf dem waldreichen **Richard-Müller-Weg** zur Kamel-Eiche, einem auffällig gewachsenen Baum. Beim Abstieg an den Hängen des 470 Meter hohen Sterndills begleitet uns ein lautstarkes Eichelhäher-Konzert. Die als Waldpolizisten bekannten Vögel aus der Familie der Raben warnen mit ihrem durchdringenden krschääh-Ruf alle Waldbewohner vor Feinden. Doch von uns geht keine Gefahr aus, denn wir freuen uns über die Vielfalt der Flora und Fauna und wissen sie zu schätzen.

An der großen Wegekreuzung wandern wir nach rechts und erreichen das 9 **Haubergs-ABC,** das aus Baumstümpfen geschnitzt worden ist. Rund um die kleine Hütte gibt es jahreszeitlich wechselnde Aktivitäten wie zum Beispiel das Kartoffelquiz. Auf dem asphaltierten Weg gehen wir nach links am Bestattungswald vorbei und schauen über das vor uns liegende

Der 1972 in Betrieb genommene ***Obernaustausee*** *ist 86 Hektar groß und bis zu 45 Meter tief. Er speichert 14,8 Millionen Kubikmeter Wasser. Für den Bau mussten die Orte Obernau und Nauholz ganz und Brauersdorf teilweise weichen.*

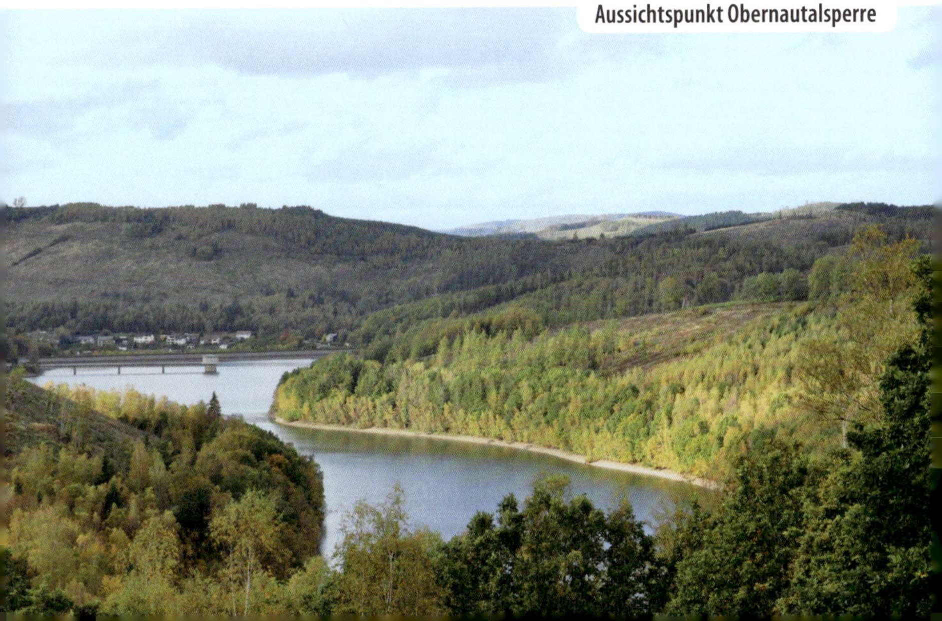

Aussichtspunkt Obernautalsperre

Immer mittwochs und donnerstags gibt es im **Café Klarfeld** *Sejerlänner Riewekooche. Die für das Siegerland typische Brotspezialität besteht unter anderem aus geriebenen rohen Kartoffeln und wird traditionell mit „dick Butter" bestrichen gegessen.*

Inklusionshotel Fünf10 hinunter auf Deuz. Über den **Nauholzer Weg** erreichen wir die **Marburger Straße** und folgen dieser nach rechts, die Evangelische Kirche passierend, zum ⑩ **Gasthaus Klein,** das sich seit über 300 Jahren im Familienbesitz befindet. Wer es schafft, an diesem beeindruckenden Fachwerkhaus mit seinem tollen Ambiente, dem Biergarten und den westfälischen Spezialitäten vorbeizugehen, wird spätestens am folgenden Kreisverkehr schwach: Denn im ⑪ **Café Klarfeld** ist angesichts der selbst gebackenen Kuchen und Torten die Einkehr ein Muss. Nur noch wenige Schritte durch die **Albert-Irle-Straße** trennen uns schließlich vom Ausgangspunkt.

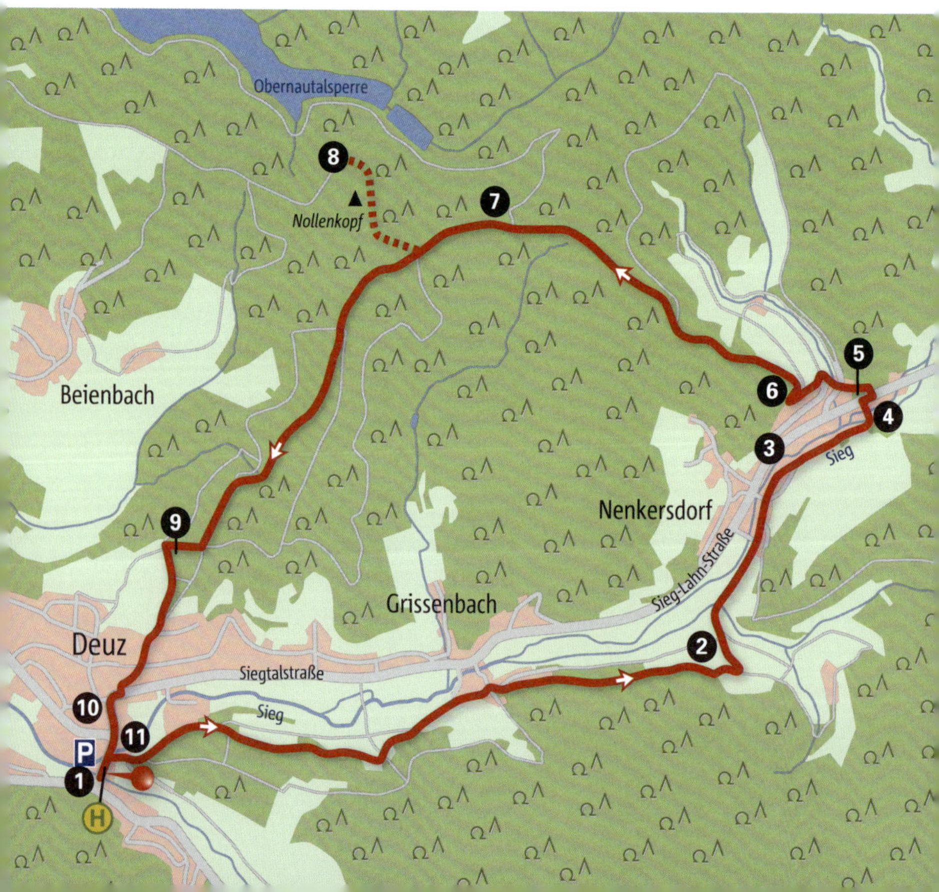

ALLES AUF EINEN BLICK

Entspannung 4/5
Abenteuer 1/5
Vielfalt 5/5

WIE & WANN

Die Wanderung verläuft auf Wiesen-, Wald- und Forstwegen. In den Dörfern asphaltierte Abschnitte. Am schönsten zwischen April und Oktober. Im Sommer für die Sonnenblumen unbedingt an einen Beutel für den Transport denken.

HIN & WEG

Auto: Parkplatz Alter Bahnhof Deuz, Albert-Irle-Straße, 57250 Netphen-Deuz
ÖPNV: Haltestelle Deuz-Ortsmitte

ESSEN & ENTSPANNEN

6 **Grillhütte/Wandertreff am Tor zum Rothaarsteig,** Buchenweg, 57250 Netphen-Nenkersdorf, Tel. (01 70) 1 40 66 02
10 **Gasthaus Klein,** Marburger Straße 7, 57250 Netphen-Deuz, Tel. (0 27 37) 5 93 30, www.gasthaus-klein-deuz.de
11 **Café Klarfeld,** Albert-Irle-Straße 1, 57250 Netphen-Deuz, Tel. (0 27 37) 2 29 99 29, www.cafe-klarfeld.de

ENTDECKEN & ERLEBEN

1 **Alter Bahnhof**
2 **Blick auf Nenkersdorf**
3 **Wassertretbecken**
4 **Wassermühle**
5 **Sonnenblumenfeld**
6 **Tor zum Rothaarsteig**
7 **Vesperinsel**
8 **Aussicht Obernautalsperre**
9 **Haubergs-ABC**

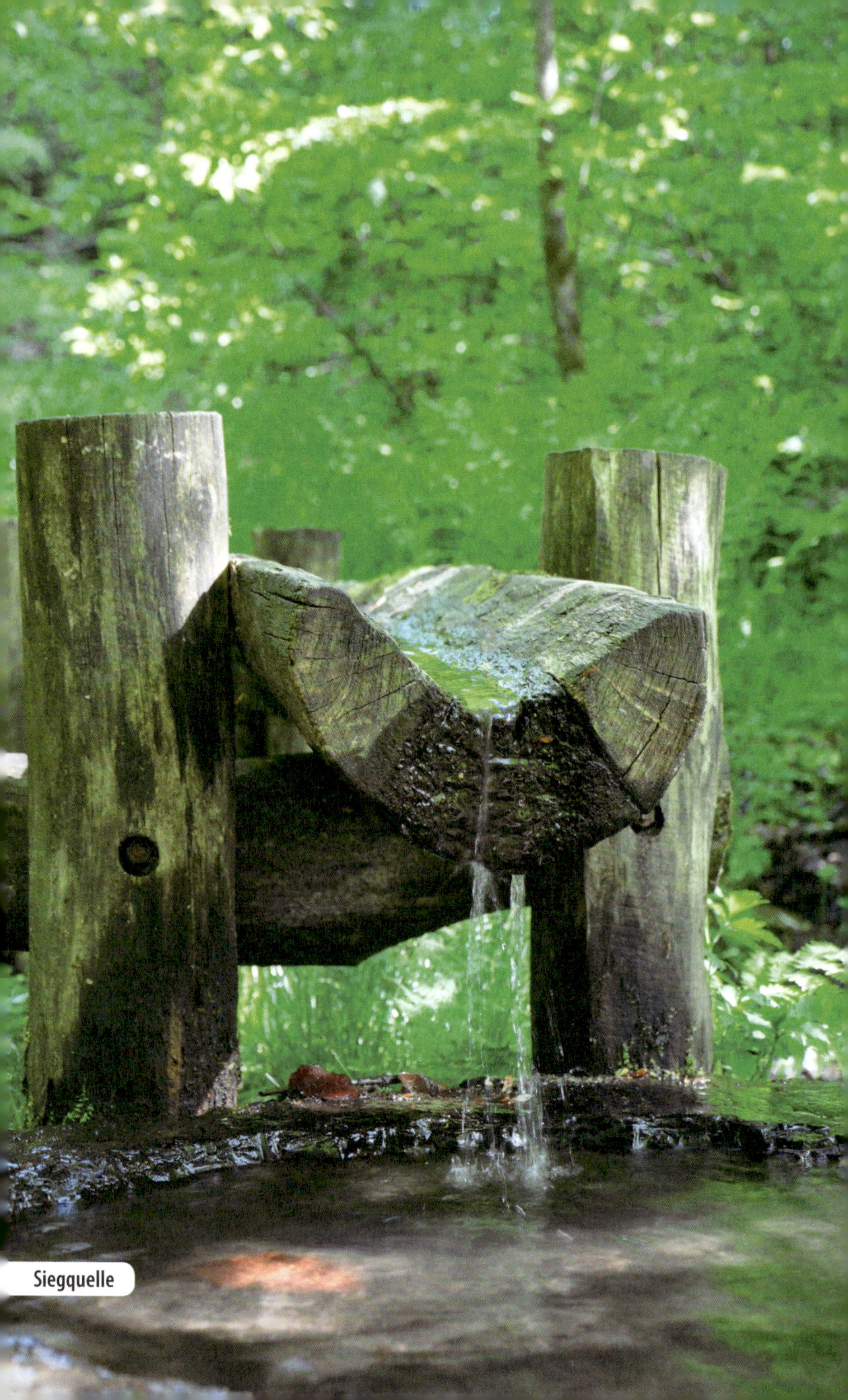

Siegquelle

Erfrischende Quellen

Im Reich von Sieg, Lahn und Ilm

Drei Quellen machen diese Tour zu einem wahren Erfrischungswunder. Das kristallklare Lebenselixier ist entweder leise oder kraftvoll, aber immer unaufhaltsam. Wasser ist die Grundlage für unseren blauen Planeten Erde und damit auch der Ursprung unseres Seins.

Startpunkt der Wanderung ist der Parkplatz Siegquelle. Die gelben Zeichen des **Rothaarsteigzubringers (R)** leiten uns auf dem Holzbohlenweg ins faszinierende Quellgebiet der Sieg. In der sumpfartigen Landschaft atmen wir den feucht-erfrischenden Waldduft ein und bemerken sofort eine vitalisierende Wirkung. Wir überqueren die **Großenbacher Straße,** steigen einige Stufen empor und erreichen rechter Hand die auf 603 Metern Höhe gelegene renaturierte **1 Siegquelle.** Von hier aus begibt sich das Wasser auf eine 155 Kilometer lange Reise, um zwischen Bonn und Troisdorf in den Rhein zu münden. Mit dem kühlenden Nass erfrischen wir Gesicht und Arme. Besonders an einem heißen Sommertag gibt es nichts Wohltuenderes!

*Bei der **Siegquelle** handelt es sich um eine Sickerquelle. Sie entspringt nicht an einem einzigen Ort, sondern tritt im näheren Umfeld der Hauptquelle an mehreren Stellen aus dem Boden aus und bildet ein weitläufiges Quellgebiet.*

Von der Quelle bis zum Lahnhof folgen wir dem **Rothaarsteig (R).** Wir passieren die **Eisenstraße** und erreichen schon bald eine Mitmachstation: Eine aus Holz gefertigte **2 Waldgitarre,** die zu einem Erlebnispfad gehört. Wir lassen es uns nicht nehmen, ein kurzes Zupfkonzert zu veranstalten und mit den Vögeln um die Wette zu musizieren. In der Nähe entdecken wir zu Füßen eines kleinen Steinbruchs eine Vesperinsel und ein

Kilometer: 10,6
Höhenmeter: 282
Stunden: 3,5
RUNDWEG

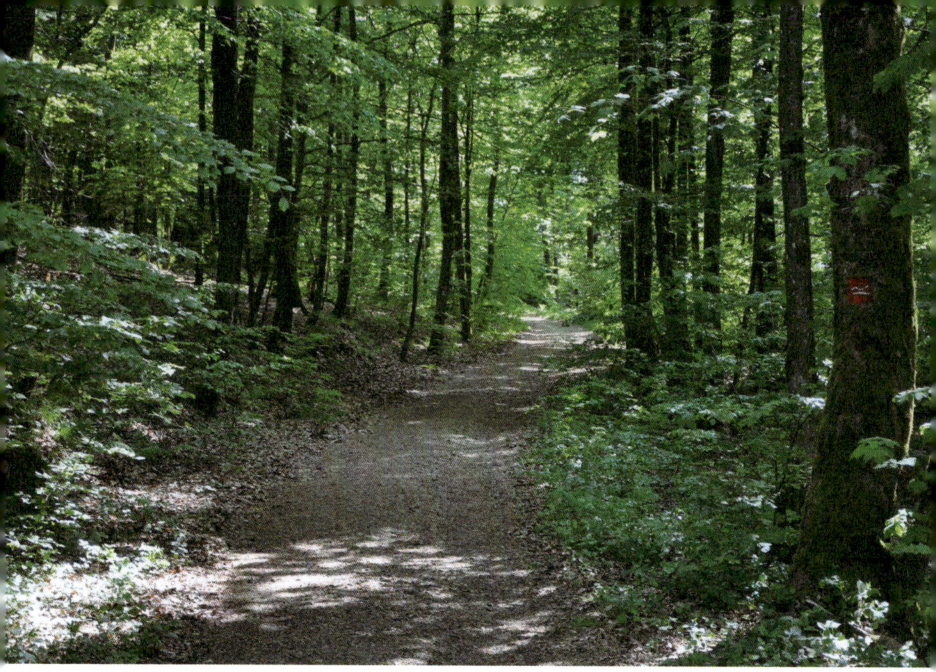

Waldsofa. Der Weg wird schmaler und verwunschener. Er führt uns zur Erlebnisstation **3 Rindenfühler,** an der wir unseren Tastsinn aktivieren, um die Borkenstückchen der richtigen Baumart zuzuordnen. Glatt, geriffelt, wellig – die Natur bietet vielfältige Formen. Durch einen dicht bewachsenen Buchenwald gelangen wir an die nächste und für uns letzte Station, die **4 Quellbrille.** Jetzt ist unser Sehsinn gefragt. Durch eine Holzbrille schauen wir uns in aller Ruhe die Quelle und deren Umgebung an. Beschriftungen verraten uns, welche Tiere und Pflanzen hier existieren. Bachflohkrebs und Strudelwurm sowie Quell-Sternmiere und Winkel-Segge finden beste Lebensbedingungen im feuchten Biotop vor.

*Die **Eisenstraße** war viele Jahrhunderte lang eine wichtige Verbindung für den Transport von Holzkohle zwischen Wittgenstein und Siegerland. Sie ist ein Teilstück der einst bedeutenden Leipzig-Kölner-Messestraße, einer bekannten Fernhandelsverbindung.*

Nach einem kurzen Aufstieg überqueren wir wieder die **Eisenstraße,** um nach 400 Metern erneut die Straßenseite zu wechseln. Wir entdecken die **5 Ilmquelle,** die ganz unscheinbar unterhalb eines Baums entspringt und bereits nach 2 Kilometern Fließstrecke die Lahn speist. Der folgende wurzelübersäte Wegabschnitt erfordert unsere Konzentration, belohnt uns aber nach Erreichen der Anhöhe mit einer Aussicht bis zum Kindelsberg. An der Einmündung des Steigs in den Forstweg wenden wir uns nach links und wandern durch einen jungen Fichtenwald weiter. Der am Wegrand in voller Blüte stehende Ginster versprüht glückliche Sommergefühle. Nicht umsonst wird der Farbe Gelb eine fröhlich-positive Wirkung zugesprochen.

Für die Seele

Das frische, klare Quellwasser weckt unsere Lebensgeister und spendet vitalisierende Energie.

Am Ende der **Ginsterallee** biegen wir vor einer Schranke rechts auf einen Wiesenpfad ab. Nach wenigen Schritten erleben wir die Natur von ihrer märchenhaften Seite, denn hohe Fichten umschließen uns und zwischen heruntergefallenen Tannenzapfen leuchtet frisches grünes Moos, das sich

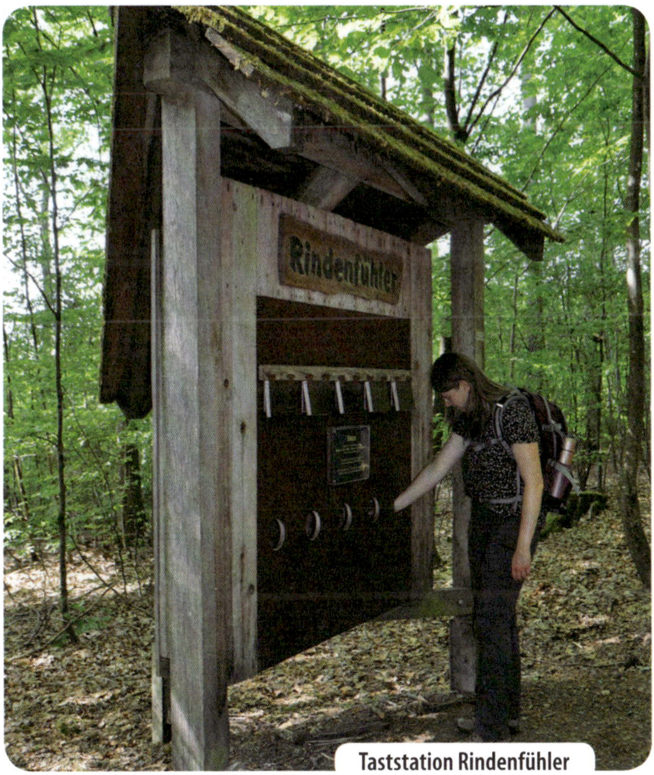

Taststation Rindenfühler

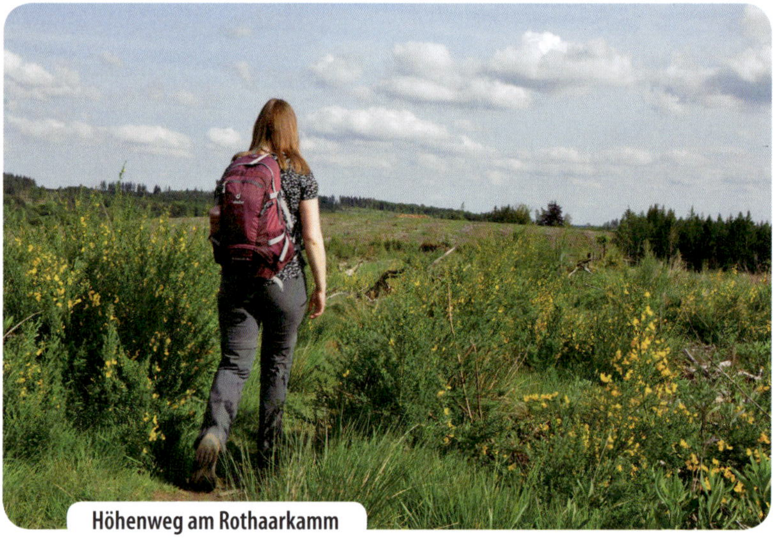
Höhenweg am Rothaarkamm

an die auf dem Boden liegenden Baumstämme wie eine zweite Haut anschmiegt. Wir schließen für einen Moment die Augen und atmen die typische Waldluft tief ein. Einfach intensiv, wie harzig die Fichten duften! Es ist ein himmlisches Aroma, das uns mit seiner wohlriechenden Note entspannt. Der Weg führt uns bergab an den Waldrand, wo wir die Abzweigung links aufwärts wählen. Über den Höhenrücken wandern wir bis zur T-Kreuzung, an der wir auf einen asphaltierten Abschnitt treffen und uns links halten. Ein Stein mit der Gravur **Rothaarsteigkilometer 115** versichert uns, dass wir uns auf der richtigen Route befinden.

Es ist wieder an der Zeit, die Eisenstraße zu überqueren, um nach 30 Metern rechts auf den Steig einzubiegen. In Höhe des Bauernhofs gehen wir ein kurzes Stück an der Straße entlang, bis wir diese in der scharfen Linkskurve verlassen und dem Forstweg geradeaus folgen. Bald leitet uns der **Rothaarsteig** links auf einen Saumweg, von dem aus wir den besten Blick auf die Höhenlichtung des Lahnhofs mit seinen drei Höfen erhaschen können. Die nächste Kreuzung bringt uns dem kulinarischen Teil der Wandertour sehr nah. Eine aus Holz gefertigte Hand weist uns mit einem Fingerzeig den Weg **(X3)** zum **6 Landgasthof Zum Lahnhof.** Das Küchenteam zaubert durchgehend deftige Hauptgerichte und nachmittags können wir uns auf der Gartenterrasse an Kuchen, Torten oder Waffeln erfreuen.

Den Abstecher zur nahe liegenden **7 Lahnquelle** dürfen wir nicht versäumen. Es sind 140 Meter auf der Eisenstraße nach links, um die teichförmig entspringende Lahn zu bewundern. Vermutlich handelt es sich um eine Schichtquelle, die im sogenannten Lahntopf ihren Ursprung hat und sich aus sieben unterirdischen Zuläufen speist. Der Rundgang um die auch als Löschteich dienende Quelle endet am **8 Hotel-Restaurant Forsthaus Lahnquelle,** wo hungrige Wanderer ebenfalls einkehren können. Die saisonal ausgerichtete Speisekarte verwöhnt uns mit allem, was das Herz begehrt. Wenn wir aus dem Reich der dritten Quelle wieder am **Landgasthof Zum Lahnhof** angekommen sind, gehen wir noch 100 Meter auf der Landstraße weiter, bis wir

*Das Team vom **Forsthaus Lahnquelle** veranstaltet bei schönem Wetter jeden Freitag ein BBQ-Tasting im Garten. Argentinisches Rumpsteak, edles Iberico-Schwein, Lammkotelett von Deichlämmern und US-Beef sind die Protagonisten des internationalen Grillevents.*

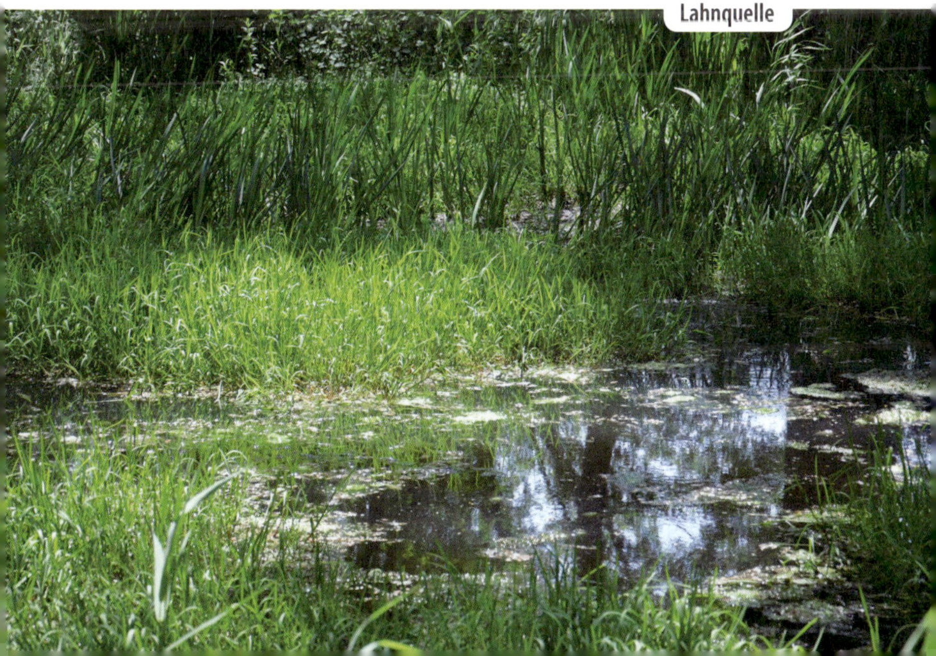

Lahnquelle

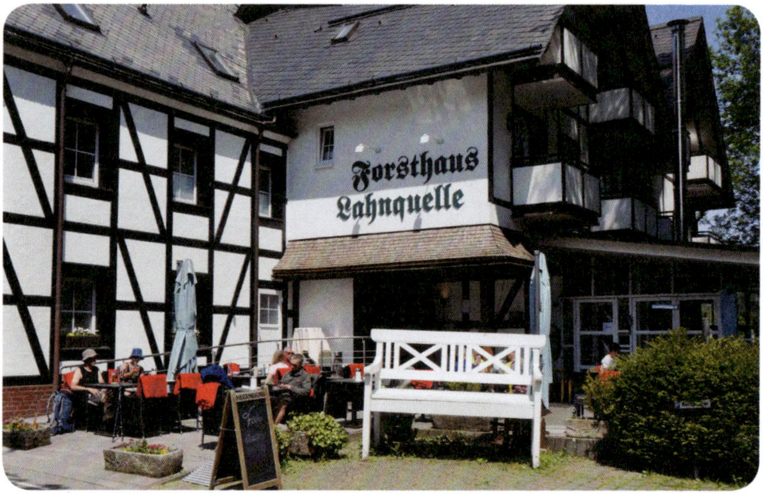

*Die **Lahn** fließt durch Hessen bis nach Rheinland-Pfalz, um dort bei Lahnstein in den Rhein zu münden. Dabei überwindet der Fluss ein unglaublich starkes Gefälle von 534 Höhenmetern.*

links die **Lahn-Ferienstraße,** die auch von Radfahrern gern genutzt wird, bergab wandern.

Im Tal angekommen, öffnet sich ein bezaubernder Blick ins 9 **obere Lahntal.** Die noch junge Lahn mäandert kunstvoll durch die Wiesen. Gelber Hahnenfuß wächst am Wegrand. Marienkäfer krabbeln über Haselnussblätter, die in der Sonne leuchten. Zufrieden grasende Kühe runden die idyllische Szenerie ab. 2,7 Kilometer lang zieht sich der Weg vom Rothaarkamm durch das Tal, bis wir an einer T-Kreuzung in der Nähe eines Fischteichs die asphaltierte **Glashütter Straße** erreichen. Hier halten wir uns links ins Tal der Ilm, biegen bei der nächsten Gelegenheit rechts ab und lassen uns von dem zunächst steilen Weg in den Wald hineinführen. Nach 200 Metern wird er nach einer Linkskurve flacher und verläuft am Hang. Selbst auf diese Distanz dringen das Rauschen und Sprudeln der Ilm zu uns hinauf.

Wir treffen auf einen Forstweg, biegen scharf rechts ab und halten uns nach 100 Metern an den linken Weg, der bergwärts führt. An der nächsten Verzweigung bleiben wir ebenfalls links, folgen der

Biegung, um unmittelbar danach und bevor der Weg weiter ansteigt, nach rechts zu gehen. Kurz darauf kommen wir an eine T-Kreuzung, an der wir links abzweigen. Wir befinden uns auf dem Ederkopf-Lahnkopf-Rücken, der uns Aussicht ins Rothaargebirge bietet, aber auch durch die für die Kammlage typische Hochebene mit altem Baumbestand aus Buchen, Lärchen und Fichten fasziniert. Wir folgen dem Höhenweg, bis er auf die Markierungen **A2 und Rothaarsteigzugangsweg (R)** trifft. Hier halten wir uns links und folgen dem Weg **Am Jägershain** an den Hängen des gleichnamigen Gipfels in Richtung Großenbach. Zwischendurch zieht ein Wegweiser unsere Aufmerksamkeit auf sich. An einem Baumstamm sind nicht nur Schilder mit Kilometerangaben der nahe gelegenen Ortschaften Erndtebrück, Bad Berleburg oder Winterberg, sondern auch Städte wie Dresden und Wilhelmshaven zu lesen. Der Wegweiserbaum markiert den Aufmarschplatz der Kavallerie am 01.05.1568 zur Schlacht von Heiligerlee, mit der der Achtzigjährige Krieg begann.

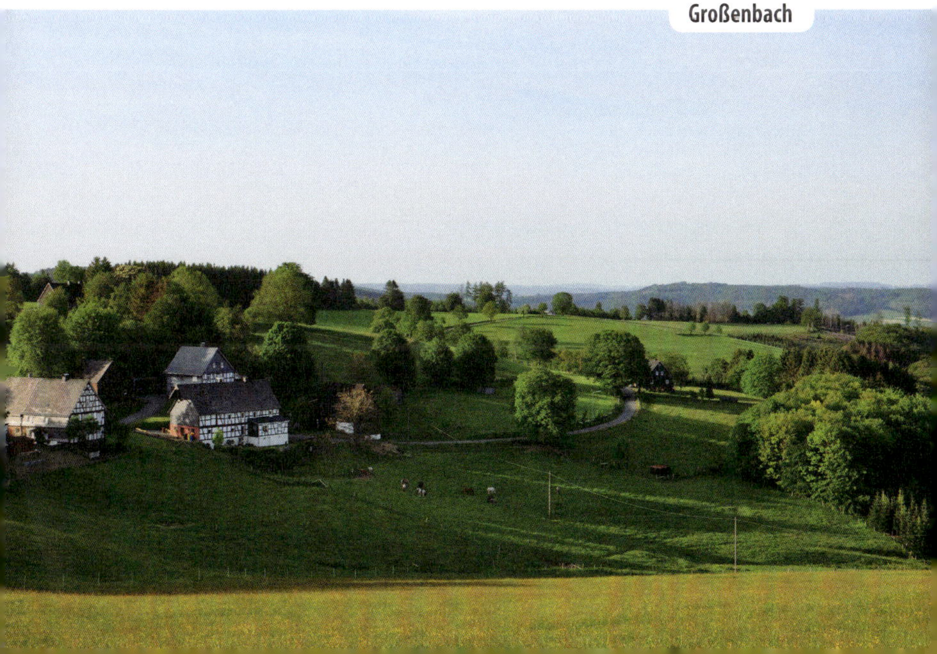

Großenbach

Unser Weg geht in eine asphaltierte Straße, von der wir eine ⑩ **Aussicht auf das beschauliche Großenbach** haben, über. Das 650 Jahre alte Dörfchen hat durch die exponierte Lage seinen ländlichen Charakter bewahrt. Es ist der kleinste, aber auch der höchstgelegene Ortsteil von Bad Laasphe und bietet mit Blick ins Wittgensteiner Bergland eine nahezu voralpine Kulisse. Unser Weg mündet in die **Großenbacher Straße.** Wer am Tourende einkehren möchte, geht 100 Meter nach rechts zum ⑪ **Landgasthof zur Siegquelle.** Ansonsten halten wir uns links und gelangen über den **Rothaarsteigpfad** zurück zur Siegquelle und zum Parkplatz.

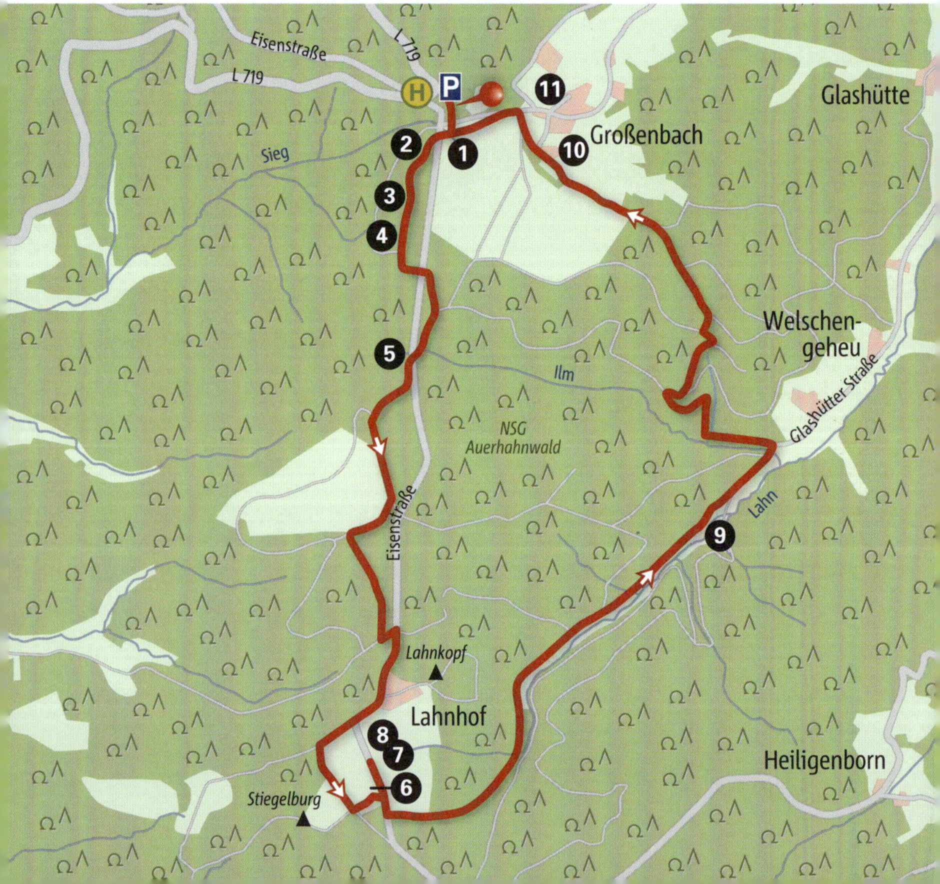